KB122540

암태도소작쟁의 지도자

서태석 평전

암태도소작쟁의 지도자

서 태 석 평 전

초판 1쇄 발행 2023년 11월 25일

지은이 | 박남일
펴낸이 | 윤관백
펴낸곳 | 선인
등 록 | 제5-77호(1998.11.4)
주 소 | 서울시 양천구 남부순환로 48길 1(신월동 163-1) 1층
전 화 | 02) 718-6252 / 6257
팩 스 | 02) 718-6253
전자우편 | suninbook@naver.com

정가 27,000원
ISBN 979-11-6068-841-2 93990

· 잘못된 책은 바꿔 드립니다.

암태도소작쟁의 지도자

서태석 평전

박 남 일 지 음

머리말

암태도소작쟁의는 우리 근현대사에서 가장 모범적이고 성공적인 항일농민운동으로 평가받고 있다. 그 원동력은 생사를 함께한 소작 농민들의 굳건한 단결에 있었다. 물론 그 단결력은 그냥 만들어진 것은 아니었다. 거기에는 구심점이 필요했다. 암태도 소작 농민들에게는 서태석이라는 구심이 있었다.

서태석은 1885년 암태면 기동리 오산마을의 중농 집안에서 장남으로 태어났다. 교육이라곤 어렸을 때 서당을 몇 년간 다니며 한학을 공부한 게 전부였다. 하지만 스스로 공부해서 얻은 한의학 지식으로 일찍부터 섬 지역 주민들에게 인술을 베풀며 신망을 쌓았다. 덕분에 20대 후반의 젊은 나이에 암태면장이 되었고, 주민 편에서 면정(面政)을 이끌었다. 1919년 3 · 1만세운동이 일어난 해에 일제 면장직을 내려놓았고, 장산도 출신 독립운동가 장병준과 함께 1920년

2월, '3 · 1운동 1주년 기념선언문'을 배포하다가 체포되어 서대문형무소에 투옥되었다.

악명 높은 서대문형무소에서 1년 동안 옥살이하는 동안 서태석은 사회주의 사상에 눈을 떴다. 3 · 1운동을 전후한 시기에 다수의 지식인과 선각자들 사이에서는 '신사회'에 대한 열망이 거세게 일고 있었다. 항일 독립을 추구하는 사회단체나 조직들은 흔히 '신사회 건설'을 강령으로 삼았다. 신사회는 곧 사회주의를 의미했다. 당시 사회주의는 보편적 상식이었다. 심지어 일간신문 광고란에 "사회주의는 처세술"이라는 책 광고문구가 버젓이 등장할 정도로 사회주의는 당시의 유행이었다. 그런 분위기에서 서태석 또한 일제 해방과 신사회 건설을 갈망했다.

1921년 6월에 형기를 마친 서태석은 김사국 등이 주도하던 서울청년회와 관계를 맺고 사회주의 민족해방운동의 길에 나섰다. 독립운동 자금 모집활동에도 관여했고, 조선 최대의 대중조직인 조선노농총동맹 결성에도 참여했다. 1922년에는 서울청년회의 전위조직인 '고려공산동맹'에도 가담하고, 이듬해에는 블라디보스토크 등 러시아 연해주 일대를 넘나들면서 늦깎이 사회주의자로 거듭났다.

1923년 10월경 서태석은 블라디보스토크에서 돌아와 서울에서 사회주의 선전 활동을 벌이던 서태석은 종로경찰서에 체포되어 또다시 고초를 겪은 뒤 증거불충분으로 풀려났다. 그 무렵 암태도에서는 지주의 수탈이 정점에 이르렀다. 소작 농민들의 불만 또한 최

고조에 달하여 폭발하기 일보 직전이었다. 암태도로 내려온 서태석은 기동리, 단고리 일대 농민들을 규합하여 암태소작인회 결성에 나섰다. 그리고 암태도 소작인들에게 단결의 구심이자 외부 연대의 매개자로 활동했다. 그 결과 암태도소작쟁의는 암태도를 넘어 전 조선 차원의 농민운동으로 전개될 수 있었다.

이처럼 서태석은 암태도소작쟁의 탁월한 지도자로, 나아가 일제강점기를 대표하는 농민운동가로 활약했다. 하지만 서태석에 대한 조명은 지금까지 제대로 이뤄진 적이 없었다.

그간 암태도소작쟁의에 대해서는 1969년에 발표된 박순동의 논픽션 『암태도 소작쟁의』나 그로부터 십여 년 뒤에 발표된 송기숙의 소설 『암태도』를 통해 대중적으로 널리 알려졌다. 이어 암태도소작쟁의를 연구한 학술논문이 나오고 여러 언론 매체를 통해서 그 실상이 소개되기도 했다. 하지만 박순동의 논픽션은 암태청년회장 출신 박복영의 시점에 치우쳐 서술되었다. 그나마 사실관계에 대한 왜곡과 오류도 많다. 이에 비하면 송기숙의 소설 『암태도』는 서태석의 탁월한 지도력을 부각하였으며, 심지어는 영웅적인 면모를 그리기도 했다. 그러나 소설이라는 장르의 특성상 사실과 허구적인 내용이 혼재해 있어 서태석의 전반적인 삶이 드러나지는 않는다.

한편 1980년대 이후 몇몇 저널리즘을 통해 서태석의 삶을 조명하려는 시도가 이어졌다. 그 최초는 1989년 10월 13일자 한겨레에 실린 「암태도에 소작농들의 함성 – 서태석」이라는 기사였다. 한겨레 최성민 기자가 『발굴 한국현대사인물』 시리즈로 작성한 기사다. 암태도 소작쟁의 참가자 중 마지막 생존자인 양은호(당시 81세)옹, 서태석의 8촌으로 서태석의 생가를 지키고 있던 서길석(당시 77세) 등 암태도 주민들의 증언을 바탕으로 작성되었다. 다만 이 기사는 암태도 소작쟁의 이후 서태석의 행적에 대해 "27년 비정통파 계열인 제3차조선공산당(ML당) 선전부장과 전남도책으로 민족해방운동에 활발히 참여하다가 신의주에서 일경에 붙잡혀 또다시 옥고를 치른다"고 간단하게 다루고 말았다.

한편 1991년에는 암태도 소작쟁의 생존자 양은호 옹이 자신의 기억을 더듬어 「해사 서태석씨 약력과 소작인회 관계 소송기」라는 제목으로 정리했다. 손 글씨로 작성된 이 글은 13년 뒤인 2004년에 『신안문화』 14호를 통해 전문이 공개되었다. 60년 전의 기억에 의존한 기록이라 여러 군데 오류가 있다. 예를 들면 서태석의 민족해방운동과 관련하여 "기미 3 · 1운동을 연락받아 면장직을 사직하고 독립 만세를 부르며 목포 시내에서 태극기를 흔들며 돌아다녔다"는 식의 오류이다. 이러한 한계에도 양은호의 기록은 유일하게 암태도소작쟁의 참가 당사자에 의해 작성되었다는 점에서 특별한 의미가 있다.

그 후 광주일보에서 발행하는 월간잡지 『예향』 1993년 1월호에 「암태도 소작투쟁 지도자 서태석」이라는 기사가 실린 바 있다. 이재의 기자가 양은호 옹을 직접 인터뷰하여 작성한 기사다. 이 기사에 따르면 서태석은 1930년대 하의도 토지반환 투쟁에 개입하였고,

그 해결을 위해 일본에 오갔다고 한다. 다만 이 기사에서 서태석의 암태면장 재직 기간을 1907년부터 1915년으로 기술한 내용과 서태석이 일본에서 체포되어 즉시 신의주형무소로 이송되었다는 등의 내용은 사실과 다르다.

한편 서태석의 삶에 대한 체계적인 접근은 2007년에 비로소 이뤄졌다. 목포대학교 사학과에 근무하던 역사학자 정병준 교수의 논문 「암태도소작쟁의 주역의 세 가지 길」을 통해서였다. 서태석, 박복영, 문재철 등 이른바 '암태도 소작쟁의의 주역 3인의 개괄적 삶을 비교해서 다룬 글이다. 암태도소작쟁의와 관련된 이전 기록이 주로 생존자 구술이나 증언에 의존하여 작성된 데 비해, 이 논문은 일제 경찰의 신문조서나 재판 기록 등 공식적인 사료와 문헌을 토대로 작성되었다는 점에서 의의가 크다. 다만 짧은 논문에 암태도소작쟁의와 관련된 내용 위주로 세 사람의 삶을 다루다 보니 서태석의 전반적인 삶을 충분히 조명하지는 못하였다.

이 밖에 지금까지 서태석과 관련된 문서나 항간에 알려진 내용에도 많은 오류가 발견된다. 가령 『신안군지』에서는 서태석이 1884년에 출생하여 1958년에 사망한 것으로 되어 있으나, 양은호의 기록 등 다른 자료는 1885년 출생, 1943년 사망한 것으로 기록하고 있다. 서태석이 암태면장을 역임한 시기도 자료에 따라 몇 년씩 차이가 난다. 한국학중앙연구원에서 운영하는 '한국역대인물종합정보시스템'은 엉뚱하게도 서태석을 '문학(시, 시조)' 분야에서 활동한 인물로 분류하고 '1919년 3·1운동과 신간회 사건에 연루되어 여러 차례 옥고를 치르기도 하였다'는 식으로 근거 없는 내용을 전하고 있다.

이처럼 암태도소작쟁의 지도자 서태석의 삶과 관련하여 지금까지 드러난 자료들은 여러 면에서 한계가 있다. 하지만 그 한계에도 불구하고 지금까지 나온 이 자료들이 없었다면 감히 서태석의 일대기를 재구성할 엄두를 내지 못하였을 것이다. 이러한 바탕 위에서 이 책은 다음 몇 가지 원칙에 따라 서술했다.

첫째, 철저한 사료 검증에 따라 서태석 선생의 전반적인 일대기를 조명하였다.

한 인물의 일대기 서술에서는 상상력을 동원하여 주인공의 행적을 미화하고 역사적 업적을 부풀리는 일이 흔하다. 하지만 이 책은 업적을 과장되게 나열하지 않고 명확하게 검증된 내용이 전달되도록 했다. 다만 사료가 턱없이 부족하여 검증이 어려운 부분은 시대적 배경과 주변 인물들의 행적을 통해 주인공의 행적을 엄밀하게 추적하는 방법으로 사실에 접근하도록 노력했다.

둘째, 이념적 편향을 극복하고 객관적으로 서술하는 데 주력했다.

지난 100년간 우리 근현대사는 반공주의 이념에 경도되었다. 일제 강점기 사회주의 계열의 민족해방운동과 운동가들의 삶에 대한 조명이 반쪽에 머무른 이유도 그것이다. 앞서 밝힌 것처럼 암태도소작쟁의 지도자 서태석과 관련된 이전의 서술이 가진 한계도 이러한 이념적 편향과 자기검열에서 비롯되었다. 따라서 이 책에서는 암태도소작쟁의가 당시 유행하던 사회주의운동과의 밀접한 관련성 속에서 전개된 사실을 빼거나 보태지 않고 서술하고자 했다.

우리가 역사적 인물을 통해 얻고자 하는 것은 '위대한 업적'만이 아니다. 한 시대를 살아가던 평범한 인물이 역사의 주체로 성장하는 과정에서 겪었을 인간적 고뇌와 결단의 서사를 보여주는 것이 평전 서술의 진짜 목적이다. 그 점에서 서태석의 한평생은 남다른 서사를 보여준다. 가령 젊어서 사회운동에 헌신하다가도 나이가 들면서 현실과 타협하고 변절하는 건 예나 지금이나 흔한 일이다. 하지만 서태석은 그 반대의 길을 걸었다.

조선 말기에 태어나 한학을 공부하고 청년기에 일제 면장을 지내던 서태석은 중년의 나이로 항일 독립운동에 투신한 뒤, 이른바 '신사상'을 신념으로 받아들이고 자신보다 한참 젊은 사회주의자들과 동지적 관계를 맺으며 늦깎이 사회주의자로 거듭났다. 더욱이 그는 나이가 들수록 더 치열한 운동적 삶을 살았다. 한국 근현대사를 통틀어 그리 흔치 않은 일이다. 그 정점에서 서태석은 암태소작인회를 조직하고 소작쟁의를 성공적으로 이끌었으며, 조선노농총동맹, 조선농민총동맹 등 사회단체 간부로 활동했다. 이어 1927년에는 서울-상해파 제3차 공산당대회에 참여하는 등 사회주의자로서 궁극적 해방을 향한 길을 걸었다.

이처럼 서태석은 사회주의 민족해방운동가로서, 농민운동가로서 불꽃같은 삶을 살았다. 따라서 서태석은 '암태도 소작쟁의 지도자'를 넘어, 1920년대 서남해 지역을 대표하는 사회운동가, 민족해방운동가로 재조명되어야 한다. 이 책을 쓰게 된 이유도 그것이다.

다만 이 책이 서태석의 삶을 역사적으로 온전히 조명했다고 하기에는 턱없이 부족하다. 그에 따른 어떤 비판도 겸허하게 받아들일 요량이다. 그저 서태석과 관련한 이전의 서술들에서 조금이라도 진일보한 성과를 인정받을 수 있다면 더없는 영광일 것이다.

끝으로 이 책의 출간에 도움주신 분들에게 감사의 말씀 전한다. 『장병준 평전』에 이어 이 책의 출간은 신안군의 요청과 적극적인 지원 그리고 협력이 있었기에 가능했다. 또한 서태석 선생의 손녀로 미국에서 살고 있는 서정이 님은 모처럼의 모국 방문 일정 중 시간을 내어 70여 년 전의 기억을 어렵게 되살려 주었다. 서태석 선생의 외증손 박훈 님도 여러모로 도움을 주었다. 암태면 단고리 서재담 어르신도 많은 이야기를 들려주셨다. 이 책의 출간에 관심 보여주신 장하진 전 여성가족부 장관과 장병준 선생의 손자 장하석 회장에게도 감사드린다. 이 밖에도 이 책의 출간을 오래 기다려 주신 많은 분들에게 죄송한 마음과 함께 감사의 말씀 전한다.

2023년 가을

암태도 소작농민운동 100주년에 즈음하여

지은이 **박 남 일**

차례

1장

섬 지역 유지의 삶

1장 섬 지역 유지의 삶

암태도에서 자작농의 아들로 태어나다

:

19세기 후반의 조선은 결코 '고요한 아침의 나라'가 아니었다. 안으로는 삼정문란[1]으로 조세 수탈에 저항하는 농민들의 함성이 들끓고 밖으로는 식민지 쟁탈을 노린 제국주의 열강의 함대가 출몰하여 긴장감이 높아지는 등 시끄럽기 그지없었다. 그러던 1876년에는 일본의 압력으로 부산, 원산 등의 항구도시가 제국주의 침략의 통로로 개방되었다. 쇄국의 빗장은 무기력하게 풀려버렸고 낡은 봉건사회 질서는 급속히 무너져 내렸다. 도탄에 빠진 백성들의

1 조선 재정의 주류를 이루던 전정(田政)·군정(軍政)·환정(還政) 등 수취체제에 따른 부정부패 현상.

아우성이 높아만 갔다. 그리고 1894년, 갑오농민전쟁의 불길이 타오르면서 조선 왕조는 사실상 막을 내렸다.

이처럼 격변의 시기였음에도 조선 반도 서남해 섬마을은 비교적 조용한 편이었다. 호수처럼 잔잔한 바다와 드넓은 갯벌 위로 점점이 떠 있는 섬들은 평화로웠다. 산과 들과 바다가 어우러진 천혜의 풍광 속에서 섬사람들은, 때로는 자연을 개척하고 때로는 자연의 질서에 순응하면서 자신들의 삶과 문화를 일구어냈다.

다도해 섬 지역에 사람이 살게 된 것은 선사시대부터였다. 다만 고려 말에 왜구의 잦은 침략으로 공도(空島)정책이 시행되면서 다도해 섬 지역에는 수백 년 동안 사람의 발길이 끊어졌다. 그러다가 병자호란 이후인 17세기 중반에 공도정책이 풀리면서 인근 육지 농민들이 들어와 살기 시작했다. 이들은 갯벌을 간척하여 농토를 넓히며 새로 삶의 터전을 일구어나갔다.

그중에 이천 서씨 강호공파 일족이 있었다. 입도조(入島祖)는 조선 숙종 때 사화(士禍)를 피해 자은도 유천리로 들어온 서유성(徐有聖, 1661~1689)이었다.[2] 이어 나주, 함평 등지에서 살던 이천 서씨 일파들이 지도, 자은도, 팔금도, 암태도 등으로 입도하여 자리를 잡았다.[3]

2 신안군지편찬위원회, 『신안군지』 1권, 2017, 111쪽.

3 암태면 단고리 주민 서재담 인터뷰(2019년 9월 21일). 서재담은 자신의 백부(伯父) 서동오(암태도 소작쟁의 참가자)나 양은호 등으로부터 들은 이야기를 2005년경에 '해사 서태석'이라는 제목의 글로 정리해 두었다.

▎천사대교 쪽에서 본 암태도 전경

암태면 기동리 오산마을 991번지[4] 서두근(徐斗根, 1866~1942.3)[5]도 그 후손 가운데 한 사람이었다. 서두근은 두 살 연상의 박남이와 혼인하여 1885년 6월 17일에 맏아들을 낳았다. 바로 서태석이다.

참고로 서태석의 제적부 등 몇 가지 자료에는 출생 연도가 1884년으로 되어 있다. 그러나 현재 서태석의 제적부는 1974년에 한 후손의 기억에 따라 재제(再製)된 것으로 오류가 많다.

서태석의 출생 연도와 관련하여 가장 믿을 만한 자료는 1920년

4 서태석이 태어날 당시에 암태도는 지도군 관할이었다가 1914년에 무안군으로 편입되었고, 1969년에 다시 신안군에 편입되어 현재에 이른다.

5 서두근의 출생년도는 일제 경찰이 1920년 3월 26일에 작성한 「서태석 소행조서」 참조, 사망 연도는 서태석 제적부의 호주상속일(1942년 3월 1일)을 참조함.

에 서태석의 진술을 토대로 작성된 일제 경찰 신문조서이다. 당시 서태석은 '당 36세'라 진술했다. 그대로 환산하면 1884년에 출생한 것으로 이해할 수 있다. 하지만 출생과 동시에 한 살로 치는 전통적인 나이 셈법을 고려해야 하므로 실제 출생 연도는 1885년이었을 가능성이 높다. 암태도소작쟁의 참가자 양은호도 「해사 서태석씨 약력과 소작인회 관계 소송기」에서 서태석의 출생 연도를 '을유년(1885년)'으로 기록하고 있다. 서양력이 한국에 도입된 1960년대 이전까지는 출생 연도를 간지(干支)력으로 기억하는 게 일반적이었다. 양은호 또한 서태석을 '을유년 닭띠' 생으로 기억하고 있다가 나중에 이를 서력으로 환산하여 '1885(乙酉)년'으로 기록했을 것이다. 따라서 서태석의 출생 연도는 1885년이 맞다.

한편 서태석의 집안은 비교적 부유한 자작농이었던 것으로 전한다. 목포경찰서에서 1920년 3월 26일에 작성한 「서태석 소행조서」[6]에도 당시 서태석 일가는 논 32두락, 밭 35두락을 소유했다고 한다. 대략 13,000평에 이른다. 서태석은 1920년 목포경찰서 신문에서 가진 재산이 "동산, 부동산을 포함하여 4천 원에서 1만 원가량"이라고 진술했고, 그에 따라 일제 경찰은 "영농을 하며 부유함"이라고 기재했다.

1920년 기준으로 서태석의 가족은 "부 서두근(徐斗根) 당 55세, 모

6 목포경찰서, 「서태석 소행조서(1920년 3월 26일)」, 『한민족독립운동사자료집』 47, 국사편찬위원회, 2001.

박남이(朴南里) 당 57세, 처 김활목(金活目) 당 34세[7], 장남 익철(翌喆) 당 9세, 차남 익훈(翊勛) 당 4세, 아우 민석(岷晢) 당 19세[8], 누이 계초(啓肖) 당 13세, 모두 7명"[9]이었다. 남동생과는 17년, 여동생과는 무려 23년 터울이라는 점이 눈에 띈다. 또한 장남 익철의 나이로 미루어 서태석은 1911년경에 인근 마을 출신인 김활목과 혼인을 한 것으로 보인다. 한편 이 조서에는 나타나지 않지만 서태석은 나중에 '서홍발(1925년생)'이라는 딸을 하나 더 두게 된다.

섬사람들에게 의술을 베푼 소년 명의

:

「소행조서」에 따르면 서태석은 7세부터 18세까지 향리 서당에 다니며 한문을 공부했다고 한다. 양은호의 기록에도 서태석이 '7세 때부터 서당에 다니며 사서삼경 같은 유교 경전을 읽고 한학을 배웠다'는 내용이 나온다. 서당에 다니기 시작한 시기에 대해서는 대부분의 기록이 일치한다. 다만 서당에 다닌 기간에 대해서 기록마다 다르다. 서태석 본인은 일제경찰 신문에서 "서당에서 6년 동안 한문을 배웠다"고 답했다.[10] 당시 암태도는 물론이고 목포에도 신식

7 암태면 기동리 인근에 '활목리'라는 마을 이름이 있다. 김활목이 이 마을 출신일 가능성도 있다.

8 나중에 '서병석'이라는 이름을 사용했으며, 제적부나 암태도 선산 묘비에도 '서병석'으로 되어 있다.

9 목포경찰서, 「서태석 소행조서(1920년 3월 26일)」, 『한민족독립운동사자료집』 47, 국사편찬위원회, 2001.

암태면 기동리 991번지 생가터

교육기관이 들어서기 전이었다. 따라서 암태도에는 동네 서당이 유일한 교육기관이었다.

암태도 출신으로 법무부 장관을 지낸 천정배는 어느 글에서 "서당 훈장을 하다 돌아간 증조부의 제자들이 스승의 송덕을 기려 세운 유적비가 마을 어귀에 서 있었는데, 놀랍게도 제자들 이름 가운데 바로 서태석 선생도 끼어 있었다."[11]고 밝힌 바 있다. 실제로 당시 암태도 천씨 집안에는 천두학(1865~1928) 같이 한학에 조예가 깊

10 목포경찰서, 「서태석 신문조서(1920년 3월 3일)」, 『한민족독립운동사자료집』 47, 국사편찬위원회, 2001.

11 천정배, 『꽁지머리를 묶은 인권변호사』, 한마당, 1996, 17~18쪽.

은 사람들이 있었음을 고려하면 서태석이 천정배 의원의 증조부 아래서 공부했을 가능성은 있다. 다만 천정배 전 장관이 말한 유적비의 소재가 현재로서는 확인되지 않는다.

비록 서당 교육이 전부였지만 서태석은 천재 소리를 들을 만큼 공부를 잘했다고 한다. 집안 형편도 넉넉한 편이었으므로 뭍으로 나가 좀 더 나은 교육을 접할 법도 했다. 그러나 양은호의 기록에 따르면 서태석은 우연한 일을 계기로 일찍이 서당 공부를 접게 된다. 서태석이 열 살 되던 해 어느 날 관상쟁이가 찾아와 "너는 운수가 불길하여 15세쯤에 죽게 될 것"이라고 예언했고, 이에 깜짝 놀란 아버지가 아들의 건강을 걱정하여 학업을 중단케 했다는 것이다.

그때부터 서태석은 서당에 다니는 둥 마는 둥 하며 방랑과 방황을 거듭했다. 하지만 관상쟁이의 예언은 빗나갔다. 서태석은 열다섯 살 되던 해에 지도군에서 주최한 백일장에 나가 한시를 써서 장원을 차지할 만큼 글공부에서도 성취가 있었다. 그러자 아버지 서두근은 크게 기뻐하며 돼지를 잡아 동네잔치를 벌였다고 한다. 당시 서태석이 지었다는 시는 널리 사람들에게 회자가 되었는데, 그 내용은 다음과 같다.

> '海色英雄來洗劍 山形玉女座彈琴'
> (바닷빛은 영웅이 돌아와 칼을 씻는 듯하고, 산 모양은 옥녀가 앉아 거문고를 타는 듯하다.)[12]

그 무렵 서태석은 동의보감을 공부하여 한의학에도 조예가 깊었고, 동네 사람들의 병을 곧잘 치료해 주었다고 한다. 특히 열여섯 살 때는 안좌면 옥도에 약방을 차리고 괴질 환자들을 치료해 주었다. 근대 의료 체계가 마련되지 않은 시절에, 더구나 변변한 의원 한 명 만나기 힘든 처지의 섬사람들은 그런 서태석을 각별하게 여기며 '명의'라는 칭송을 아끼지 않았다고 한다.

이런 이야기들을 정리해보면 몇 가지 추측이 가능하다.

서태석은 어렸을 때 건강이 좋지 않았다. 이를 본 관상쟁이는 불길한 예언을 하였고, 이 말을 들은 서태석은 서당을 그만두고 건강을 찾기 위해 동의보감 등 한의학 서적을 탐독하였다. 그 시절에 서태석이 여러 곳을 방랑한 이유도 약초나 약재를 구하기 위해서였을 가능성이 높다. 그렇게 한의학을 공부하며 건강을 회복하는 과정에서 서태석은 상당한 의료지식을 쌓게 되었고, 이를 바탕으로 인근 섬사람들에게 의술을 베풀며 '명의' 소리까지 듣게 되었다.

28세에 암태면 3대 면장이 되다

:

서태석이 만 25세 때인 1910년, 한일병탄으로 조선은 일제 식민지로 전락했다. 그간 조용하던 섬마을에도 변화의 바람이 불어왔다.

---

12 양은호, 「해사(海舍) 서태석씨 약력과 소작인회 관계 소송기」, 『신안문화』 14, 2004.

단고리 주민 서재담 씨(서태석 생가터에서)

일제 조선총독부는 외관제(外官制)[13]와 군현제를 근간으로 하던 전통적인 지방 지배체제를 해체[14]하고 면(面)을 기초 행정단위로 삼았다. 또한 면민들에게 영향력을 발휘할 수 있는 지역 유지 가운데서 면장을 선발하여 기초행정을 관할하게 했다. 면 단위 행정기능을 강

13 중앙에서 파견된 관료가 지방을 다스리는 제도.
14 지수걸, 「지방 유지의 '식민지적' 삶」, 『역사비평』, 2010.2, 161쪽.

화하여 일선 식민 통치 기구로 삼은 것이다.[15] 이러한 배경에서 서태석은 1913년경에 암태면 제3대 면장에 취임하게 된다. 그의 나이 만 28세 무렵이었다.

암태면 단고리 주민 서재담의 전언에 따르면 당시 2대 암태면장은 지도면 출신이었다.[16] 이에 서태석이 지도 군수[17]를 찾아가 "우리 암태면에도 능력을 갖춘 많은 사람이 있는데 타지 사람을 면장으로 임명한 의도가 뭡니까?" 하고 따져 물었다. 그러자 군수는 서태석의 말에 수긍하며 지도 출신 면장을 해임하고 서태석을 암태면장에 임명했다는 것이다.[18]

그런데 서태석의 항의 한 번에 지도 군수가 현직 면장을 교체해 버렸다는 이야기는 설득력이 떨어진다. 면장을 교체할 수밖에 없는 다른 사정이 있었을 것이다. 먼저 양은호의 다음 글에 주목해 볼 필요가 있다.

> "임자년(壬子年; 1912년)에 한해(旱害)가 극심하여 수도작(벼)을 심지 못하게 되어 일본 정부가 대용작물로 메밀 종자를 무상으로 배급했는데 (암태면 공무원들이) 대금을 징수하고, 겸하여 아무 작물도 심지 않은 백답(白畓)에까지 세금을 징수하였음을 즉시 발견하여 법

---

15 홍순권, 「일제 초기의 면 운영과 '조선면제'의 성립」, 『역사와 현실』 23호, 1997.3, 141쪽.
16 서재담이 말한 '조 아무개' 군수는 암태면 2대 군수 조경열(趙京烈)이다.
17 당시 암태면은 지도군에 속했으며, 1914년에 무안군으로 편입되었다.
18 서재담 인터뷰, 2019년 9월 21일.

원에 신고하여 관계 직원 2명이 옥고를 치렀고, 무안군 내 모범 면장이라고 칭찬이 자자했다."[19]

양은호는 서태석이 면장에 취임한 이후에 이러한 일이 일어난 것으로 기록했다. 그런데 같은 글에서 양은호는 서태석이 "1913(癸丑)년 29세 때에 암태면장으로 임명되었다"고 분명하게 썼다. 두 사실이 모순된다. 그중 하나는 오류라는 의미이다. 다만 1912년의 종자 대금 비리 사건은 서태석이 면장이 되기 전에 일어난 일이었다고 가정하면 앞뒤 맥락이 제대로 연결된다.

1912년에 종자 대금 징수 문제가 일어나자 서태석이 면민을 대표하여 면 직원들의 비리를 법원에 고발하였고, 이때 비리를 감독하지 못한 면장의 책임도 물어야 한다고 군수에게 항의하였을 것이다. 그러자 여론에 부담을 느낀 군수가 2대 면장을 해임하고, 아예 주민들에게 신망이 높은 서태석을 3대 면장으로 임명했을 가능성이 높다.

이러한 배경에서 면장에 취임한 서태석은 일제 행정기관의 눈치를 보지 않고 주민 편에서 면정을 이끌었다. 양은호의 기록에 따르면, '당시 민적(民籍)을 호적(戸籍)으로 개정하는데 암태면에서는 한 건도 반려되지 않았지만 다른 면에서는 반려되는 일이 많았다. 그러자 당시 지도 군수 김동우[20]는 다른 면장들에게 "암태면장에게 물

19 양은호, 「해사(海舍) 서태석씨 약력과 소작인회 관계 소송기」, 『신안문화』 14, 2004.

어서 호적을 정리하라"고 했다고 한다.

서재담의 전언에 따르면 당시 지도 군수가 암태면에 와서 면민들을 겁박하는 연설을 하자 서태석이 "군수가 돼가지고 우리 암태면민들에게 해로운 이야기를 하면 되겠느냐"고 호통을 치며 군수를 연단에서 끌어내린 일도 있었다고 한다. 물론 일개 면장이 군수에게 실제로 그런 행동을 할 수 있었을지는 의문이다. 그러나 일제의 통치력이 아직 허술했고, 강한 결속력으로 외부 통제에 저항해온 섬사람들의 전통을 고려하면 불가능한 일만은 아니었을 것이다.

서태석은 암태도 주민들에게 모범적인 면장이었다. 그러나 1917년 6월에 일제가 조선총독부령 34호로 '면제 시행규칙'을 공포[21]하면서 면장의 역할에 많은 변화가 생겼다. 전통적으로 주민 자치 기구의 성격이 강했던 면(面)이 본격적인 식민 통치의 일선 행정기구 역할을 담당하게 되었다. 면장의 지위 또한 일제의 하수인으로 전락했다. 암태면장 서태석의 고민도 깊어졌다. 그래서 주변 사람들에게 종종 "어쩌다 보니 면장이 되어 일제의 앞잡이 노릇을 하게 되었다"며 괴로운 속내를 털어놓기도 했다.[22]

20 김동우(金東佑)는 1876년 한성 동문 밖 숭신방 복차교 근처에서 태어났고, 장위영 군인 장교로 근무하다가 일제 총독부에 발탁되어 1910년부터 1912년까지 지도 군수를 지냈다(직원록 자료 및 대한제국 관원 이력서 참고).

21 홍순권, 「일제 초기의 면 운영과 '조선면제'의 성립」, 『역사와 현실』 23호, 1997.3, 164쪽.

22 서재담 인터뷰, 2019년 9월 21일.

그러던 1918년, 제1차 세계대전 종전과 더불어 민족자결주의 바람이 불기 시작했다. 실제로 헝가리, 폴란드 등 독일에 점령당한 나라들이 차례로 독립을 선언했다. 식민지 조선에도 독립에 대한 열망이 표출되었다. 그 열망은 1919년 3·1운동의 불길로 타올랐다. 서울 탑골공원에서 시작된 독립 만세 시위는 전국을 휩쓸었다.

3월 18일에는 암태도 인근 섬 장산도에서도 만세 시위가 일어났다. 주모자는 장산도 출신으로 일본에서 유학하고 돌아와 독립운동 조직에 가담하고 있던 장병준[23]이었다. 장병준은 서태석과 익히 교류해온 사이였다. 가까운 섬마을에서 만세 시위가 일어나자 서태석은 심경이 복잡해졌다. 아무리 주민 편에서 일하는 모범 면장이라 하지만, 엄연히 조선총독부 말단 관리인 자신의 처지에 회의감이 들었다. 그래서 면장 업무를 손에서 놓다시피 하고 뭍으로 나들이하는 일이 잦아졌다. 사실상 태업(怠業)이었다.

3·1운동 국면을 맞아 조선인 관리나 관원들이 태업이나 결근, 사직 등과 같은 소극적 저항을 벌인 예는 흔히 있었다. 예컨대 당시 충남도장관을 지내던 친일 관료 박중양은 조선 총독에게 보낸 보고서에서 "각 군의 상황을 살피건대 군청원의 근무하는 모습은

23 신안군 장산도 출신의 독립운동가. 1893년 장산도 대지주인 인동 장씨 집안에서 태어나 보성학교를 다닌 뒤 일본으로 유학, 니혼대학 법과를 다니다 중퇴하고 1917년에 장산도로 돌아와 지역 유지들과 교류했다. 장병준은 이후 서태석이 민족의식을 갖추는 데 큰 역할을 하게 된다. 장병준의 삶과 관련해서는 박남일의 『장병준 평전』(도서출판 선인, 2016)을 참고할 것.

반병신이 비실비실 걸어가는 듯하옵니다."[24]라고 밝혔다. 그런 분위기에서 암태면장 서태석 또한 태업하는 방식으로 일제에 소심한 저항을 한 것이다.

'만주보민회사'를 향한 발걸음

1919년 11월. 서태석은 7년간 지켜온 면장 자리에서 물러났다. 그리고 12월에는 자은도 친구 표성천[25]과 함께 서울행 기차에 몸을 실었다. 이들은 12월 23일에 서울 죽첨정(竹添町) 44번지 사무실에서 열린 '만주보민회사' 발기인 임시회의에 참석했다. 이 회의에서 서태석은 발기인회 임시회장을, 표성천은 서무를 맡았다. 그리고 다음 해 2월 5일에 만주에서 열릴 예정인 만주보민회사 발기인 총회와 관련된 내용을 의논했다.

이날 회의에는 이인수(李寅秀), 김택현(金澤鉉), 양정묵(梁正默), 최병기(崔炳基) 등이 함께했다.[26] 이 가운데 이인수는 1906년부터 3년 동안

24 황묘희, 「동학이단교파 제우교의 성립과 친일활동」, 『동학학보』 20호, 2010, 299쪽에서 재인용.

25 표성천은 자은면 백산리 773번지에서 아버지 표찬집과 어머니 박성계 사이의 차남으로 태어났으며, 집안 형편은 부유한 편이었다. 8세부터 11세까지 서당에서 한학을 공부한 뒤 고향에서 농업에 종사하다가 1917년 이후 목포를 오가며 상업에 종사하는 한편 서태석과 함께 3·1운동 1주년 경고문 배포 사건에 연루되어 1년간 옥살이를 하였다. 1920년대 중반에는 자은도 소작농민운동을 주도했다.

26 목포경찰서, 「서태석 신문조서(제4회, 1920년 3월 5일)」, 『한민족독립운동사자료집』 47, 국사편찬위원회, 2001.

일진회 충남지부 회장을 맡은 바 있는 친일 부역자이다. 김택현도 1907년부터 2년 동안 일진회 평의장, 일진회 부회장을 맡아 한일합병 청원운동을 주도한 인물이었다. 잘 알려진 바와 같이 일진회는 대한제국 시기에 송병준, 이용구 등이 결성한 대표적인 친일단체였다. 양정묵 또한 일진회 목포 지역 간부를 맡은 바 있는 친일 인사였다. 만주보민회사는 친일 부역자들을 주역으로 조직된 단체였다.

그렇다면 서태석은 당시 설립 준비 중이던 만주보민회사의 친일적 성격을 알고 있었을까. 이와 관련하여 서태석은 일제경찰 신문에서 만주보민회사에 대해 이렇게 진술했다.

> 경성의 이인수라는 자가 최초로 고안해낸 회사이며 그 목적은 만주에 있는 조선인에 대한 완전한 보호와 취체를 하고자 한다는 데 있고, 그 방법으로서는 토지를 매입하여 개간케 하고, 주택을 건설하여 입주시키는 등 생활 안정을 하게 하는 한편 제우교도와 조선독립운동자 사이에 시종 충돌이 끊이지 않기 때문에 이것을 조정 화해시키려는 계획으로 제우교 신도들이 설립하는 회사이다.[27]

진술 내용처럼, 만주보민회사는 천도교의 한 분파인 제우교에서 만든 단체였다. 제우교 교명은 동학의 창시자 최제우의 이름에서 따온 것이었다. 동학을 계승한 이름처럼 보인다. 하지만 실제로는

27 목포지청 검사국, 「서태석 신문조서(제2회, 1920년 3월 24일)」, 『한민족독립운동사자료집』 47, 국사편찬위원회, 2001.

친일 활동을 벌이기 위한 유사 종교단체였다. 3·1운동 이후 일제는 유사 종교단체를 결성하여 일제 식민 통치를 선전하고 회유하는 친일 활동을 하도록 했다.[28] 시천교[29] 내의 일진회 잔당들이 만든 제우교는 그 대표적인 예였다.

또한 서태석은 "작년 3월 천도교 손병희 등이 조선 독립을 선언함에 따라 소요가 일어난 이래… 시천교에서는 그대로는 좋지 않다는 처지에서 새롭게 한 파를 창립하여 불량도들과 어울리지 않도록 하자는 말이 일어나 작년 10월 처음으로 제우교를 개설"했다고 진술했다. 당시 제우교 전체 신자는 1만 명가량인데 만주에 약 2천 명의 신자가 있고, 전라남도에도 2~3백 명이 있었다.[30] 제우교는 만주 지역에서 친일 활동을 벌이기 위한 교두보로 만주보민회사를 설립하였고 주로 지역 유지들을 그 회사의 주주로 모집하였다.

한편 표성천은 경찰 신문에서 자신이 시천교에 입교한 것이 "지금으로부터 4년 전"이라고 진술했다.[31] 1916년경에 시천교 신자가

28 황묘희, 「동학이단교파 제우교의 성립과 친일활동」, 『동학학보』 20호, 2010, 297쪽.

29 1906년 서울 견지동에서 세운 동학 계열의 종파. 동학 2대 교주 최시형의 제자였으나 일진회 활동으로 천도교에서 출교당한 이용구와 그를 따르는 박형채, 권병덕, 송병준 등이 모여 결성했다.

30 목포지청 검사국, 「서태석 신문조서(제2회, 1920년 3월 24일)」, 『한민족독립운동사자료집』 47, 국사편찬위원회, 2001.

31 목포지청 검사국, 「표성천 신문조서(제2회, 1920년 3월 22일)」, 『한민족독립운동사자료집』 47, 국사편찬위원회, 2001.

되었다는 뜻이다. 서태석도 이와 비슷한 시기에 시천교에 입교했다고 봐야 한다. 그 배경에는 당시 시천교 포덕사[32]이자 만주보민회 주역 가운데 한 명인 양정묵(1875~?)과 관련이 있을 것이다. 양정묵은 목포 출신이며 1907년을 전후하여 일진회 목포 지역조직의 간부를 지냈다. 서태석은 만주에서 돌아오는 길에도 양정묵을 따로 만나기도 했다.[33] 따라서 서태석과 표성천은 양정묵의 권유로 시천교에 입교한 뒤 그 연장선에서 만주보민회사 설립에도 관여하게 된 것이다.

다만 서태석과 표성천이 친일 활동을 할 목적으로 제우교와 만주보민회사에 참여했다고 단정하기는 어렵다. 가령 표성천은 서태석과의 관계에 대해서 "함께 회사 사업을 경영하는 친구로서 극히 서로 의기투합하고 있는 사이"[34]라고 했다. 또 자신의 이력에 대해 "3년 전까지는 농업에 종사했고, 그 후는 상업을 경영하면서 가끔 목포에도 나가 있었다"[35]며 상업 활동을 위해 시천교에 입교했다고 진술했다. 이어 서태석은 제우교의 교의를 "각자가 본분을 지키면서 직업에 매진함으로써 불량한 일을 하지 않는" 것이라 하고, 표

32 천도교의 교직 가운데 하나로 보통 30명의 교인을 거느림.

33 목포경찰서, 「서태석 신문조서(제4회, 1920년 3월 5일)」, 『한민족독립운동사자료집』 47, 국사편찬위원회, 2001.

34 목포경찰서, 「표성천 신문조서(1920년 3월 4일)」, 『한민족독립운동사자료집』 47, 국사편찬위원회, 2001.

35 목포지청 검사국, 「서태석 신문조서(제2회, 1920년 3월 24일)」, 『한민족독립운동사자료집』 47, 국사편찬위원, 2001.

성천에 대해서는 "만주보민회사를 공동으로 경영하는 자"[36]라고 말했다.

서태석이 제우교와 만주보민회사에 참여한 표면적인 이유는 사업 목적이었다. 일제 앞잡이에 불과한 면장 노릇에 염증을 느끼던 서태석은 양정묵의 권유로 시천교에 입교하고, 이어 만주보민회사 설립에도 관여한 것으로 보인다. 실제로도 서태석은 섬마을을 벗어나 넓은 세상에서 사업을 벌일 목적이었다고 진술하였다. 하지만 일제 경찰의 신문 과정에서 나온 진술을 사실대로 받아들이기는 어렵다. 1919년 3·1운동을 전후한 시기에 서태석은 이미 장산도 출신 독립운동가 장병준 등과 밀접하게 교류하며 민족해방운동에 깊숙이 발을 들여놓은 상황이었다.

36 목포경찰서, 「서태석 신문조서(제3회, 1920년 3월 4일)」, 『한민족독립운동사자료집』 47, 국사편찬위원회, 2001.

“

2장

민족해방운동의 길로

”

2장 민족해방운동의 길로

임시정부 비밀 요원과의 동행

:

서울에서 만주보민회사 발기인 임시총회에 참석한 서태석과 표성천은 이후 만주로 떠났다. 2월 5일에 만주 봉천(奉天)에서 열릴 예정인 만주보민회사 발기인 총회에 참석하기 위해서였다. 하지만 서태석은 신병 때문에 1월 말에 서울로 돌아왔다고 한다.[1] 그런데 서태석이 만주보민회사 발기인 총회에 참석하지도 않고 서둘러 조선으로 돌아온 진짜 이유는 따로 있었다. 만주보민회사 발기인 총회가 열렸다는 2월 5일에 서태석은 서울에서 기차를 타고 전라남

1 목포지청 검사국, 「서태석 신문조서(제2회, 1920년 3월 24일)」, 『한민족독립운동사자료집』 47, 국사편찬위원회, 2001.

도 장성으로 간 뒤, 다음날 한 혼례식에 함께 참석했다. 더구나 이때 서태석은 장산도 출신 독립운동가 장병준과 동행을 했다.

장병준은 1919년 3·1운동을 전후하여 탑골공원 만세 시위를 주도한 강기덕, 장채극, 전옥결 등 보성학교 후배들을 지원하는 활동을 벌인 뒤 고향으로 내려와 장산도 3·18 만세 시위를 주도했고, 그로 인해 일제 경찰의 수배를 받게 되자 다시 서울로 올라가 한성정부[2] 수립을 위한 '국민대회[3]' 준비 조직의 간부로 참여했다. 당시 장병준은 보성전문 선배인 이춘숙을 비롯하여 홍진의, 한위건 등 함경도 출신 유학생 그룹과 관계를 맺고 활동했다. 이어 4월 중순에 상하이로 건너가 대한민국임시의정원 전라도 의원[4]으로 선출되었고, 5월부터는 상하이와 만주, 연해주, 국내를 오가며 비밀 임무를 수행하던 중이었다.[5]

이처럼 항일 독립운동에 투신하고 있는 장병준과 친일 성향의

2 한성정부는 실제로 조직을 갖춘 정부는 아니었지만, 나중에 상하이 임시정부와 러시아 대한국민의회 등이 통합하여 대한민국 임시정부를 조직하는 데 정통성을 부여하는 역할을 하였다.

3 3·1운동 직후 이규갑, 홍면희, 한남수, 김사국 등이 준비하여 4월 23일 13도 대표자 24인이 모여 '한성정부' 수립을 선언한 모임으로 흔히 '국민대회'라 한다. 4월 11일 상해 임시정부 출범으로 정세가 급변하면서 이규갑, 홍면희, 한남수 등이 서둘러 중국으로 가버린 바람에 사실상 국민대회는 김사국 주도로 이뤄졌고, 이때 실질적으로 김사국을 도와 국민대회를 실행한 것은 김유인, 장채극, 전옥결, 최상덕 등 보성고보 후배들이었다.

4 1919년 4월 23일 임시의정원 회의에서 장병준은 영암 출신 한남수, 함평 출신 김철, 정읍 출신 라용균 등과 함께 전라도 의원으로 선출되었다.

5 이기훈, 「장병준의 생애와 민족운동」, 『도서문화』 42집, 2013, 165쪽.

만주보민회사 발기인 서태석이 작정하고 한 결혼식에 동행한 사실은 무척 흥미롭다. 당시 장병준과 서태석의 행적은 일제 경찰의 수사 보고에 자세히 나와 있다. 그대로 옮겨보면 이렇다.

> 장병준은 금년 2월 6일 장산면 대리 조카인 장동식이 장성군 북이면 모현리 신만우의 딸과 결혼식을 올리게 되었는데, 2월 5일에 장성에 와서 장현숙이라는 가명으로 숙박하였고, 6일 혼인식에 참여한 후 7일 경성으로 돌아갔다고 함. 그동안의 동정을 조사한 바 신만우, 신경식 등은 배일사상을 갖고 있는 완고한 자로서 작년 봄, 그들의 자제는 보안법 위반으로 처벌된 자로서 요시찰인이며 장병준은 모현리에서 항상 '상해에 근거를 두고 있으면서 임시정부에 모금하러 왔다'는 뜻을 말했다고 함. 서태석은 그 결혼의 중매자로서 물론 그 결혼식에 참석하였고, 신 등과 장병준은 조선, 봉천(奉天), 상해(上海) 등지에 함께 왕래하면서 서로가 제휴하여 일을 진행하고 있는 형적이 있는 모양임.[6]

위 신문조서 내용처럼 혼례의 주인공은 장병준의 5촌 조카이자 장산면장인 장동식[7]이었다. 게다가 신부는 이른바 '배일사상'을 가진 신만우의 딸 신은주였다. 이 혼례식에 참석하기 위해 서태석과 장병준은 2월 5일에 서울에서 기차를 타고 장성으로 가서 북이면

6 목포경찰서, 「정치에 관한 범죄 처벌의 건 위반 피고사건 수사보고(1920년 3월 19일)」, 『한민족독립운동사자료집』 47, 국사편찬위원회, 2001.

7 1897년생으로 장산도 대지주 인동 장씨 2대 종손이며 장병준의 5촌 조카. 일제 강점기 4대, 6대, 10대 장산면장을 지냈으며, 장병준의 임시정부 자금 모금 활동을 후원했다.

사가리(四街里)역[8] 부근 주막에서 숙박하고, 다음날 모현리로 가서 장동식의 혼례에 참석했다. 그런 뒤 다시 주막으로 돌아와 하룻밤을 더 묵고 2월 7일에 서울로 올라왔다고 한다.[9]

이처럼 서태석은 일제 경찰에 수배 중인 장병준과 2박 3일 여정을 함께 했다. 또한 서태석이 장동식과 신은주의 중매를 섰다는 사실도 눈여겨볼 대목이다.

당시 일제 경찰이 신부의 오빠 신용식을 탐문하고 작성한 '청취서'에 따르면 서태석은 1920년 1월 5일경에도 장동식과 함께 장성 신만우의 집에 왔다가 장동식은 그 집에서 하룻밤을 자고 갔고, 서태석은 당일에 돌아갔다고 한다.[10] 흔히 중매는 신랑과 신부 양쪽의 집안 사정을 잘 아는 사람이 서게 마련이다. 그렇다면 서태석은 일제 경찰의 요시찰 대상인 신부 측 집안과도 잘 아는 사이였다고 할 수 있다. 서태석이 어떤 경로로 신부 측을 알고 있었는지는 확인할 수 없지만, 당시 서태석이 각지의 민족운동가들과 폭넓은 관계를 유지하고 있었다는 사실만큼은 확연하다.

그런데 이 탐문 내용은 서태석의 행적과 관련하여 또 한 가지 궁금증을 일으킨다. 요컨대 앞서 언급한 경찰 신문에서 서태석은 12

8 지금의 장성군 백양사역.

9 목포지청 검사국, 「장병준 신문조서(제2회, 1920년 3월 29일)」, 『한민족독립운동사자료집』 47, 국사편찬위원회, 2001.

10 조선총독부 도경부보, 「청취서(1920년 3월 28일)」, 『한민족독립운동사자료집』 47, 국사편찬위원회, 2001.

월 말경 만주에 갔다가 1월 말에 돌아왔다고 진술했다. 하지만 신용식 증언에 따르면 서태석은 장동식과 함께 1월 5일에 장성을 방문했다. 당시 참고인 신분이었던 신용식은 굳이 거짓말을 할 필요는 없었을 것이다. 그렇다면 서태석은 만주에서 1월 5일 이전에 돌아왔어야 한다. 심지어 만주에 가지 않았을 가능성도 있다. 서태석이 장성 신만우의 집에 간 사실을 경찰에 숨기고, 그 알리바이를 맞추기 위해 만주에 있다가 1월 말에 돌아온 것처럼 진술했을 가능성이 높다.

한편 서태석은 경찰 조사에서 1919년 6월경에 서울 남대문통의 한양여관에서 장병준을 처음 만났다고 진술했다. 예전부터 알고 지낸 장동식이 자기 숙부라면서 장병준을 소개했다는 것이다.[11] 그러나 실제로 서태석과 장병준은 그 이전부터 친밀한 사이로 지내오고 있었다. 가령 자은도의 표성천은 장병준에 대해 "고향 이웃마을 사람으로서 이전부터 이름은 알고 있었지만 3년 전 목포에서 만나면서 친한 사이가 되었다"[12]고 했다. 그 무렵 장병준은 일본 니혼대학을 다니다가 고향으로 돌아와 장산도의 고제빈, 김극태 등은 물론이고 인근 섬 지역 유지들과 교류하며 민족의식을 전파하고 있었다.[13]

11 목포지청 검사국, 「서태석 신문조서(제2회, 1920년 3월 24일)」, 『한민족독립운동사자료집』 47, 국사편찬위원회, 2001.

12 목포경찰서, 「표성천 신문조서(제3회, 1920년 3월 4일)」, 『한민족독립운동사자료집』 47, 국사편찬위원회, 2001.

이렇듯 표성천은 장병준과 3년 전부터 '친한 사이'라고 진술했다. 그렇다면 서태석 또한 3년 전이나 그 이전부터 친근한 사이였을 것이다. 1919년 3·18 장산도 만세운동으로 장병준이 일제 경찰의 수배를 받은 이후에도 두 사람은 계속 연락을 유지하다가 1919년 6월경에는 어떤 목적을 가지고 서울 한양여관에서 직접 만나기까지 했다. 더욱이 그 무렵 장병준은 임시정부와 국내외 독립운동 조직의 통일성을 유지하기 위한 연락 임무와 임시정부 자금 모집에 관한 임무를 수행하고 있었다.

나아가 당시 장병준은 국내에서 제2의 3·1운동을 일으키는 대담한 계획을 세우고 있었다. 이 계획을 실행에 옮기기 위해 장병준은 보성학교 동문 박기영[14]과 접촉했다. 또한 3·1운동 직후 한성정부 수립 국민대회를 추진할 때 13도 대표 중의 한 명이었던 기독교부인성서학교 교사 이동욱을 계획에 끌어들였다. 이들은 거사 추진을 위해 전국적 규모의 비밀조직인 '대한국민회' 결성에 착수했다.

장병준은 모교인 보성학교 후배들을 포섭하여 서울조직을 결성하는 한편으로 고향 인근 사람들을 대상으로 전남 지역조직 결성에도 힘을 쏟았다. 서태석이 바로 그 중심에 있었다. 서태석이 장

13 이기훈, 「장병준의 생애와 민족운동」, 『도서문화』 42집, 2013, 165쪽.

14 박기영은 전북 남원 출신으로 전주 창동사립보통학교 교사로 근무하다가 3·1운동을 전후하여 천도교와 관계를 맺고 항일운동을 벌이고 있었다.

병준을 서울의 한양여관에서 은밀히 만난 일이나, 장병준의 조카 장동식과 신만우의 딸 사이에 중매를 선 일, 그리고 장병준과 함께 서울에서 장성까지 동행하여 장동식의 혼례에 참여한 일은 바로 대한국민회와 관련이 있는 활동이었다. 대한국민회는 개인들의 인맥을 통한 점조직 형태로 조직되었기 때문에 공식 직함은 없었지만, 이 무렵 행적을 살펴보면 서태석은 대한국민회 전라도 지역 조직책임자였던 것으로 보인다.

3·1운동 이후 서태석은 이처럼 임시정부 활동가 장병준과 밀접한 관계를 맺고 있었다. 따라서 일제 경찰은 물론이고 주변 사람들에게도 자신의 행적을 위장해야 했다. 일제 협력 단체인 제우교나 만주보민회사에 공개적으로 관여한 이유도 그것이었다. 만약에 서태석이 제우교나 만주보민회사의 친일 활동 방침을 그대로 따랐다면 임시정부 요원인 장병준과의 만남을 회피하거나, 아니면 그의 행적을 밀고할 수도 있었다. 하지만 서태석은 자신이 발기인으로 참여한 만주보민회사 발기인총회를 불참하면서까지 장병준과 동행하고, 3·1운동 1주년 기념 거사를 함께 준비했다. 서태석은 이 과정에서 신분 위장을 위해 만주보민회사 발기인으로 참여한 것이다.

3·1운동 1주년 기념 경고문 배포 준비
:

한때 상하이 대한민국 임시정부는 국내에서 제2차 독립 만세 시위를 벌이는 것을 중요한 과제로 삼았다. 이 과제를 실천하기 위해

1919년 8월부터 9월 사이에는 임시정부 특파원 다수가 국내에 잠입하여 조선민족대동단, 대한독립애국단, 대한민국청년외교단 등과 함께 만세운동을 시도했다. 그러나 3·1운동 이후 일제 경찰의 경계가 삼엄한 상황에서 운동의 역량을 모으기가 어려워 이렇다 할 성과를 거두지는 못했다.

이러한 분위기에서 장병준, 박기영, 이동욱 등 대한국민회 지도부는 1920년 3월 1일을 '대한독립 1주년 기념일'로 정하고 이를 기념하기 위한 투쟁을 준비했다.[15] 이들은 먼저 3·1독립선언서에 버금가는 '경고문'을 제작하여 전국 13도의 학교와 주요 도시의 시내에 배포하기로 결의했다. 장병준은 비용을 조달하고, 이동욱은 경고문의 문안 작성과 인쇄에 대한 일을 맡기로 했다.[16] 경고문 배포는 장병준과 박기영이 담당했다.

이들은 1920년 2월 22일경에 모여 두 가지 내용의 경고문을 작성했다. 하나는 학생들에게 동맹 휴교를 선동하기 위한 '대한독립 1주년 기념 축하 경고문'이었다. "남녀학생은 일제히 휴교하고, 시중으로 출동하여 그 축하회에 참여하여 만세를 외치라"는 내용을 담고 있었다. 다른 하나는 상인들을 대상으로 하는 '대한독립 1주년 기념 철시 경고문'으로, "일반 상가는 일제히 폐점하고 축하회에 모

15 이기훈, 「장병준의 생애와 민족운동」, 『도서문화』 42집, 2013, 165쪽.
16 동대문경찰서, 「이동욱 신문조서(1920년 2월 29일)」, 『한민족독립운동사자료집』 47, 국사편찬위원회, 2001.

여 호응하라"는 내용이었다. 말하자면 1919년 3·1운동에 이어 제2의 독립 만세운동을 촉구하는 선전물이었다.

대한국민회는 이 경고문을 서울, 대전, 대구, 마산, 목포, 전주 등 전국의 거점 도시에 배포하기로 했다. 서울 시내 중등학교 23개교 배포는 김홍기 등 장병준의 보성학교 후배들이 담당하기로 했다. 서태석은 목포를 거점으로 전라도 쪽 배포를 맡았다. 대전 지역은 이동욱의 옛 제자인 이길용이, 대구는 남성정(南城町)에 사는 최일문이, 그리고 마산 지역은 마산역 근처에서 운송점 서기로 일하는 팽동주 등이 맡았다. 전주 배포 책임자는 구체적으로 확인되지 않지만, 박기영과 관련 있는 전주보통학교 교사였던 것으로 추정된다.

경고문 제작을 담당한 이동욱은 2월 23일에 청량리의 인쇄 기술자 유진상에게 전단지 문안을 넘기고 인쇄를 의뢰했다. 그러나 갑자기 많은 분량의 종이와 식자(植字)용 활자를 구하기가 쉽지 않아서 생각보다 인쇄 작업이 늦어졌다.

그 무렵 서태석은 서울에서 장병준과 같이 머물며 인쇄물이 나오기를 기다렸다. 목포와 전주 등지에 배포할 경고문을 받아 직접 가지고 내려갈 계획이었다. 그러나 24일에 되어도 인쇄물이 나오지 않았다. 마냥 기다릴 수 없는 상황이었으므로 이동욱은 자신의 직장인 부인성서학원의 등사판을 이용하여 직접 100여 장의 유인물을 만들었다. 급한 대로 서태석은 그것을 가지고 먼저 내려가서 전주에 전달하기로 했다. 목포에 배포할 경고문은 며칠 뒤 만주에서 돌아오는 표성천 편에 맡기기로 했다.

1920년 2월 25일 아침에 서울에서 출발한 서태석은 그날 늦은 저녁에 목포에 도착하여 대정정(大正町)[17] 경남여관에 여장을 풀었다. 경남여관은 암태면 단고리 출신 김운재가 운영하고 있었다. 서태석이 목포에 머물 때 주로 숙박하는 여관이었다. 그곳에서 하룻밤을 묵은 서태석은 2월 26일 아침 일찍 남교동 우편소로 가서 전주보통학교 앞으로 소포를 발송했다. 그런 뒤 목포항에서 배를 타고 암태도로 들어갔다가 본가에서 이틀을 묵었다.

2월 28일 오후에 다시 목포로 나온 서태석은 경남여관으로 갔다. 전날 목포에 내려온 표성천이 경남여관에서 기다리고 있었다. 서태석은 표성천으로부터 경고문 전단지 200여 장과 태극기 두 장이 든 가방을 건네받았다.

한편 2월 27일 밤. 서울의 장병준은 자신의 숙소에서 박기영과 함께 3천여 장의 경고문[18]을 세 덩어리로 나누어 신문지로 각기 단단히 포장한 다음 박자선에게 전달했다. 박자선은 박기영의 집안 누나였다. 다음날인 28일 이른 아침, 박자선은 경고문 세 뭉치를 싼 보따리를 들고 서울역으로 가서 대전행 기차를 탔다.

점심 무렵이 다 되어 대전역에 도착한 박자선은 이길용에게 경고문 한 뭉치를 전달했다. 그리고 곧장 대구로 가서 남성정에 사는

17 목포시 명륜동의 일제강점기 지명.

18 유진상은 경찰 신문에서 첫날에 500장, 27일 600장, 28일에 1,200장의 경고문을 찍은 것으로 진술했지만, 이는 의도적으로 인쇄 부수를 축소 진술한 것으로 보인다.

최일문이라는 사람을 찾았다. 하지만 최일문이 부재중이어서 유인물을 전달할 수 없었다. 대구에서 하룻밤을 보낸 박자선은 다음날인 29일, 마산으로 가서 팽동주에게 나머지 경고문 두 뭉치를 모두 맡겼다. 그로써 대구를 제외한 목포, 전주, 대전, 마산 등지에 경고문 배송이 완료되었다.

목포 일대에 3·1운동 1주년 경고문 배포

:

3·1절 1주년 기념을 하루 앞둔 1920년 2월 29일.

서태석은 목포에서 경고문 배포를 준비했다. 먼저 경남여관 근처 명치정(明治町) 13번지의 잡화상 직원 김재식에게 20전을 주며 태극기 4장을 비밀리에 만들어 달라고 주문했다. 장병준이 보낸 2장에 더하여 4장의 태극기를 제작한 것이다. 더불어 서태석은 경고문을 같이 배포할 사람들을 규합했다. 먼저 전날 암태도에서 목포로 오는 배 안에서 만난 박종선[19]을 찾아갔다. 그러나 박종선은 경고문 내용을 보자 난감해하며 발을 뺐다. 서태석은 여관 주인 김운재에게도 경고문 30여 장을 주면서 주변 사람들에게 배포해 달라고 부탁했다.

이 밖에도 그날 경남여관에서 서태석은 서너 사람을 만났다. 오

19 신안 안좌도 출신으로 당시 목포에서 연초상을 하고 있었음.

전 11시경에는 목포 행정(幸町)에서 재봉틀회사 출장소를 하는 김귀현(金貴鉉)과 만나 이야기를 나누었다. 오후 6시경에는 광주부 송정리에 사는 정문국(鄭文國)과 또 한 사람이 경남여관으로 서태석을 찾아왔다. 또한 서태석의 동생으로 당시 목포 상업학교에 다니고 있던 서민석도 경남여관으로 왔다.[20]

서태석은 이들에게 경고문을 나누어주고 배포를 의뢰했다. 그런 다음 서태석은 저녁 7시경에 경고문을 품 안에 숨기고 경남여관을 나와 부두 근처의 행정(幸町), 영정통(榮町通) 일대를 돌며 조선인 점포에 경고문을 배포했다.[21] 암태도 친구인 박종선에게도 배포를 도와달라고 부탁했지만 거절당하였다. 혼자 할 수밖에 없었다. 서태석은 그날 저녁 7시경부터 10시경까지 외투를 입었다가 벗었다 하여 사람들 눈을 피하면서 60여 장의 경고문을 목포 시내 곳곳에 배포했다.[22]

경고문 배포를 마친 뒤 서태석은 밤 10시경이 되어서야 숙소로 들어왔다. 잠시 여관에서 휴식하다가 밤 12시경에 태극기 두 장과 대나무 두 개를 들고서 다시 여관을 빠져나왔다. 목포역으로 간 서태석은 역 구내 나무 꼭대기에 태극기 한 장을 매달았다. 그런 다

20 목포경찰서, 「김운재 신문조서(제2회, 1920년 3월 3일)」, 『한민족독립운동사자료집』 47, 국사편찬위원회, 2001.

21 목포경찰서, 「서태석 신문조서(제5회, 1920년 3월 6일)」, 『한민족독립운동사자료집』 47, 국사편찬위원회, 2001.

22 목포지청 검사국, 「서태석 신문조서(제1회, 1920년 3월 17일)」, 『한민족독립운동사자료집』 47, 국사편찬위원회, 2001.

음 신사(神社)가 있는 송도공원[23]으로 이동한 뒤 태극기를 대나무 끝에 매달고 그것을 다시 소나무 줄기에 단단히 묶었다. 밤바다에서 불어오는 바람에 태극기 펄럭이는 소리를 들으며 서태석은 송도공원을 빠져나왔다.

한편 서태석에게 경고문 배포를 의뢰받은 다른 사람들의 활동은 기록으로 확인되지 않는다. 다만 여관 주인 김운재가 이웃집을 돌며 경고문 몇 장을 배포했다는 사실을 경찰에서 진술하였다. 다른 사람들은 대부분 서태석에게서 받은 경고문을 배포하지 않고 버렸다고 진술했다. 3·1운동 1주년을 앞둔 시점에서 일제 경찰의 감시가 무척 삼엄했던 상황을 고려하면, 다른 사람들은 적극적으로 경고문을 배포하지 못하였을 것이다.

한편 서울의 장병준은 2월 28일에 김홍기, 최혁 등 보성학교 후배들과 함께 서울 시내 23개 학교에 동맹 휴교를 촉구하는 경고문을 전달했다. 학생들의 자발적인 만세 시위를 유도한 것이다. 이어 29일 밤에는 서울 시내 상인들을 대상으로 작성한 경고문도 배포할 계획이었다. 그러나 이날 아침에 청량리에서 인쇄된 경고문 1천 2백 장을 이동욱 집으로 운반해 오던 유진익이 동대문서 경찰에 체포되고 말았다. 원동 집에서 인쇄물을 기다리고 있던 이동욱과 박자선의 집에 있던 박기영도 차례로 연행되었다.[24] 인쇄 작업을 맡

23 지금의 목포시 동명동 자리에 있었던 섬. 당시 일본인들이 육지와 이어서 공원을 만들고 신사(神社)를 설치한 곳이었는데, 해방 이후 없어졌다.

은 유진상과 권학규도 줄줄이 체포되었다. 다만 주모자 장병준은 가까스로 몸을 피했다.

대전과 마산에서도 경고문 배포가 이뤄졌다. 2월 29일 저녁에 대전역 개찰원 이길용은 전날 박자선으로부터 받은 수백 장의 경고문을 다시 두 덩어리로 나눈 뒤, 그중 한 덩어리를 품속에 넣고 집을 나섰다. 이길용은 친구 최성운 등과 함께 야음을 틈타 대전 시내 장터와 길거리 등에 경고문 수백 장을 뿌렸다. 마산의 팽동주도 2월 29일 밤 11시경부터 마산 시내 주요 거리의 전봇대와 담벼락에 경고문 수십 장을 붙이거나 거리에 배포했다.

이처럼 3·1운동 1주년이 되는 1920년 3월 1일을 앞두고서 전국 각지에 대한독립 1주년 기념 경고문이 배포되었다. 그러나 목포를 비롯하여 전국 주요 도시에 배포된 경고문은 삼엄한 경비를 펼치던 일제 경찰에 의해 대부분 수거되고 말았다. 서태석이 목포 송도공원과 역 구내에 매단 태극기와 거리에 배포한 경고문들도 순찰하던 경찰에 의해 모두 수거되었다. 그 바람에 주민들은 경고문이 배포된 사실조차 알지 못하였다.

3·1운동 1주년 기념 경고문 배포는 일제 경찰의 저지로 실패하였다. 다만 서울에서는 1920년 3월 1일에 서대문감옥 태평동출장소 내 수감자 3백여 명과 배화여학교, 진명여학교, 기독교부인성서

24 이 가운데 박기영은 '박종모'라는 가명을 쓰며 자신과는 전혀 다른 인물로 행세하여 경찰을 속이고 불기소 처분으로 풀려난다.

학교 생도 등이 교내에서 독립 만세를 불렀다.[25]

혹독한 고문을 견디며 주모자를 보호하다

일제 경찰은 태극기를 게양하고 경고문을 배포한 이른바 '불령선인' 검거를 위해 부산하게 움직였다. 1920년 3월 1일. 목포 경찰은 목포역과 부두 등 외부로 나가는 길목에서 엄중한 검문을 펼쳤다. 경찰은 조금이라도 낌새가 수상한 사람을 마구 잡아들이며 경고문 배포자를 색출에 혈안이 되었다. 이러한 분위기를 감지한 서태석은 일단 김운재의 여관에서 은신했다. 경찰의 경계가 어느 정도 느슨해지면 기차를 타고 서울로 갈 계획이었다.

그런데 3월 2일에 박종선이 목포 경찰에 검거되었다. 경찰은 박종선을 심문하여 서태석이 목포지역 경고문 배포 책임자임을 밝혀냈다. 그리고 3월 3일에는 경남여관으로 들이닥쳤다. 서태석은 경남여관 주인 김운재, 재봉업소 직원 김재식 등과 함께 목포경찰서로 연행되었다. 자은도에 있던 표성천도 3월 4일에 검거되어 목포로 이송되었다.

목포지역 경고문 배포의 주모자로 지목된 서태석은 혹독한 경찰 조사를 받았다. 경찰은 경고문과 태극기의 출처를 집중적으로 캐

25 「조선국내に於ける민족주의운동」(1920), 『조선독립운동』 제1권 분책, 국사편찬위원회 한국사데이터베이스 검색.

물었다. 서태석은 표성천에게서 그 물건들을 받았고 표성천의 권유에 따라 배포했을 뿐, 그밖에는 아무것도 모른다고 잡아뗐다. 이에 경찰은 표성천을 집중적으로 추궁했고 표성천은 장병상[26]에게서 경고문 등을 받아 서태석에게 전달했다고 진술했다.

목포 경찰은 종로경찰서에 장병상의 검거를 요청해놓은 뒤 표성천, 박종선, 김운재, 김재식 등을 차례로 불러 서태석과 대질 조사를 벌이며 사건의 전모를 파악하려고 애를 썼다. 하지만 서태석은 혐의가 될 만한 사실은 무조건 부정하거나 엉뚱한 내용을 진술하는 방법으로 경찰을 혼란스럽게 했다. 그런 서태석의 태도에 표성천마저도 "자네 정신병에 걸린 것인가?"[27]라며 답답함을 토로할 정도였다.

목포 경찰은 표성천, 김재식, 김운재 등의 진술을 토대로 하여 목포지역의 경고문 배포 주모자가 서태석임을 밝혀냈다. 서태석 자신도 3월 6일 신문에서 자신이 경고문을 배포한 사실만은 인정했다. 다만 이때도 경고문의 출처에 대해서 만큼은 표성천에게서 받았을 뿐 그 이상은 모른다는 진술로 일관했다. 사건의 주모자 장병준의 정체를 철저히 숨기려는 의도였다.

3월 24일의 검사신문 때까지도 서태석은 이러한 태도로 일관했다.

26 장병준의 친동생으로 당시 서울에서 중동학교에 다니고 있었다. 장하성 고려대 교수, 장하진 전 여성부장관, 장하준 케임브리지대 교수 등의 조부이다.

27 목포경찰서, 「서태석 신문조서(제3회, 1920년 3월 4일)」, 『한민족독립운동사자료집』 47권, 국사편찬위원회, 2001.

"나는 7, 8년 동안 거주지 면장을 봉직한 일도 있고, 절대 제국의 정치에 불만을 가진 자는 아니다. 마침 이번은 나의 병 요양 겸 소송 용무로 목포에 왔다가 우연히 표성천과 만나게 되었다. 경고문 배포 의뢰에 나는 놀라서 일단은 거절하였으나, 표성천이 '지금 처지로서는 독립단의 요구도 조금은 수용해 주는 것이 낫다'고 간절히 말하였고, 만일 발각되어 체포되더라도 경찰관에게 그 사정을 진술하면 석방하여 줄 것으로 생각하였다. 실제 독립운동을 할 생각은 없었지만, 마침내 이번과 같은 일로 되어 버렸다."[28]

사실 서태석은 경고문 배포를 위해 스스로 주변 사람들을 조직했고, 자비를 들여 추가로 태극기 제작을 의뢰하기도 했다. 그리고 목포역과 송도공원에 태극기를 '단단히' 매달았으며 혼자서 밤중에 경고문 전량을 배포하는 등 자발적이고 적극적인 활동을 펼쳤다. 그러나 서태석은 일제 경찰이 사건의 전모를 파악하지 못하도록 사실과 다른 진술로 일관했다. 그러다 보니 서태석은 통상 한두 번으로 끝나는 경찰 신문을 다섯 번이나 받아야 했다.

검사국으로 넘어간 뒤에도 서태석은 두 번이나 조사를 받았다. 신문이 거듭될수록 서태석은 혹독한 고문을 당했다. 그런 고통을 감수하며 서태석이 시간을 끌어준 덕분에 장병준을 중심으로 한 대한국민회 지도부는 조직을 보호할 말미를 얻을 수 있었다.

28 목포지청 검사국, 「서태석 신문조서(제2회, 1920년 3월 24일)」, 『한민족독립운동사자료집』 47권, 국사편찬위원회, 2001.

징역 1년 선고받고 서대문 감옥으로

:

서태석은 비록 제우교 등 친일 종교단체와 관계를 맺긴 했지만, 그 단체들의 친일 활동에 참여하거나 동조하지는 않았다. 다만 서태석이 일제 경찰 신문에서 자신이 제우교 신자이며 만주보민회사 발기인임을 강조한 이유는 경찰 수사에 대응하는 전략이었다. 일제 경찰 또한 "그대는 보민회사라고 하는 미명하에 관헌의 눈을 속여 몰래 불량한 행동으로 독립사상 고취에 주력하고 있는 것"[29]이라고 단정했다.

한편 목포경찰서로부터 장병상 검거를 요청받은 종로 경찰은 1920년 3월 5일에 장병상을 검거하여 경고문의 출처를 신문했다. 당시 중동학교 학생이던 장병상은 경고문 배포와 관련해서는 실제로 아는 바가 별로 없었다. 다만 경찰이 장병상을 취조하는 과정에서 그의 형 장병준의 존재가 드러날 수밖에 없었다. 종로 경찰은 경고문 배포 사건의 배후 인물로 장병준을 지목하고 즉각 검거에 나섰다.

1920년 3월 11일, 마침내 장병준이 인사동에서 체포되었다. 장병준은 종로경찰서에서 기본적인 조사를 받은 뒤 3월 13일에 목포경찰서로 이송되었다. 당시 동대문경찰서에서는 사건의 주모자 가운

29 목포경찰서, 「서태석 신문조서(제5회, 1920년 3월 6일)」, 『한민족독립운동사자료집』 47,국사편찬위원회, 2001.

데 한 명이자 대한국민회 간부인 이동욱 등에 대해 조사를 이미 벌이고 있었음에도 장병준이 목포 경찰로 이송된 것은, 일제 경찰이 이때까지도 이동욱과 장병준의 연결점을 찾지 못했기 때문이다.

한편 목포경찰서로 이송된 장병준은 1920년 3월 14일부터 혹독한 조사를 받았다. 이때 장병준은 '박현숙'이라는 가공의 인물을 사건의 주모자로 내세웠다. 서태석이 고문을 감수하면서도 장병준의 이름을 아직 발설하지 않은 터였으므로, 경찰은 일단 장병준의 허위 진술을 믿을 수밖에 없었다. 그리하여 실재하지도 않은 박현숙이라는 인물을 검거하는 데 일제 경찰은 인력과 시간을 낭비했다.

한편 표성천은 3월 15일이 되어서야 장병준으로부터 경고문을 받은 사실을 경찰에 실토했다. 서태석도 3월 17일 검사신문에서 "장병준을 아느냐"는 검사의 질문에 아는 사이임을 인정했지만, 장병준이 사건의 주모자라는 사실에 대해서는 철저히 함구했다. 장병준, 서태석, 표성천 3명에 대한 추가 신문을 마친 목포지청 검사국은 4월 1일에 경성지방법원 검사국으로 사건을 송치했다. "본 건은 귀국 조사 중의 이동욱 피고사건의 공범자로서 귀국에서 조사하는 것이 편의적"[30]이라는 이유였다.

서태석은 장병준, 표성천과 함께 서대문형무소로 압송되었다. 이후 '대한독립 1주년 기념 경고문 배포 사건'에 대한 수사는 종료

---

30 목포지청 검사국, 「형사 피고사건 송치서(1920년 4월 1일)」, 『한민족독립운동사 자료집』 47, 국사편찬위원회, 2001.

경찰서에서 총괄하게 되었다. 이어 김홍기, 최혁, 한상옥, 김상구 등 서울에서 경고문을 배포한 사람들도 종로경찰서에 연행되었다. 경고문 배송을 담당한 박자선과 대전의 이길용, 마산의 팽동주도 뒤늦게 검거되어 속속 종로경찰서로 이송되었다.

경고문 배포 사건과 관련하여 검거된 사람은 20여 명에 이르렀다. 그 가운데 김운재, 김재식, 김홍기, 최혁, 한상옥, 김상구, 유진익, 장병상 등은 증거불충분으로 불기소 처분을 받았다. 장병준, 이동욱 등 주모자를 포함하여 서태석, 표성천, 이길용, 팽동주, 박자선, 유진상, 권학규 등 9명은 일제 '보안법'과 '출판법' 위반 혐의로 재판에 회부되었다.

1920년 12월 21일, 경성지방법원에서 열린 1심에서 서태석은 징역 1년을 선고받았다. 주모자인 이동욱과 장병준은 각각 징역 4년과 징역 3년의 중형을 선고받았다. 표성천, 유진상, 권학규, 이길용, 팽동주, 박자선 등은 서태석과 같은 징역 1년을 받았다. 이들 중 이동욱과 유진상은 항소하였고, 나머지는 원심대로 형량이 확정되었다. 대한독립 1주년 기념 경고문 사건은 그렇게 일단락되었다.

3장

사회주의 운동가로 거듭나다

3장 사회주의 운동가로 거듭나다

서대문 감옥에서 '신사상'에 눈을 뜨고

:

1920년대 서대문형무소는 3 · 1운동과 관련하여 검거된 민족해방 운동가들로 만원을 이루고 있었다. 그중에는 중국, 일본 등지에서 유학하며 이른바 '신사상'을 접한 젊은 지식인들도 많았다. 신사상은 곧 사회주의 사상을 의미했다. 이들은 신국가, 즉 사회주의 국가를 조선 독립 이후의 바람직한 모델로 삼았다. 그 배경에는 1917년 러시아혁명이 있었다.

러시아 혁명정부는 미국 윌슨 행정부보다 앞서 민족자결에 대한 메시지를 던졌다. 모든 교전국이 즉시 평화조약을 체결하자는 '평화에 관한 포고'와 함께, 제정 러시아 지배하에 있는 소수민족의 독립을 전격적으로 승인하는 내용의 '러시아 인민들의 권리에 대한

선언'을 채택한 것이다. 게다가 토지의 사적 소유를 폐지하는 내용의 '토지에 관한 포고'도 발표되었다. 지주들의 토지를 몰수하여 농민들에게 돌려준다는 것이다.

러시아 혁명정부의 이와 같은 조치에 식민지 조선의 독립운동가들은 크게 고무되었다. 실례로 당시의 역사가 박은식은 『독립운동지혈사』에서 "전제정치를 타도하여 민중에게 자유와 자결을 선포하였다"며 러시아 혁명정부의 조치를 반겼다. 식민지 조선의 민중은 대부분 러시아혁명을 보편적 혁명의 원리로 받아들였다. 도쿄 한인 유학생들도 1919년 「2·8 독립선언서」에서 혁명 후 러시아를 "군국주의적 야심을 포기하고 정의와 자유를 기초로 한 신국가"로 표현하며 "민주주의 선진국의 모범을 취하야 신국가를 건설"하겠다는 의지를 밝혔다.

러시아 소비에트 정부에서 나온 해방의 메시지는 제국주의와 지주의 수탈에 시달리던 식민지 조선 민중의 가슴에 희망의 불씨를 던졌다. 그 불씨는 1919년 3·1운동의 원천이 되었다. 익히 알려진 것처럼 3·1운동을 이끈 사람들은 태화관의 민족대표들이 아니라 탑골공원에서 거리 시위를 조직한 청년학생과 기층 민중이었다. 이들은 3·1운동을 거치면서 기층 민중이 주도하는 민족해방과 사회혁명의 가능성을 발견했다. 이러한 배경에서 1920년대 조선 민중에게는 사회주의가 사상적, 이념적 유행으로 자리를 잡게 된다.

사실 외교적 독립노선에 기댄 민족주의자들 입장에서 3·1운동은 실패작이었다. 파리 강화회의에 참석한 제국들은 식민지 조선의 독립에는 아무런 관심이 없었다. 심지어 일본 대신 차라리 미국이 조선을 지배해달라는 이승만의 위임통치 청원도 거절당할 정도였다. 이러한 분위기에서 민족주의 운동가들은 좌절했다. '자치'니 '실력양성'이니 하는 개량적 목소리가 흘러나오기 시작했다. 반면 사회주의자들은 민중의 열기가 분출된 3·1운동을 통해 반제 민족해방운동의 새로운 가능성을 보았다. 민족주의 관점에서 3·1운동은 실패한 이벤트였지만, 사회주의 관점에서 그것은 새로운 가능성이었다. 민족주의자들이 한계로 여기는 지점이 사회주의자들에게는 오히려 희망이었다.

러시아혁명은 3·1독립만세운동의 동력이 되고, 3·1운동은 다시 조선에 사회주의자를 양산하는 계기가 되었다. 서대문형무소 수감자 중 상당수는 그런 과정을 거쳐 온 운동가들이었다. 이들은 혹독한 수감생활 가운데서도 일제 관헌의 눈을 피해 통방[1]을 하며 조선 독립에 대한 의견과 본질적 해방에 대한 사상을 교류하였다. 일제가 민족해방운동을 탄압하기 위해 설치한 감옥이 거꾸로 해방운동가를 양성하는 학교가 되었다.

서태석 또한 감옥 안에서 젊은 운동가들과 교류했다. 섬마을 유지 출신으로 신식 교육도 접하지 못한 서른 중반의 서태석에게 서대문 감옥은 사회주의 운동가들과 적극적으로 교류하며 사상적 지

1 수감자들이 일정한 규칙에 따라 감옥의 벽을 두드리며 옆방의 수감자와 대화를 나누는 것.

평을 넓히는 기회가 되었다. 그중에서도 특히 김사국과의 만남은 의미가 깊었다.

김사국은 1892년 충남 연산 출신으로, 열 살 무렵에 아버지를 여의고 한때 어머니를 따라 금강산 유점사에 머물며 한학을 공부했다. 16세 때 서울 보성학교에 들어갔으나 이듬해 일본으로 건너가 고학하면서 유학생 단체인 대한흥학회에 참여하다가 1911년에 귀국하여 국내에서 교사 생활을 하였다. 그러던 1918년 6월에 남만주 철령으로 건너가 항일운동에 투신했다가 3·1운동 직전인 1919년 2월 26일에 서울로 들어와 비밀독립운동단 본부에서 활동하였다. 3·1운동 직후인 1919년 4월에는 한성정부 수립을 위한 국민대회 조직에 참여했다.[2]

한성정부 수립 관련 사건으로 검거된 김사국은 1년 6개월 형을 선고받아 서대문형무소에서 복역 중이었다. 김사국은 장병준의 보성학교 동문이자 국민대회 준비 단위에서 함께 활동한 동지였다.[3] 나이로는 서태석보다 7년이나 연하였지만 식견이 넓고 생각이 깊었다. 서태석은 그런 김사국에게서 깊은 인상을 받았다. 감옥 안에서 두 사람의 교류는 김사국이 형기를 마치고 출소한 1920년 9월까

2 전명혁, 「해광 김사국의 삶과 민족해방운동」, 『한국근현대사연구』 23집, 2002, 107~110쪽.

3 동대문경찰서, 「이동욱 신문조서(1920.2.27)」, 『한민족독립운동사자료집』 47권, 2001, 국사편찬위원회. 이 진술에서 이동욱은 경찰신문에서 "1919년 4월 23일 대한국민대회라는 것이 조직되었을 때 나는 대표의 일원이었고, 장병준은 대표는 아니었지만 간부 중의 한 사람"이었다고 했다.

지 5개월가량 이어졌다. 그동안에 서태석은 신사상, 즉 사회주의 사상에 관심을 가지게 되었다.

옥고를 치르고 '서울청년회를 경유'하여

:

1921년 6월 5일에 형기를 마친 서태석은 표성천, 이길용, 팽동주 등과 함께 서대문 감옥에서 풀려났다. 목포에서 일제 경찰에 검거된 지 15개월 만이었다. 이틀 뒤에 발행된 동아일보는 "이길용, 팽동주 양 씨는 자택으로 돌아가고 표성천, 서태석 양 씨는 방금 세브란스병원에 입원 중"[4]이라고 이들의 출소 소식을 전했다. 서태석과 표성천이 입원한 이유는 목포경찰서에서 받은 고문의 후유증 때문이었을 것이다.

서태석이 세브란스병원에서 언제 퇴원했는지는 확인되지 않는다. 다만 당시의 형편상 입원 기간이 그렇게 길지는 않았을 것이다. 이후 서태석의 행적에 대해서는 양은호의 기록을 통해서 추정할 수 있다. 「해사(海舍) 서태석 씨 약력과 소작인회 관계 소송기」에서 양은호는 "옥고를 치르고 서울청년회를 경유하여 독립운동 차 러시아 블라디보스토크를 다녀서 귀향"했으며 "노농연맹, 형평사, 해방운동자동맹 등 제반 사상단체를 서울청년회를 통해 각 지방을

4 『동아일보』, 1921년 6월 7일, 3면 3단. 참고로 이 기사는 서태석의 나이와 주소, 그리고 수감 기간을 잘못 소개하고 있다. 기자의 착오일 것이다.

순회하면서 국내에서 사상가로는 모르는 사람이 없을 정도"[5]로 활발하게 활동했다고 기록했다.

이 기록에 따르면 서태석은 서대문형무소를 나온 뒤 서울청년회와 관계를 맺고 활동했다. 서울청년회는 1920년대 초반 국내 민족해방운동과 사회운동을 주도한 대표적인 청년연합단체였다. 1920년 9월에 출소한 김사국은 이영, 한신교, 김한 등과 함께 뜻을 모아 1921년 1월 23일에 서울청년회를 결성했다. 서태석이 출소한 무렵에 서울청년회는 3·1운동 이후 각지에 산재한 지역 청년단체들을 규합하여 전국적 규모의 '조선청년회연합회' 설립을 추진하고 있었다.

한편 서울청년회는 김사국, 이영 등 사회주의자 그룹과 장덕수, 김명식, 윤자영 등 동경 유학생 출신 위주로 구성된 사회혁명당 그룹이 공존하고 있었다. 그런데 두 그룹은 민족해방운동의 노선을 두고서 갈등을 겪었다. 우파 민족주의자들에 대해 사회혁명당 그룹이 타협적인 데 비해 사회주의 그룹은 이들과 단절할 것을 주장한 까닭이다. 그러던 1922년 1월의 '김윤식 사회장 사건'[6]과, '공산당 선전비(일명 사기공산당) 사건'[7]을 계기로 사회혁명당 그룹은 서울청년회

5 양은호, 「해사(海舍) 서태석씨 약력과 소작인회 관계 소송기」, 『신안문화』 14, 2004, 1991, 86~87쪽.

6 구한말의 원로 논객으로 한일합병 뒤 작위와 은사금을 받은 김윤식이 병사하자 『동아일보』가 "우리 민족과 사회의 원로"라며 사회장을 추진한 사건. 사회주의자들과 청년 학생들이 크게 반발하여 결국 무산되었다.

에서 배제되었다. 그리하여 김사국, 이영 중심의 사회주의자들이 서울청년회 주도권을 완전히 장악하게 된다.

1922년 4월, 서울청년회는 민족개량주의 색채가 진한 조선청년연합회에서도 탈퇴했다. 그리고 한신교, 박원희, 장채극, 임봉순, 신철호, 주병서, 이정윤, 홍순기, 국기열, 박형병, 김유인, 최상덕, 윤좌진 등이 집행위원으로 선임되었다. 이 가운데 장채극, 김유인, 최상덕, 윤좌진 등은 '한성정부 수립을 위한 국민대회' 관련자들이었다. 김사국을 비롯하여 1919년 한성정부 국민대회를 실행한 이들이 대거 서울청년회로 결집한 것이다.

한편 재편된 서울청년회는 사회주의 이념에 따라 새로운 강령을 발표했다. 그 내용은 첫째, 역사적 진화의 필연인 '신사회'의 건설을 목표로 돌진하는 것이고 둘째, 계급적 자각과 단결로 무산대중 해방운동의 전위가 될 것을 기약한다는 것이었다. 첫 번째 강령에서 '신사회'는 사회주의 사회를 의미한다. 그리고 두 번째 강령에서 '무산대중 해방운동의 전위'란 서울청년회가 단순한 청년단체가 아니라 계급해방을 위한 전위조직이라는 의미이다. 이처럼 서울청년회는 사회주의를 실천하는 단체로 탈바꿈했다.

7 당시 상해 고려공산당 국내지부 역할을 맡고 있던 사회혁명당이 1921년에 상해에서 수만 원의 선전활동비를 받아 청년연합회 관련 강연 경비와 기관지 발행 경비로 사용하였는데 그 과정에서 요릿집 출입과 자동차 사용 등 부적절하게 지출된 것에 대하여 토착 사회주의자들이 문제를 삼은 사건.

의문의 '홍성군 임시정부 군자금' 모집 사건

:

1921년 6월 서대문형무소에서 출소한 이후 서태석이 서울청년회와 관계를 맺은 것은 분명한 사실이다. 그러나 서울청년회에서 구체적으로 어떤 역할을 하였는지는 확인하기 어렵다. 또한 어디에 거처를 두었는지도 분명하지 않다. 다만 서대문형무소 출소 이후에도 서태석은 독립운동과 관련된 활동을 이어갔다는 정황이 있다. 이와 관련된 기록은 1922년 5월 2일자 동아일보에 게재된 한 기사를 통해 확인된다. 「임시정부 군자금 모집」이라는 제목의 기사인데 전문은 이렇다.

> 전라남도 무안군 사람 서태석이가 홍성군에서 군자금을 모집하였다는 혐의로 종로경찰서에 취조중이라 함은 이미 보도한 바이어니와 취조한 결과 30일에 무죄 방면되었다더라.

그런데 이 짧은 기사만으로는 사건의 내용이 무엇인지 알기 어렵다. 다만 기사에 언급된 '이미 보도한' 기사 내용에서 실마리를 찾을 수 있다. 바로 1922년 4월 15일자 동아일보에 실린 '종로서에 김태영 등 청년 4명 군자금 모집하다 발각 체포'라는 제목의 기사이다. 그 전문을 살펴보자.

> 재작 13일 오후 10시경에 종로경찰서 고등계에서는 돌연히 활동을 개시하여 시내 모처에 잠복하고 있는 청년 4명을 검거하여 방금 엄

> 중히 취조 중이라는데 이제 그 사건의 내용을 듣건대 얼마 전에 충청남도 홍성군에 사는 김태영(金泰泳, 45) 외 3명은 서로 공모하여 가지고 그곳 모씨 부호의 집에 침입하여 자기는 상해 임시정부원이라고 자칭하고 방금 정부의 재정이 대단히 곤란한즉 군자금을 제공하라. 그러면 후일에 너로 하여금 군수를 시켜주겠다며 혹은 위협하고 혹은 달래며 막대한 금전을 탈취하였던 바, 마침내 사실이 발각되어 그곳 경찰서에서 그들을 체포하고자 함으로 그들은 자취를 감추어 경성으로 도망하여 왔으나 그곳 경찰서에서는 그들의 도망한 자취를 탐지하고 마침내 경관이 서울에 올라와 다시 종로경찰서의 후원을 얻어가지고 전기와 같이 활동을 개시하여 그들을 모두 체포한 것이라 하며 일간 그 범인을 모두 홍성으로 압송하여 가리라더라.[8]

앞에 소개한 5월 2일 기사와 관련지어 보면, 이 기사에서 공모자로 언급된 '청년 4명' 가운데 한 사람이 바로 서태석임을 알 수 있다. 두 기사를 종합해 보면, 서태석은 4월 13일에 서울 모처에서 군자금 모집 혐의로 종로 경찰에 체포되어 4월 30일까지 조사를 받고 풀려났다.

과연 서태석은 실제로 홍성군에서 군자금 모집활동을 벌였을까. 하지만 이 사건에 대한 기록은 더 이상 발견되지 않는다. 김태영과 나머지 2명의 공모자에 대한 기록도 남아 있지 않다.

다만 서태석이 무려 17일간이나 경찰 조사를 받은 뒤 풀려났다는 사실에 주목할 필요가 있다. 이처럼 장기간 경찰 조사가 이뤄지는 건 대체로 혐의의 정황은 있지만 증거가 확보되지 않은 경우이

8 『동아일보』, 1922년 4월 15일, 3면 4단.

다. 경찰은 직접적인 증거가 없는 상태에서 서태석을 여러 날 심문하며 자백을 강요하였으나 서태석이 끝까지 혐의를 부인하였을 것이다. 즉 서태석이 '홍성군 군자금 모집 사건'에 가담한 건 사실이지만 경찰 조사에서 치밀한 알리바이를 유지하여 결국 풀려났다고 볼 수 있다.

그렇다면 서태석은 왜 연고도 없는 홍성군에서 일어난 사건에 연루되었을까. 그 이유는 사건 주모자 김태영과의 관계에서 찾을 수 있다.

김태영은 1878년 충청남도 홍성군 출신으로, 대한제국 궁내부 주사를 지내다가 1910년 경술국치 이후 '대한독립의군부(獨立義軍府)'[9]에 가담하여 조선 총독에게 '국권 회복에 대한 청원서'를 제출하는 일에 가담했다가 거문도로 1년간 유배를 당한 적이 있다. 또 1916년에는 전용규(田鎔圭) 등 수십 명과 함께 청림교의 일파인 흠치교를 이용하여 국권 회복을 기획하였다가 암태도 인근 도초도(都草島)에서 1년간 유배 생활을 했다.[10] 서태석이 암태면장에 재직하며 천도교 일파인 시천교와 관계를 맺기 시작한 시기와 비슷하다.

바로 이 시기에 서태석과 김태영이 서로 교류했을 가능성이 높

9 일제강점기 초기의 독립운동 단체. 1912년 9월 고종의 밀명을 받은 임병찬(林炳瓚) 등의 주도로 비밀리에 조직, 일본 정부와 조선총독에게 일제의 한반도 강점의 부당성을 지적하고 국권 반환을 촉구하는 요구서를 보내는 한편으로, 항일 의병전쟁 준비를 목표로 하였다.

10 「한국근현대사 인물자료」, 국사편찬위원회 한국사데이터베이스 검색.

다. 두 사람 모두 관리를 지낸 데다, 분파는 달라도 천도교 계열의 종교단체와 관계를 맺고 있다는 등의 접점이 존재한다. 더구나 서태석은 한때 한의약으로 이름을 날렸고, 김태영 또한 서울에서 약종상(藥種商)을 운영했다는 점도 두 사람의 교류 가능성을 높여 준다. 서태석이 실제로 홍성군 군자금 모집 사건에 가담했다면 주모자 김태영과의 이런 친분 때문이었을 것이다.

한편 일제 관헌이 작성한 인물평에 따르면 김태영은 '배일사상이 농후하며 우민(愚民)을 선동하여 과격사상을 도취시킬 우려'가 있는 인물이었다. 한 마디로 일제로부터의 독립에 대한 의지가 강했던 사람이었다. 김태영은 실제로 임시정부 자금 모집활동을 한 전적도 있었다. 더구나 1922년 봄에는 상하이 임시정부 재정 상태가 매우 어려워서 너도나도 이른바 '군자금 모집'에 매달리던 때였다.

그런 만큼 김태영이 고향인 홍성에서 임시정부 군자금 모집활동을 주도하였고 여기에 서태석이 가담한 것으로 볼 수 있다. 당시 서태석이 임시정부와 구체적으로 어떤 관계를 맺고 있었는지는 알 수 없지만, 이 사건은 서태석이 서대문형무소에서 출소한 뒤 민족해방운동에 투신하였음을 보여주는 한 사례이다. 또한 기록으로 드러나지는 않았지만, 서태석이 이와 비슷한 활동을 계속 이어갔을 가능성도 충분하다.

고려공산동맹 가입과 연해주 블라디보스토크 방문

:

1922년에서 1923년 사이에 서태석은 사회주의 활동과 관련된 일로 연해주 블라디보스토크에 다녀왔다고 한다. 이와 같은 사실은 양은호 등 암태도 주민들을 통해서도 전해졌고, 여러 문헌을 통해서도 확인된다. 다만 서태석이 블라디보스토크에 다녀온 그 시기에 대해서는 제대로 알려지지 않았다. 「암태도 소작쟁의 주역의 세 가지 길」에서 정병준은 "1923년 1월 의열단원 김상옥의 종로경찰서 폭탄 의거 당시 해삼위(블라디보스토크)에서 돌아온 서태석(39)이 관련 혐의로 검거되었다고 보도되었으므로 그가 1922년 블라디보스토크 여행을 한 것을 알 수 있다"[11]고 한다.

이러한 추론은 1923년 10월 7일 동아일보에 실린 다음 기사에 근거하고 있다.

> 공진회가 개최되는 5일에 시내 종로서에서는 공진회 경계에 골몰하는 중에도 한편으로는 시내 각지의 만일을 염려하여 형사가 각지에 활동을 개시하더니 과연 다년간 북경 등지로 돌아다니다 돌아온 시내 안국동 78번지 김재수(22)와 및 로국 해삼위에서 돌아온 시내 계동 9번지 승려 이대정(57), 시내 간동 14번지 서태석(39), 시내 운니동 2번지 송종우(33)의 네 명을 형사가 본서에 동행하여 취조를 한 결과 김재수는 즉시 방면되고 그 외 3명은 인치 취조 중인데 그들은

11 정병준, 「암태도 소작쟁의 주역의 세 가지 길」, 『한국민족운동사연구』 51집, 2005, 290쪽(주 14).

종시 공산당원인 것만을 주장하나 실상인즉 김상옥 사건에 밀접한 관계를 가진 의열단의 일파인 것이 분명하다 하며, 송종우는 이강 전하께서 상해 밀행하시려 할 때 연락기관을 취한 사람이라더라.[12]

기사에 따르면 서태석은 공진회[13] 직전인 1923년 10월 5일에 일제 검속으로 체포되었다. 그러나 기사 내용만으로는 서태석이 블라디보스토크에서 언제 돌아왔는지 알 수 없다. 게다가 기사에는 '의외에 체포한 3명은 김상옥 사건의 관계자인 듯하다고'라는 부제가 붙어 있다. 애초에 경찰은 서태석을 김상옥 사건으로 검거한 게 아니라 다른 이유로 체포하여 신문하던 중 '의외에' 종로서 폭탄 투척 사건과의 연관성을 의심하고 조사하였다는 의미이다.

그렇다면 서태석 일행이 검거된 진짜 이유는 무엇일까. 또한 서태석은 블라디보스토크에 언제 어떤 목적으로 다녀온 것일까. 이 의문을 푸는 실마리는 같은 사건을 동아일보보다 하루 먼저 보도한 매일신보 기사에서 찾을 수 있다.

5일 오후 3시경에 종로경찰서 고등계에서는 또 무슨 중대 사건을 발견하고 동계 형사들의 총동원으로 대 활동을 지시하여 수일 전 해삼위 방면으로부터 칩입하여 잠복하고 있던… (중략) 이대정… (중략) 서태석… (중략) 송종우 등 3명을 체포한 후 그의 관계 연루자들을

12 『동아일보』, 1923년 10월 7일, 3면 6단.

13 정확한 명칭은 조선부업품공진회. 조선총독부 주도로 전국의 농업 부업품을 모아 전시하는 박람회로, 여러 부대 행사를 열어 군중을 축제 분위기를 연출함으로써 이른바 '내선일체'를 도모하고 식민지 침탈을 합리했다.

검거하고자 계속 활동 중인데, 사건의 내용에 대하여 모처에서 탐문 한 바에 의한즉 전기 3명 외 몇 명은 여러 해 전에 배일사상을 품고 해삼위 등지로 건너가서 독립운동에 종사하다가 시대의 변천함을 따라 다시 러시아 극동공산당에 가입하여 공산주의 선전에 종사하던 중 이번에 경성에서 공진회가 개최된다는 소식을 듣고 사람이 많이 모이는 것을 기회로 공산주의를 선전하고자 다수의 불온문서를 휴대한 후 교묘히 경성에 침입하였다가 그같이 발각되었음이라더라.[14]

이 기사에 따르면 서태석 등은 경찰에 붙잡히기 '수일 전'에 블라디보스토크 방면에서 침입했다. 이들은 또 '여러 해 전에 배일사상을 품고 해삼위 등지로 건너가서 독립운동에 종사'했으며 '러시아 극동공산당에 가입하여 공산주의 선전에 종사'하다가 '공진회 때를 이용하여 공산주의를 선전하고자 불온문서를 휴대한 후 경성에 침입'한 뒤 종로 경찰에 발각되어 붙잡혔다고 한다.

이 내용으로 미루어 서태석은 블라디보스토크 등지에서 공산주의 관련 활동을 하다가 1923년 9월 말 또는 10월 초에 귀국했음을 알 수 있다. 서태석이 '1922년 블라디보스토크 여행'을 했다는 정병준의 논문 내용과는 다소 차이가 있다. 다만 서태석이 언제 블라디보스토크로 건너갔는지에 대한 기록은 확인할 수 없다.

서태석의 블라디보스토크행은 개인적 계기가 아니라 조직의 임무와 관련이 있었을 것으로 짐작된다. 요컨대 앞서 인용한 동아일

14 『매일신보』, 1923년 10월 6일, 3면 7단.

보 기사에서 '그들은 종시 공산당원인 것만을 주장'했다고 한다. 당시 공산당이라는 이름으로 활동한 조직은 1921년에 중국 상하이와 러시아 이르쿠츠크에서 같은 이름으로 설립된 '고려공산당'이 있었다. 두 개의 고려공산당은 각각 '상해파'와 '이르쿠츠크파'라는 이름으로 국내에서도 세력을 형성하고 있었다.

하지만 서태석이 서울청년회와 경쟁 관계에 있던 해외 고려공산당과 관계를 맺었을 가능성은 별로 없다. 반면 당시 서태석은 '서울파 공산주의 그룹'에 속했다는 정황은 곳곳에서 발견된다.

서울파 공산주의 그룹은 김사국, 김사민, 박상훈, 임봉순 등이 1921년 10월 일본에서 설립하여 이듬해 1월에 서울로 활동 무대를 옮긴 사회혁명당[15]을 모태로 활동하다가 1922년 김윤식 사회장 사건을 계기로 상해파와 이르쿠츠크파 등 해외 공산주의자를 제외한 국내 공산주의 세력을 규합하여 그해 6월에 이른바 '통일 조선공산당'[16], 일명 '중립당'을 결성했다. 이들은 상해파, 이르크추크파 등과 통합을 추진했지만 노선 대립을 해결하지 못하여 결국 김사국, 이영 그룹과 김한, 신백우, 정재달 그룹으로 분열되었다.

이어 김사국, 이영 등은 1922년 10월 11일에 '고려공산단체'를 조

15 1920년 6월에 장덕수, 김철수 등 신아동맹단 회원들이 설립한 사회혁명당과 이름은 같지만 성격과 노선이 다른 별개의 사회주의 조직이다.

16 상해파와 이르쿠츠크파 모두에 비판적이어서 흔히 '중립당'이라 부른다. 1925년 4월에 화요파 중심으로 창립된 조선공산당과는 다른 그룹이다. 최초의 조선공산당 명칭은 1920년 3월 15일에 서울에서 15명의 공산주의자가 발기한 소그룹이다.

직했다. 이들은 13인의 중앙위원회를 선임하고, '조선의 모든 혁명 세력을 민족통일전선으로 집중한다'는 내용의 강령을 채택했다. 한편 지방 각지에서 세포단체 결성에 착수했으며 서울청년회를 합법 활동 공간으로 삼았다.[17] 이때 서태석 또한 고려공산단체의 일원으로 참여하여 목포를 거점으로 하는 서남해 지역의 조직 활동을 맡았을 가능성이 높다.

고려공산단체는 사실상 당 성격을 가진 서울파 공산주의 조직이었다. 이들은 조선노동공제회, 조선노동대회 등 노동단체에 영향력을 발휘했다. 1922년 10월 29일에는 지게꾼, 막벌이꾼 등 이른바 '자유노동자'들을 대상으로 '경성자유노동조합(일명 자유노조)'을 결성하기도 했다. 그런데 『신생활사』라는 잡지에 실린 자유노조 설립 취지문을 빌미로 일제 경찰의 탄압을 받았고, 이 사건으로 『신생활사』의 사장 박희도, 인쇄인 노기정, 조선노동대회 간부 김승규, 이항발 등이 검거되었다. 이때 서울파 지도자 김사국도 검거를 피해 1922년 11월 말에 만주, 간도 지역으로 건너갔다.[18]

이 사건으로 서울파는 위기에 처했다. 그러나 곧 조직을 수습하였고, 오히려 1923년 2월 20일에는 전위정당인 '고려공산동맹'을 설립하기에 이른다. 고려공산동맹은 57명의 정당원과 36명의 후보

17 임경석, 「서울파 공산주의 그룹의 형성」, 『역사와 현실』 28집, 1998, 43쪽.

18 전명혁, 「해광 김사국의 삶과 민족해방운동」, 『한국근현대사연구』 23집, 2002, 122~123쪽.

당원으로 구성되었고, 전국에 19개의 세포단체가 조직되어 청년단체, 노동자 농민단체의 설립과 활동을 주도했다.[19] 이때 서태석이 정당원이었는지 후보 당원이었는지는 확인되지 않지만, 어느 쪽이든 고려공산동맹의 일원으로 자신의 임무를 수행하게 되었다.

한편 고려공산동맹은 국내 공산당의 대표성을 확보하기 위해 국제공산당(코민테른)의 지부 승인을 요청하기로 했다. 이 임무는 김사국이 맡았다. 당시 김사국은 만주, 간도 지역에 동양학원, 대동학원 등을 설립하고 사회주의 교육 선전 활동을 벌이고 있었다. 고려공산동맹의 방침에 따라 김사국은 블라디보스토크로 넘어가서 국제공산당 극동부에 지부 승인을 요청했다. 그러나 서울파 주도의 고려공산동맹이 조선 공산주의 세력을 대표할 수 없다는 이유로 지부 승인 요청은 부결되었다. 이후 김사국은 한동안 간도, 블라디보스토크 등지에 머물며 고려공산동맹과 국제공산당의 관계 구축을 위해 노력하다가 결국 지병인 폐병이 악화하여 1924년 5월에 귀국하게 된다.[20]

이러한 배경을 고려할 때 서태석의 블라디보스토크행은 고려공산동맹, 그리고 김사국의 행적과 관련성 속에서 이루어졌을 것이다. 그렇다면 앞에 인용한 매일신보 기사에서 '러시아 극동공산당

19 임경석, 「서울파 공산주의 그룹의 형성」, 『역사와 현실』 28집, 1998, 45쪽.
20 전명혁, 「해광 김사국의 삶과 민족해방운동」, 『한국근현대사연구』 제23집, 2001, 123쪽.

에 가입하여 공산주의 선전에 종사했다'는 의미는 무엇일까.

그 답은 간단하다. 먼저 '극동공산당'이라는 조직은 따로 존재한 적이 없었다. 아마도 기사에 언급된 '극동공산당'이란 블라디보스토크에 소재한 '국제공산당 극동부'를 의미할 것이다. 하지만 국제공산당은 개인 자격으로 가입하는 단체가 아니다. 따라서 서태석은 고려공산동맹의 국제공산당 지부 가입과 관련된 임무를 띠고 블라디보스토크에 갔을 가능성이 높다. 그리고 경찰 조사에서 이 사실을 숨기기 위해 '극동공산당'이라는 가상의 조직을 만들어 낸 것으로 보인다.

이런 과정을 정리해보면, 서태석은 1923년 2월 고려공산동맹이 결성된 직후에 어떤 임무를 가지고 블라디보스토크로 건너갔고, 김사국과 함께 고려공산동맹의 국제공산당 지부 승인 관련 임무를 수행했을 것이다. 그리고 이 요청이 부결된 뒤에도 한동안 블라디보스토크 일대에서 머물며 사회주의 항일운동에 관여하다가 1923년 9월 말에서 10월 초에 귀국하여 공진회 관련 일제 경찰의 검속에 걸려들었다.

다만 당시 종로 경찰은 김상옥의 경찰서 폭탄 투척 사건 관련자 색출에 혈안이 된 때였으므로 서태석 등에 대해서도 으레 의열단과의 관련성을 조사하였을 것이다. 그리고 서태석은 의열단과의 관련성이 확인되지 않아 풀려나게 된 것이다. 참고로 당시는 '치안유지법'이 제정되지 않아서 사회주의나 공산주의 선전 활동을 했다는 이유만으로 처벌할 수 없었다.

4장

소작 농민들 가슴에 불을 놓다

오냐 동무야 가자 가자 또 가보자.
무쇠 팔뚝 돌 팔뚝에 풀린 힘을 다시 넣어
칼산 넘고 칼물 건너 쉬지 말고 또 가보자.
이 팔과 다리 부서져 일점육 일지골 다 없어질 때까지.

장안대학교 박천우 교수의 「100년 편지」 중.

4장 소작 농민들 가슴에 불을 놓다

수탈당하는 소작 농민들의 절규

:

서태석이 블라디보스토크에 다녀오는 동안 서울파를 비롯한 국내 사회주의 세력은 전국적인 노동자 · 농민단체 결성을 준비하고 있었다. 1923년 9월 12일에는 서울파와 경쟁하던 사회주의 그룹인 '신사상연구회'[1]가 '조선노동연맹회'를 모태로 '조선노농총동맹'을 발기했다.[2] 서울파 사회주의 그룹 또한 자신들이 영향력을 발휘하

1 화요회의 전신. 1922년 1월 윤덕병 · 김한 · 신백우 등이 조직한 무산자동지회와 같은 해 2월 이영 · 장병천 · 신일용 등이 조직한 신인동맹회(新人同盟會)가 3월에 통합하여 결성한 무산자동맹회를 모태로 1923년 7월에 설립되었다. 1924년 11월 '화요회'로 개칭하였다.

2 임경석, 「서울파 공산주의 그룹의 형성」, 『역사와 현실』 28집, 1998, 52쪽.

던 '조선노동공제회'와 '조선노동대회' 등의 조직을 통합하고, 여기에 농민운동 조직을 결합하여 전국적 규모의 노농단체 설립을 추진했다. 그리하여 1923년 9월 28일에 '조선노농대회준비회'를 결성한 뒤 노동자·농민단체들의 지지를 확보하는 데 노력을 기울이고 있었다.

당시 조선 인구의 절대다수는 농민이었다. 그리고 대다수 농민은 토지를 매개로 지주와 소작 관계를 맺고 있었다. 지주들은 '소작료'로 소작농들을 수탈했다. 게다가 일제는 토지조사사업을 통해 지주들의 기득권을 법적으로 인정해주었다. 대신 지주들을 식민지 통치와 수탈의 지렛대로 삼았다. 특히 일본은 제1차 세계대전과 공업화 과정에서 일어난 자국의 식량난을 식민지 조선의 쌀로 해결하려 했다. 이른바 저미가(底米價) 정책을 내세워, 조선 내 지주들이 소작인에게서 수탈한 쌀을 헐값으로 사들여 일본에 반입하는 것이었다.

한편 지주들은 저미가 정책으로 줄어든 이익을 터무니없는 소작료 인상을 통해 보충하려 들었다. 고통을 견디다 못한 소작인들은 소작료 인하 투쟁에 나섰다. 대표적인 예로 순천 지역 농민 1,600여 명은 1922년 12월에 소작인 조합을 결성하여 소작료를 4할로 인하하는 투쟁을 벌였다. 이처럼 지주의 수탈에 맞선 소작농들의 자발적인 투쟁이 곳곳에서 일어나자 사회주의 세력은 농민운동에 적극적인 관심을 가지게 되었다.

한편 서태석의 고향 암태도에서도 지주와 소작농 간의 모순이

첨예하게 드러나고 있었다. 당시 암태도의 대표적인 지주는 문씨 집안과 천씨 집안이었다. 그중에서도 문태현과 그의 아들 문재철로 이어지는 남평 문씨 집안은 암태도에만 논 29만여 평, 밭 11만여 평, 염전 2만여 평 등의 토지를 소유한 최대 지주였다. 당시 암태도 경작 토지의 3분의 2 이상을 문씨 일가가 차지하고 있었다.

일명 '문참사'[3]로 불리던 문재철은 목포 개항 이전에는 불과 200~300석지기의 토지를 물려받은 중소 지주에 불과했지만, 목포 개항 이후 소금장사, 미곡상, 해운업 등의 사업을 벌이는 한편 고리대금업, 선대제[4] 등의 방식으로 막대한 이익을 거두었다. 그렇게 번 돈으로 문재철은 암태도는 물론이고 인근 자은도와 도초도를 비롯한 서남해 도서 지역으로 토지를 넓혀 갔다. 그 결과 1915년경에 문재철은 5천 석지기 대지주로 발돋움했다. 문재철은 나아가 1920년대 이후 전라도 일대는 물론이고 충청도와 경기도, 심지어 강원도에까지 소작지를 거느린 거대지주로 성장했다.

엄청난 부를 축적하며 위세가 하늘을 찌르게 된 문씨 일가는 본래 거주하던 암태면 수곡리에서 암태도의 관문에 해당하는 와촌리 남강포구로 거처를 옮겼다. 더욱이 문재철은, 암태도 토지 관리는

3 일제총독부 중추원에 속한 지방 자문역으로, 주로 친일 인사들에게 주는 직함. 문재철은 1919년부터 무안군 참사를 지낸 바 있으며, 이후에도 전라남도 도회의원, 흥아보국단 전라남도 위원, 조선임전보국단 평의원 등을 지내는 등 전남의 대표적 친일파였다. 나중에 반민특위 수배 대상에 올랐다.

4 상인이 독립된 수공업자나 자영농민에게 원료나 도구, 임금 등을 지불하여 상품을 생산케 하는 것으로 자본의 초기 축적 과정에서 나타난다.

아버지 문태현에게 맡겨두고 자신은 목포에 나가 살았다.

1920년대 암태도 인구는 대략 7천여 명 안팎이었다. 가구 수는 1천여 호가 조금 넘었는데, 그중 9할이 농업에 종사했다. 일제 사료에 따르면 1932년 기준으로 암태도 전체 농가 수는 1,000여 호(戶)였고, 그중 순 소작농은 170여 호, 자작 겸 소작농은 600여 호, 중소 지주가 50호에 달했다.[5] 농촌사회 변동이 급격하게 일어난 시기는 아니었으므로 1920년대 초반 현황도 이와 비슷했을 것이다. 따라서 900호 가까운 농가가 양대 지주인 문씨, 천씨와 소작 관계를 맺고 있었다. 그중에서 문씨 소작인이 압도적으로 많았다.

문재철 일가는 일제의 저(低)미가 정책을 핑계 삼아 소작료를 7~8할 정도로 인상하여 소작 농민들의 등골을 뽑았다. 1910년대까지 이들은 통상 지세와 경비를 제외한 나머지를 반반씩 나누는 반분타조제에 따라 소작료를 냈다. 그러나 1920년 무렵부터 4·6 타조제(소작료가 6할)를 적용하거나 집조법(執租法)을 적용하면서 소작인들의 불만이 커졌다. 집조법은 흔히 간평(看坪)이라 불리는데, 추수 전에 미리 지주 측이 소작인 입회하에 수확량을 예상한 뒤 그 5할에 해당하는 양을 소작료로 책정하는 방식이었다. 하지만 말이 5할이지 수확량을 높여 책정하는 방법으로 실제로는 6할을 웃도는 소작료를 거두어갔다.[6]

5 김경태, 「1920년대 무안군 도서지역의 소작쟁의와 지역사회」, 『청람사학』 24집, 2015, 85쪽.

1923년 추수를 앞두고 실시한 간평에서 문재철 측은 더욱 무리한 소작료를 책정했다. 소작인들이 체감하는 실제 소작료는 7~8할에 달했다. 그 때문에 간평 직후인 8월부터 소작인들과 지주들 사이에 긴장이 고조되었다. 자작농 출신인 서태석은 여느 소작농들과는 처지가 달랐지만, 가난과 굶주림에 지친 소작인들의 절규를 외면할 수 없었다. 당시 서울파 사회주의 조직에서도 전국적으로 농민 조직을 규합하는 것을 과제로 삼고 있었다. 여러 면에서 서태석은 암태도 소작농민들의 투쟁을 이끌 적임자였다.

1923년 10월 말경, 서태석은 이와 같은 조직적 임무를 띠고 고향 암태도로 향하였다.

암태소작인회를 결성하다

:

1923년 추수기가 지난 암태도의 분위기는 뒤숭숭했다. 지주 측의 자의적인 집조제로 인해 추수한 곡식 대부분을 소작료로 빼앗기게 된 소작인들의 불만이 극에 달해 있었다. 하지만 분노만으로 해결될 일이 아니었다. 조직적인 단결만이 지주의 횡포를 막을 수 있었다. 서태석은 집단적 저항이 필요하다는 것을 느끼고, 소작인회를 조직하여 견고한 단결력으로 지주의 횡포를 저지하기로 하였

6 박찬승, 「1924년 암태도 소작쟁의의 전개과정」, 『한국근현대사연구』 54집, 2010, 138쪽.

다.[7] 당시 암태소작인회 준비과정에 대해 양은호는 이렇게 기록했다.

> 1923년(癸亥) 가을에 암태면 기동리 김윤태 씨 정원에서 마람을 깔고 면민대회(面民大會)를 개최하였는데 소작료를 전(田) 삼할(三割), 답(畓) 사할(四割)로 하는 것이 지주와 소작인 간에 합법적이라는 강령을 내세움으로 전원이 찬동하여 만장일치로 소작인회가 창립되었다. 집행위원 및 각 부서까지 조직되었다. 얼마 후 사무소를 예배당으로 정하였는데 그 후 박종남 씨가 이거했다.[8]

이 기록에는, 소작인회 준비 모임을 '면민대회'로 표현하거나 기동리 김연태를 '김윤태'로 표기하는 등 약간의 오류가 있다. 그럼에도 김연태의 집 마당에서 회의를 여는 등 소작인회 준비과정을 직접 목격한 내용이라는 점에서 의미 있는 기록이다.

소작인회 결성은 서태석 본가가 있는 기동리를 중심으로 추진되었다. 서창석, 김연태, 손학진, 박홍언, 박응언, 서동수 등 기동리 사람들이 앞장을 섰다. 서태석의 동생 서민석도 적극 참여했다. 인접 마을인 단고리의 박필선, 김문철, 김운재, 박병완, 박용산 등도 적극적으로 참여했다. 양은호의 기록처럼 이들은 주로 기동리 오산마을 김연태의 집에 모여 회칙을 만들고 조직체계를 세우는 등 소작인회 결성을 준비했다.

7 암태도소작쟁의 관련 광주지방법원 판결문(1924.9.18.)

8 양은호, 「해사(海舍) 서태석씨 약력과 소작인회 관계 소송기」, 『신안문화』 14, 2004, 86쪽.

한편 암태청년회 회원 중 상당수도 소작인회에 참여했다. 1920년경에 결성[9]된 암태청년회의 초대 회장은 흥미롭게도 지주 문태현의 동생 문학현이었다. 문학현의 인물됨이 어떠했는지는 파악할 수 없지만, 초창기 암태청년회는 다른 지역 청년회와 마찬가지로 지역 유지들의 친목 도모와 이들의 지역사회에 대한 정치적 주도권을 추구하는 단체였다. 따라서 암태청년회는 직접 나서서 소작쟁의를 해결할 형편은 못 되었다. 하지만 서태석의 주도로 소작인회가 준비되자 이를 적극 지지하고 함께 참여하는 방향으로 암태청년회의 분위기가 바뀌었다.

서태석의 주도로 소작인회가 결성되자 암태도 농민들은 놀라운 결집력을 보여주었다. 오랜 기간 암태면장을 지낸 데다 항일운동을 하고 서대문형무소에서 옥살이까지 하고 나온 서태석에게 암태도 농민들은 거의 절대적인 신임을 보냈다. 양은호의 증언에 따르면 서태석은 "평소 공명정대한 데다 궂은일은 솔선해서 앞서니 농민들이 자연히 그를 따를 수밖에" 없었고, "키도 6척이 훨씬 넘게 훤칠한데다 기골이 장대하고 목소리가 쩌렁쩌렁해서 어지간한 사람은 감히 범접하기도 힘들"[10] 정도였다고 한다.

9 최성민, 「암태도에 소작농민들의 함성」, 『발굴 한국현대사 인물 1』, 한겨레신문사, 1989, 118쪽. "1920년 암태청년회가 설립한 '여자강습원'을 1923년 12월 암태소작인회가 조직되면서 '암태3·1학사로 발전시키고, 노농총동맹의 지원을 받아 교육사업이 더욱 적극적으로 활성화되면서 농민들의 투쟁역량이 절정에 이르게 된다"는 내용을 참고. 『동아일보』 1923년 1월 13일자에 「암태청년소인극」이라는 기사도 나옴.

12월 2일. 암태 공립보통학교에서 100여 명의 소작인이 모여 소작인회 발기인회를 열었다. 그리고 이틀 뒤인 12월 4일에는 같은 장소에서 드디어 소작인회 창립총회가 열렸다. 당시 동아일보 보도에 따르면 "당일 입회 인원이 529인이요, 그 외에도 입회지원자가 답지하는 중 성황으로 회를 조직"[11]했다. 이날 서태석은 임시의장을 맡아 창립총회를 주관했다. 회순에 따라 '서태석이 작성한 헌장(회칙)을 가결시키고'[12] 위원장에 서창석, 상무위원에 박종남 외 6인, 통상위원에 김상규 외 33인 등 집행부를 선출했다.

다만 소작인회 결성을 추동한 서태석은 소작인회 공식 직함을 맡지 않았다. 박순동의 논픽션『암태도 소작쟁의』나 송기숙의 소설『암태도』등에서 서태석을 소작인회 회장으로 서술했으나 이는 사실과 다르다. 당시 서태석은 '소작인회 간부'로 통용될 만큼 소작인들의 실질적인 지도자였고 설립총회 때 임시의장을 맡긴 했지만, 공식적으로 소작인회 대표는 서창석이었다. 암태소작인회 관련 법원 판결문이나 당시의 동아일보 기사 등의 문헌을 통해서도 이런 사실은 확인된다.

서태석이 공식적인 직위를 맡지 않은 데는 몇 가지 이유가 있었다. 우선 서태석은 3·1운동 1주년 경고문 배포 사건으로 이미 옥

---

10 이재의,「암태도 소작투쟁 지도자 서태석」, 월간『예향』100호, 1993.1.

11 「암태소작인회 지주대항책 결의」,『동아일보』1923년 12월 11일.

12 「암태도소작쟁의 관련 광주지방법원 판결문」, 1924년 9월 18일.

고를 치른 터라 경찰의 감시를 받고 있었다. 그런 마당에 굳이 소작인회의 임원을 맡는 게 소작인회 운영에 별 도움이 안 될 터였다. 소작농이 아닌 서태석이 소작인회 회장을 맡는 것도 좋은 모양이 아니었다. 무엇보다 서태석은 소작인들의 문제는 소작인 스스로 주체가 되어 해결해야 한다는 사회주의적 원칙에 충실했다.

한편 이날 창립총회에서 암태소작인회는 지주들의 소작료 횡포에 대한 대항책으로 다음 여섯 가지 사항을 결의했다.

1) 금년 소작료는 논 4할, 밭 3할로 할 것.
2) 이러한 소작료에 불응하는 지주에게는 소작료를 내지 말 것.
3) 지주와 분규가 있어 내년 음력 2월 25일까지 해결이 안 될 때에는 그 지주와 관계된 회원은 모두 파작(罷作)을 단행할 것.
4) 1리 이상 소작료 운반 운임은 지주가 부담할 것.
5) 마름은 부인할 것.
6) 본 회원으로서 위 결의사항을 위반할 경우에는 출회는 물론이고 교제를 단절할 것.

소작인회의 결의 내용은 급진적이었다. 물론 논 소작료를 4할로 한 것은 이미 1922년 12월에 순천 소작쟁의에서도 관철한 사항이었다. 그러나 암태소작인회는 여기서 더 나아가 밭 소작료를 3할로 하고 마름의 존재 자체를 부인하며, 소작인회의 요구에 불응하는 지주에 대하여 파작을 결의했다. 사실상 지주와 소작인의 관계 자체를 재설정한 것이었다. 소작인들은 기세등등하게 이러한 내용을 지주들에게 전달하였다.

김용선, 김상선 서송산, 서광호, 박경삼, 박용채, 나카시마(中道清太郎), 나카미치(中道清男), 고바야시(小林興次郎) 등 암태도의 중소 지주들은 소작인들의 요구를 받아들였다. 암태도에서 둘째가는 대지주 천후빈도 일단은 수용한다는 뜻을 밝혔다. 당시 조선일보 기사에 따르면, 각 지주들은 "회의 결의가 공정하고 열렬함에 감복하여 소작에 관한 모든 일을 결의대로 실행하겠다"고 승낙하며 이미 6할로 감평한 1923년도 소작료도 4할로 낮추어 조정하기로 했다.[13]

사실 고만고만한 중소지주들은 소작인들의 집단행동을 저지할 만한 처지가 못 되었으므로 눈치를 볼 수밖에 없었다. 어쩌면 소작인회의 비장한 결의를 감히 거스를 엄두조차 내지 못했을 것이다. 더구나 중소 지주 중에는 서광호처럼 명색은 지주였지만 소작인 편에 서서 활동한 경우도 있었다. 다만 암태도 최대 지주 문재철은 달랐다. 막강한 재력을 보유한 데다 무안군 참사를 지내는 등 친일 행적을 해온 덕분에 일제 당국을 뒷배로 둔 문재철은 소작인회의 요구에 대해 코웃음을 쳤다. 그의 답변은 이러했다.

"소작인회 창립비 명목으로 몇백 원은 기부할 수 있지만 이미 책정된 전년도 소작료는 그대로 받겠다. 4할 이상의 소작료 수입은 전부 빈민들에게 줘버릴 수도 있다."

13 「암태소작회의 호성적」, 『조선일보』, 1924년 1월 18일.

문태현 송덕비를 둘러싼 충돌

:

해가 바뀌어 1924년 3월 중순이 지나가고 있는데도 문재철의 태도에는 변화가 없었다. 그러던 1924년 3월 21일에 암태공립보통학교에서 소작인회 정기총회가 열렸다. 소작회원 479명이 출석한 대규모 회의였다. 원활한 진행을 위해 서태석이 진행을 맡았다. 이날 회의에서 소작인회는 소작료 '불납동맹'과 소작지에 대한 '파작동맹'을 다시 한번 결의했다. 또 지주 측에서 소작권을 파기하려 하면 절대로 반항하되, 여하한 경우에는 공동 경작을 실행하기로 했다.[14] 소작인들에게는 소작료를 깎는 것만큼이나 소작권을 지키는 것도 중요했다.

한편 이날 총회에서 소작인들은 문씨 측에서 소작료 인하를 수용하지 않으면 문태현 송덕비(頌德碑)를 뽑아버리자는 결의도 했다.

문태현 송덕비는 1916년에 면민들이 뜻을 모아 세워준 것이었다. 송덕비란 본래 선정을 베풀고 돌아가는 지방 관리의 업적을 기리기 위해 주민들이 세워주는 기념물이다. 그런데 목민관도 아니고, 단지 지주라는 이유로 소작인들 등골을 뽑아먹으며 상전처럼 군림해온 문태현에게 송덕비를 세워준 이유는 오직 한 가지였다. 송덕비를 보고 흐뭇해진 지주가 동정심을 베풀어 소작료를 가볍게

14 「암태소작인회의 결의」, 『동아일보』, 1924년 4월 2일.

해줄 것이라는 기대감 때문이었다. 그래서 사람들 눈에 잘 띄도록 남강 선착장 인근 신기리 길목에 송덕비를 세워준 터였다.

소작인들의 예상대로 문태현은 우뚝 세워진 송덕비에 한껏 뿌듯해했다. 하지만 그 뿌듯함이 소작인들에 대한 동정이나 선처로 이어지지는 않았다. 문태현과 문재철 부자는 오히려 나날이 더 높은 소작료를 요구했다. 소작인들은 비석 근처를 지날 때마다 비위가 상했다. 돌덩어리 하나에 우쭐해진 문태현은 그렇다고 쳐도, 돌덩어리를 통해 지주의 온정을 기대해온 자신들의 어리석음을 반성하는 목소리가 커졌다. 그리고 결국 그 송덕비를 뽑아버리자는 데로 의견이 모였다.

송덕비 건립 당시 면장 신분으로 송덕비 건립을 묵인했던 서태석 또한 비석 근처를 지날 때마다 부끄러움을 느꼈다. 그런 만큼 서태석도 소작인들의 심정을 충분히 헤아릴 수 있었다. 다만 송덕비가 면민들 명의로 건립된 만큼 철거도 면민 전체의 의견을 수렴하여 결정할 수밖에 없었다. 그래서 3월 27일에 따로 면민대회를 열어 이 안건을 의결하자고 제안하여 소작인 회원들의 동의를 얻었다.

예정대로 1924년 3월 27일 면민대회가 열렸다. 이날은 암태도 소작쟁의에 변곡점이 될 만한 여러 가지 일들이 숨 가쁘게 전개되었다. 면민대회는 암태청년회 주도로 400여 명의 면민이 모인 가운데 열렸다. 이날 대회는 서창석이 주관했다. 예정대로 문태현 송덕비 철거에 대한 안건이 주로 논의되었다.

그런데 한 가지 변수가 생겨났다. 당시 창간을 눈앞에 두고 있던 일간지 시대일보[15] 목포지국장 박응식이 암태 면민대회 이틀 전인 3월 25일에 문태현을 만나 소작료 조정을 시도했는데, 이때 문태현이 "소작인회에서 책임을 지고 연체된 전년도 소작료를 완납하면 소작료를 절감할 수 있다"며 전향적인 태도를 보였다는 것이었다.

박응식이 면민대회에서 그 내용을 보고하자 소작인들은 금세 고무되었다. 그러나 곧이곧대로 믿을 일은 아니었다. 소작인회에서는 우선 그 사실을 문태현에게 가서 직접 확인하기로 하고 서창석, 박필선 두 사람을 보내어 교섭해보도록 했다. 그리고 교섭이 실패하면 문태현의 송덕비를 부수어버리기로 결의했다.

한편 며칠 전부터 목포에 나와 일을 보고 있던 서태석은 3월 27일 면민대회에 참석하기 위해 기선을 타고 암태도로 건너왔다. 그리고 남강 선착장에서 박종남과 서동오를 만났다. 박종남은 기좌도(基佐島, 지금의 안좌도) 처가에 급한 일을 보러 갔다가 면민대회 참석차 돌아오는 길이었고, 서동오는 장산도 쪽에서 교편을 잡고 근무하던 중 휴일을 맞아 본가에 오는 길이었다. 서태석은 두 사람과 반갑게 인사를 나눈 뒤 발걸음을 서둘렀다. 벌써 해가 뉘엿하게 기울고 있었다. 대회가 끝나기 전에 가서 면민들과 인사라도 나눌 요량으로 세 사람은 발걸음을 재촉했다.

---

15 1924년에 3월 31일에 최남선이 서울에서 창간한 일간 신문.

이들은 바쁜 걸음으로 남강포구를 벗어나, 문태현 송덕비가 있는 신기리(동와촌리)로 접어들었다. 그때였다. 언덕 위 소나무 숲 사이에서 누군가 서태석을 부르는 소리가 들렸다. 수곡리 사는 문응창(文應昌, 문재철의 사촌 동생)이었다. 그는 긴히 할 이야기가 있다며 서태석을 손짓으로 불렀다. 박종남과 서동오는 갈 길도 바쁘니 그냥 가자며 서태석을 만류했다. 하지만 서태석은 "아무리 바쁘더라도 사람이 부르는데 그냥 갈 수는 없다"며 언덕 위로 올라갔다. 그러자 별안간 소나무 숲속 곳곳에서 몽둥이를 든 사람들이 쏟아져 나오더니 서태석을 에워쌌다. 지주 문태현과 그의 일족들이었다.

앞서 문태현은 면민대회에서 자신의 송덕비를 파괴하는 안건을 다룰 것이라는 소식을 듣고서 발끈했다. 이 탐욕스럽고 늙은 지주는 면민대회가 끝나면 소작인들이 몰려와 자신의 송덕비를 무너뜨릴 것이라 믿고 있었다. 그래서 면민대회가 열리는 오후 3시경부터 칼, 몽둥이, 낫 등으로 무장한 가솔 50여 명을 직접 이끌고 송덕비 부근 소나무 숲 사이에서 잠복하고 있었다. 하필 그때 서태석이 박종남, 서동오 등과 그 길목에 나타나자 문태현 측은 이들이 송덕비를 파괴하러 오는 줄로 알고 불러세운 것이다.

서태석이 언덕으로 올라서자 낫을 든 문태현과 식칼을 든 문명호(문재철의 5촌 조카) 등이 다가와 서태석을 에워쌌다. 문응창이 시비조로 물었다.

"송덕비를 파괴하려는 이유가 무엇이오?"

서태석도 목소리를 높여 대꾸했다.

"문 지주가 소작인들에게 조금이나마 덕을 쌓으라고 세워준 비석인데, 고율의 소작료로 작인들에게 악을 일삼으니 송덕비가 무슨 소용인가!"

두 사람 사이에 몇 차례 고함이 오가며 잠시 언쟁이 벌어졌다. 그때 곁에서 듣고 있던 문태현이 손으로 서태석을 가리키며 가솔들에게 소리쳤다.

"이놈 죽여버려라!"

그러자 문씨 가솔들이 몽둥이를 휘두르며 서태석에게 달려들었다. 순식간에 난투극이 벌어졌다. 서태석은 최대한 몸을 피하면서 반격을 가해 보았지만, 사방에서 덤벼드는 자들을 막아내기에는 역부족이었다.

이 광경을 보고 깜짝 놀란 박종남과 서동오가 급히 언덕 위로 올라왔다. 그러자 문태현은 이들을 손가락으로 가리키며 외쳤다.

"저놈들도 죽여버려라!"

문명호와 문민순 등 수십 명이 박종남과 서동오를 향해 달려들었다. 두 사람은 이들을 피해 달아나려 하였으나 곧 붙잡히고 말았다. 쏟아지는 몽둥이질에 두 사람은 곧 피투성이가 되어 쓰러졌다.

그 사이에 면민대회를 마치고 서창석과 박필선 등 10여 명의 교섭위원이 문태현을 만나러 오다가 때마침 그 광경을 목격하고 달려왔다. 면민대회에 참여했던 수백 명의 농민들도 뒤따라 왔다. 순식간에 사태는 역전되었고, 문태현 일당은 줄행랑을 쳤다.

다만 문명호는 마지막까지 버티다가 소작인들에게 붙잡혔다. 문명호는 폭력을 추궁하는 소작인들에게 "오늘 면민대회에서 내 종조부의 송덕비를 파괴하기로 하였다기에 그 주모자를 죽이려 했다"고 실토했다.[16] 문명호가 말한 주모자란 서태석을 의미했다. 문태현 측은 애초부터 살의를 가지고 서태석을 기다린 것이다.

결국 무너진 송덕비

:

뜬금없이 벌어진 폭력 사태가 어느 정도 수습되었으나 서태석은 온몸이 상처투성이였다. 그나마 도중에 박종남, 서동오가 가담하여 서태석은 겨우 중상은 면했다. 하지만 박종남과 서동오의 상태는 심각했다. 서태석은 먼저 박종남과 서동오를 데려가서 간호하도록 조치한 뒤 자신은 수백 명의 소작회원과 함께 남강 근처 문태현의 집으로 쳐들어갔다. 이날 오후 5시경. 문태현의 집 주변은 문씨 일가의 폭력행위를 규탄하는 400여 소작인들로 북적거렸다.

집 안에 숨어 있던 문태현을 향해 소작인들이 "문 지주는 밖으로 나오라"고 소리쳤다. 하지만 문태현은 안에서 문을 걸어 잠근 채 꼼짝도 하지 않았다. 이에 성난 소작인 몇 사람이 유리창과 도자기 등을 깨뜨리며 위협을 하자 비로소 겁에 질린 얼굴로 문태현이 밖으로 나왔다. 분에 못이긴 소작인들이 문태현에게 달려들려 하자

16 「소작회간부를 돌연 구타 문지주의 일족들이」, 『동아일보』, 1924년 4월 4일.

서태석이 이들을 막았다. 서태석은 소작인들에게 거친 행동을 하지 말라고 당부한 뒤 문태현에게 다가가 물었다.

"소작료를 어떻게 할 것이오?"

문태현은 굳게 다문 입을 열지 않자 서태석이 단호하게 말했다.

"그러면 송덕비를 철거할 수밖에 없소."

그래도 문태현이 입을 열지 않자 서동수, 김운재, 서민석 등이 나서며 "빨리 승낙하라"며 거칠게 다그쳤다. 여전히 문태현은 입을 꽉 다문 채 씩씩거리기만 했다. 문태현의 그런 태도에 누구보다 분노한 사람은 박종남의 아버지 박인순이었다. 박홍언, 박응언, 박병완 등 박종남의 형제들 또한 울분을 참지 못하였다. 박인순은 문태현의 멱살을 잡아끌고서 집 밖으로 나왔다. 문씨 일족 십수 명이 막아섰지만 잠시 몸싸움 끝에 소작인들에게 제압당하였다.

소작인들은 문태현을 근처 보리밭으로 끌고 갔다. 소작인들에게 둘러싸인 문태현은 파랗게 질려 있었다. 서태석은 이때다 싶어 문태현에게 엄포를 놓았다.

"이 사람들이 당신을 죽일 수도 있소. 그러니 소작료를 내리겠다고 답을 하시오."

그러자 겁에 질린 문태현은 체념한 "그대들이 좋은 대로 하라"고 했다. 다소 모호한 답이었다. 하지만 소작인들은 그 말을 소작료 4할 인하의 뜻으로 이해하고 승리감을 느끼며 만세삼창을 외쳤다. 그런 뒤 구체적인 협상은 다음날에 하기로 하고 일단 문태현을 풀어주었다.

한편 소작인회는 급히 목선 한 척을 빌려 중상을 입은 박종남과 서동오를 목포로 이송했다. 밤늦게 목포에 당도한 두 사람은 죽동 제중의원에서 응급치료를 마치고 입원했다. 박종남은 매우 위중한 상태였다. 서태석 또한 적잖은 상해를 입었지만, 사태를 수습하고 문태현 측과 긴밀한 교섭을 벌여야 하는 상황이므로 입원은 하지 않았다.

다음날인 3월 28일 아침. 소작인회 회원 400여 명은 문태현 송덕비 근처에 모였다. 소작인들은 전날 소작인들 뜻대로 하라던 문태현이 한 말에 고무되어 있었다. 그러나 한편으로는 문태현의 교활한 속내를 익히 겪어온 터라 문태현과 정식으로 교섭하여 소작료 문제에 대한 매듭을 짓되, 교섭이 결렬되면 즉시 문태현의 송덕비를 철거하기로 결의했다. 그런 상황에 대비하여 미리 굵은 밧줄도 준비했다. 소작인회 회원들을 송덕비 근처에서 대기하기로 하고 서태석은 서창석, 김연태, 김문철, 박필선, 김운재 등과 함께 문태현의 집으로 가서 교섭을 요구했다.

문태현은 떨떠름한 표정으로 교섭위원들을 맞았다. 서태석이 대표자로 나서서 문태현과 담판에 들어갔다. 그런데 문태현은 전날의 발언을 번복하며 교묘하게 말을 돌려댔다. 한참 시간이 흘러도 교섭에 진전이 없었다. 송덕비 근처에서 소식을 기다리던 소작인 200여 명이 문태현의 집 근처로 몰려와 시위를 시작했다.

"소작료를 절감하라!"

"소작료를 절감하라!"

서태석은 소작인들의 애타는 심정을 헤아리며 문태현에게 으름장도 놓아보고 간곡한 어조로 설득도 해보았다. 하지만 평생 착취에 맛을 들인 늙은 지주의 마음은 끝내 돌아서지 않았다. 협상은 어긋났고, 문태현은 더 이상 할 말이 없다며 돌아앉았다. 그런 문태현에게 서태석은 최후의 통첩을 했다.

"그러면 송덕비를 철거할 수밖에 없소!"

자리를 박차고 나온 서태석은 밖에서 기다리던 소작인들에게 협상이 결렬되었음을 알렸다. 이에 분노한 소작인들은 누가 먼저랄 것도 없이 문태현의 송덕비 쪽으로 우르르 몰려갔다. 그리고 비석에 밧줄을 걸었다. 길게 늘어뜨린 밧줄에 백여 명의 소작인이 줄다리기하듯 매달렸다. '하나, 둘, 영차' 하며 구령에 맞추어 모두 밧줄을 당겼다.

그렇게 몇 차례 밧줄을 당기자 비석은 기우뚱하게 넘어졌다. 박순동의 논픽션 『암태도 소작쟁의』는 이 광경을 "거기에 어려 있어야 할 마음의 정성이 사라지고 단지 하나의 돌덩어리가 된 비석이 넘어지기란 허망했다⋯ 밧줄을 걸어 잡아당겨진 비석은 힘없이 농대석(籠臺石)을 벗어나서 비신(碑身)은 바로 앞에 비스듬히 거꾸로 처박혔고, 가첨석은 비석 앞, 길 건너로 뒹굴었다"[17]고 표현했다.

박순동의 논픽션은 박복영의 진술에 따라 당시 상황을 잘 묘사

---

17 박순동, 『암태도 소작쟁의』, 이슈투데이, 1969, 262쪽.

했다. 하지만 송덕비를 철거한 날이 5월 22일이라고 적었다. 그런데 광주지방법원 암태도소작쟁의 관련 판결문을 비롯한 사료에는 소작인들이 문태현 송덕비를 무너뜨린 날이 3월 28일로 기록되어 있다. 게다가 5월 22일에는 서태석은 물론이고 서창석, 김연태 등 소작인회 간부 대부분이 목포형무소에 갇혀 있었다. 그러므로 송덕비를 무너뜨린 날은 5월 22일이 아니라 3월 28일이 확실하다.

지주만 비호하는 일제 검경

:

한편 암태도에서 일어난 일을 목포에서 전해 들은 문재철은, "부친 문태현이 소작인들에게 구타당하여 곧 죽게 되었다"는 내용으로 목포경찰서에 신고하고 무장 경관의 출동을 요청했다. 문씨 일족을 피해자로, 소작인회를 가해자로 만들려는 수작이었다. 그에 따라 3월 28일 오후에 무장 경관 20여 명을 실은 경비선 금강환(金剛丸)이 목포항을 출발했다. 문재철도 경비선에 동승했다.

그런데 경비선이 남강 선착장에 도착했을 때, 곧 죽게 되었다던 문태현이 멀쩡한 모습으로 부두에 나와서 손을 흔들고 있었다. 자신의 무고가 탄로 날 위기에 처한 문재철은 배에서 내리면서 심복 강윤재(姜允載)에게 조용히 지시했다.

"너는 얼른 뛰어가서 아버님을 집으로 데리고 들어가라. 그런 뒤 아버님이 머리를 천으로 동여매고 아픈 척하면서 누워계시도록 조치해라."

문재철의 지시에 따라 강윤재는 뛰어가서 문태현의 팔을 이끌고 집으로 데려갔다. 하지만 아픈 척하도록 조치를 하기도 전에 무장 경관들이 문태현의 집 앞에 이르렀다. 이들을 본 문태현은 다시 대문으로 뛰어나가 경관들을 반겼다. 상황이 난처해지자 문재철은 재빨리 집으로 들어가서 마루 위에 있던 퇴침(退枕)을 집어 들어 장지문을 부수었다. 또한 심복 강윤재에게 나머지 장지문도 몰래 부수게 하였다. 그런 뒤 경관들을 불러 그 광경을 보여주며 소작인들이 한 짓이라고 했다.[18]

다음날인 3월 29일. 소작인회에서는 문태현이 주도한 폭행 사건에 대해 목포경찰서 암태 주재소에 고소장을 접수했다. 그러나 암태 주재소 측은 박종남, 서동오 등 당사자가 오지 않았다는 이유로 고소장 접수를 거부했다. 이에 목포 제중의원에 입원 중이던 박종남이 직접 목포경찰서에 문태현을 살인미수 혐의로 고소장을 접수하였으나 목포 경찰은 접수를 미루고 고소장을 문재철에게 보여주었다. 또한 암태 주재소에도 소작인회 측의 고소고발장을 접수하지 못하도록 지시했다고 한다.[19]

목포 경찰과 문재철의 이러한 농간을 보다 못한 소작인회 측에서는 결국 서태석, 박종남, 서동오 등 폭행 피해자 세 사람의 진단서를 첨부하여 광주지방법원 목포지청 검사국에 문태현 등을 상해

18 「암태 쟁의 확대」, 『조선일보』, 1924년 5월 16일.
19 「암태 쟁의 확대」, 『조선일보』, 1924년 5월 16일.

죄로 고소했다.

한편 지주 쪽에서도 목포 옥산의원에서 문명호, 문경석, 문지호, 문덕원, 문양칠 등의 진단서를 끊어 이들에 대한 상해죄로 소작인회를 맞고소하였다. 소작인회는 옥산의원에서 발부한 진단서가 거짓된 것이므로, 공신력이 있는 의사에게 다시 진단하게 해달라고 검사국에 요구했다. 실제로 문씨 측 피해자 중에는 멀쩡한 살에 백지를 붙이고서 상해를 당했다고 주장하다가 거짓임이 발각되어 경관이 껄껄 웃은 일도 있었다.[20]

일제 검경은 소작인회의 요구를 묵살하고 문재철 측을 노골적으로 비호해 주었다. 허위 진단서에 이어 3월 31일 동아일보에는 허위기사가 실렸다. '농민이 부호 습격'이라는 제목하에 "전남 무안군 암태도에서 소작인 수백 명은 28일 새벽에 지주 문재철의 집을 습격한 후 폭행을 하였다"는 내용이었다. 목포 경찰의 허위 제보를 기자가 그대로 받아쓴 기사였다. 노골적으로 지주를 비호하는 경찰의 행태에 크게 반발한 소작인회 측에서는 동아일보에 기사 취소를 요구하는 한편으로 목포경찰서장에게도 강력하게 항의하기로 했다.

그에 따라 서태석은 소작인회를 대표하여 4월 1일 오전 10시에 목포경찰서장을 만나 따졌다.

20 「암태 쟁의 확대」, 『조선일보』, 1924년 5월 16일.

"이번 사건에 소작인들이 지주의 집을 습격한다고 무장 경관을 보내고, 또는 엉터리도 없는 그러한 사실을 각 신문에 게재함은 무슨 까닭이오?"

"소작인이 지주의 집을 습격한다는 주재소 보고가 있어서 무장 경관을 보낸 것이고, 신문의 기사는 신문기자들이 그리 캐낸 것이지요."

"그렇다면 암태 주재소에서 피해자들의 고소를 받지 아니함은 무슨 까닭이며, 또 모든 일에 지주를 옹호하는 것은 무슨 이유인가?"

"고소는 피해자가 직접 하지 아니하고 대리로 딴 사람이 한 까닭에 받지 않은 것이며 사건은 어디까지 공명정대히 처리할 터이니 그리 아오."[21]

서태석의 항의에 경찰서장은 구렁이 담 넘어가듯 책임을 회피했다. 또 이러한 항의에도 아랑곳하지 않고 경찰과 검찰은 지주에게 유리한 방향으로 사건을 왜곡했다. 이들은 비밀회의를 열어 지주 측에 유리하도록 계략을 짜냈다. 그것은 사건을 쌍방의 과실로 몰아가는 것이었다. 그리고 소작인회 측에 화해를 빌미로 고소 취하를 종용했다. 그러나 지주 측 폭력으로 박종남이 여전히 입원 치료 중인 마당에 소작인회 측에서는 화해에 응할 수 없었다. 소작인회 측은 법대로 처리해 달라고 단호하게 요구했다. 하지만 검사국은

21 「암태사건으로 소작간부의 질문」, 『동아일보』, 1924년 4월 6일.

여전히 화해만 주문할 뿐, 제대로 된 수사조차 하지 않았다.

일제 검경과 지주가 한통속이 되면서 사건은 이상한 방향으로 흘러갔다. 심상치 않은 분위기에서 문재철과 일제 사법 당국은 무슨 꼬투리라도 잡아서 아예 소작인회를 와해시키려는 의도를 드러냈다. 이에 소작인회는 만일의 사태에 대비하기 위해 조직을 개편하기로 했다. 더구나 폭행 사건과 문태현 송덕비 철거, 그리고 맞고소 등으로 어수선한 분위기도 다잡아야 했다. 이처럼 당면한 문제들을 논의하고 결의를 다지기 위해 소작인회는 제5회 임시총회를 소집했다.

4월 9일 오후 1시 반에 시작된 제5회 임시총회에는 무려 600여 명의 소작회원이 참여했다. 서창석이 의장으로 사회를 보는 가운데 문태현 측의 폭력 사건 전모에 대한 보고가 있었다. 이어 통상집행위원회 구성을 주요 내용으로 하는 조직 체계 개편안을 의결했다. 그런데 이때 통상집행위원 수가 무려 72명이나 되었다. 이는 암태소작인회가 몇몇 간부들의 의지에 따라 운영되는 단체가 아니었음을 의미한다. 다수의 집행위원을 둠으로써 의사결정에서 회원들의 의견이 두루 반영되도록 한 것이다. 소작인회는 민주주의 원리에 충실했다. 그것이야말로 소작회원들이 굳게 단결하게 된 비결이었다.

한편 기존에 편성된 서무부, 경리부, 조사부 외에 선전, 교무, 경제, 구호 등 4부를 증설하여 상무집행위원회를 구성했다. 그런 다음, 지주 측을 비호하는 경찰에 항의 질의를 하자는 안건과, '진드기(마름)'와 '박쥐(간특한 소작인)' 노릇을 한 소작인들의 과오를 용서하고 소작인회 입회를 허용하는 안건이 통과되었다. 이날 총회에는 광주소작인연합회 집행위원장이며 '남선노농동맹' 집행위원장인 서정희[22]가 참관하였다. 서정희는 '소작운동은 살려고 하는 근본 문제다'라는 내용의 축사를 한 뒤 "암태소작인회 및 남선노농동맹회 만세"를 선창하고 소작인 회원들이 복창하였다. 이들은 만세삼창을 한 후 저녁 8시경에 폐회했다.[23]

이날 축사를 한 서정희가 속한 남선노농동맹은 북풍회[24]의 전신인 건설사(建設社) 그룹이 주도하여 1924년 3월 대구에서 창립한 사회주의 노동운동 연맹체였다. 서태석이 참여한 서울청년회 쪽과는 노선이 다른 단체였다. 그런 단체의 중앙상임집행위원장인 서정희가 암태소작인회 총회에 참석한 사실은 의미가 있다. 당시 사회주의 정파들은 비록 중앙 조직에서는 노선을 두고 대립하였으나 이처럼 지역 차원에서는 정파를 뛰어넘는 연대활동을 활발히

22 1877년, 전남 광주 출신으로 독립협회 회원, 대한제국 때 광주우체국장을 지냈고 1905년 을사늑약 이후 의병 후원 활동을 했다. 1919년 광주 3·1운동을 주도하여 1년을 복역하고 석방된 후 조선노동공제회 광주지회 집행위원장, 광주소작인연합회 집행위원장, 남선노농동맹 집행위원장 등을 역임했다. 1924년 11월 사상단체 북풍회에 가담하고 1925년 조선공산당에 입당했다. 해방 후 경기도 포천에서 제헌국회의원에 당선되었다. 한국전쟁 때 월북(혹은 납북)했다.

23 「암태소작인회 근황」, 『조선일보』, 1924년 4월 17일, 3면.

24 1920년대 중반 서울파, 화요파와 함께 국내 형성된 사회주의 그룹의 하나. 재일 한국인 사회주의단체인 북성회(北星會)의 국내지부로서 1924년 11월 25일에 서울에서 조직되어 화요회 등과 함께 조선공산당 결성의 한 축을 담당했다.

벌였음을 보여주기 때문이다.

소작인회 간부 13인의 구속

:

한편 암태소작인회 임시총회 다음날인 4월 10일, 서태석은 손학진, 박응언과 함께 조선노농대회에 참석하기 위해 목포행 배에 올랐다.[25] 그간 신사상연구회가 주도한 조선노농연맹회와 서울청년회가 주도한 노농대회준비회는 전국에 분포한 노동, 농민 조직의 통합에 합의하고 4월 15일부터 서울에서 '전조선노농대회'를 열기로 한 터였다. 서태석은 암태소작인회를 대표하여 그 대회에 참석하고자 길을 나선 것이다.

그런데 서태석 일행이 목포 선착장에 내리자마자 목포경찰서 형사가 앞을 가로막았다. 형사는 배에서 내린 서태석을 멈춰 세우고 말했다.

"소작회 고소 건에 대해 지주 측과 합의하오."

서태석은 들은 척도 하지 않고 형사를 지나쳐갔다. 형사가 따라오며 다시 말했다.

"그러면 서울 출발을 하루만 미루어 주오."

서태석은 대번에 거절했다.

25 박순동, 『암태도 소작쟁의』, 이슈투데이, 1969, 260쪽.

"그럴 순 없소."

그러자 형사는 사정을 해왔다.

"좋습니다. 그렇다면 목포역에서 출발하는 기차 시간이라도 알려주시오."

그 정도는 별일 아니다 싶어 서태석은 자신의 출발 시각을 알려주고 서울행 기차에 올랐다.[26]

기차가 대전역에 이르렀을 때였다. 경찰들이 기차에 올라와 일대 검색을 벌였다. 경찰은 서태석 등의 신원을 확인하더니 기차에서 끌어 내린 뒤 다짜고짜 목포로 되돌아가라고 했다. 서태석이 거절하자 경찰이 엄포를 놓았다.

"그러면 구인(拘引)을 할 수밖에 없다."

서태석은 냉소적으로 답했다.

"어차피 당신들 마음대로 할 거 아닌가."

결국 대전 경찰은 서태석 일행을 강제 구인하였고, 곧바로 목포경찰서로 호송했다.

이 일에 대해 대전경찰서 측은 자기들은 책임이 없고 목포경찰서의 요청에 따른 것이라 밝혔다.[27]

1924년 4월 13일, 목포경찰서는 서태석 일행에 대한 형식적인 조사를 마친 후, 이들에게 소요, 상해 등의 죄목을 씌워 구속영장을

26 『동아일보』, 1924년 4월 12일.

27 「서태석씨(徐邰晳氏)를 구인(拘引)」, 『조선일보』, 1924년 4월 12일, 석간 3면,

청구했다. 그에 따라 서태석은 손학진, 박응언과 함께 목포형무소에 수감되었다. 하지만 끝이 아니었다. 목포 경찰은 나머지 암태소작인회 간부들에 대해서도 대대적인 검거에 나섰다. 암태도에 있던 서창석, 김연태, 박필선, 서동수, 김문철, 박병완, 김운재, 서민석, 박홍언, 박용산 등도 검거되었다. 상해죄, 소요죄 등의 명목으로 목포형무소에 수감당한 소작인회 간부는 모두 13명에 이르렀다.[28]

이때 구인된 사람은 13명보다 훨씬 많다는 기록도 있다. 매일신보에 따르면 "11일 목포지청 신등(新藤) 검사가 경비선 금강환으로 암태도에 출장하여 조사한 결과 지난 13일 암태소작회 간부 서태석 외 회원 30여 명이 목포형무소에 수감"[29]되었다고 한다. 또 4월 15일에 서울에서 열린 전조선노농대회에서 이병의[30]는 "지주 문태현은 위증을 만들어 경찰을 끼고 운동한 결과 현재 무죄한 소작인 40여 명에게 구인장이 나왔으며 사태가 중대하니 이 대회에서 대책을 강구하자"[31]고 제안하기도 했다.

---

28 「광주지방법원 판결문」, 1924년 9월 18일자 참조.

29 「암태도 소작쟁의로 30여명 수감」, 『매일신보』, 1924년 4월 17일, 3면 5단.

30 1896년 경기도 파주 출신으로 1915년부터 3년간 토지조사국 고용원으로 일하다가 3·1운동에 참여하여 징역 6개월 투옥 후 서울청년회에서 활동했다. 1923년 7월 조선노동대회 집행위원에 선출되고, 1924년에는 조선노농총동맹 중앙위원, 고려공산동맹 경기도 책임자, 사회주의자동맹 집행위원 등으로 활동했다. 1927년 12월 서울파 조선공산당(춘경원당)에 참여했다가 1928년 4월 검거되어 징역 5년을 선고받았다.

31 「총동맹을 조직키로 만장일치로 가결하고 준비위원 20여 명 선정」, 『동아일보』, 1924년 4월 17일, 2면 1단.

이런 기록들로 미루어 4월 13일을 전후하여 구인된 소작인회 간부는 30~40명에 이르렀으며, 이들 가운데 일부는 조사를 통해 풀려나고 최종적으로 13명이 구속기소 되었음을 알 수 있다.

간부들에 대한 대규모 구속 사태로 소작인회는 크게 당황했다. 사실상 집행부가 무너진 셈이었다. 혼란에 휩싸인 소작인 회원들은 서로를 위로했다.

"검거된 이들이 잘못한 일이 없으니 곧 석방될 것이오."

"그렇죠, 기다려봅시다."

하지만 구금된 지 20여 일이 지난 4월 말까지도 13인의 간부들은 석방되지 않았다. 소작인회에서는 지푸라기라도 잡는 심정으로 전남도지사와 조선 총독에게 '문 지주의 악행과 목포 검사국과 경찰의 행태가 불공평하므로 원한을 풀어 달라'는 내용의 진정서를 보내기도 했다.[32] 하지만 어느 쪽에서도 답변이 없었다.

한편 서태석이 목포형무소에 갇혀 있는 동안 서울에서는 예정대로 4월 15일부터 전국 83개 노농단체 대표자가 모여 전조선노농대회를 열었다. 이어 4월 16일에는 조선노농대회준비회 측과 조선노동연맹회 측이 통합을 논의하였다. 서울청년회 계열과 건설사(화요회의 전신) 계열 사회주의자들이 주로 참가한 이 대회에서는 '조선의 노동운동과 농민운동 단체는 전국적 총동맹을 조직하자'는 방침을 무

32 「암태소작회의 분기(奮起)」, 『조선일보』, 1924년 5월 2일.

난하게 의결했다. 4월 17일에는 남선노농동맹 에서도 통합에 동참하기로 했다. 마침내 1924년 4월 18일, 서울 광무대에서 182개 단체 대표 295명이 모인 가운데 '조선노농총동맹' 창립총회가 열렸다. 조선 최초로 여러 사회주의 정파가 조선노농총동맹이라는 이름 아래 통일적 노농운동 조직을 결성하였다. 회원 수가 5만 3,000여 명에 이르는 대규모 대중조직이 출범한 것이다.

조선노농총동맹은 50인으로 구성된 중앙집행위원회를 두었다. 중앙집행위원회에는 윤덕병, 차금봉, 권오설, 서정희, 신백우 등 여러 사회주의 그룹 인사들이 두루 참여했다. 서태석은 비록 일제 경찰의 탄압으로 총회에 참석하지는 못하였지만, 조선노농총동맹 중앙집행위원으로 선출되었다. 서태석이 옥중에 있으면서도 조선노농총동맹 중앙집행위원으로 선출된 것은 뜻하는 바가 컸다. 그것은 암태도 소작인회를 조직하여 지주에 대항하고, 소작쟁의를 모범적으로 이끌면서 서태석이 조선을 대표하는 농민운동가로 주목받고 있었다는 뜻이다.

한편 조선노농총동맹은 당면한 소작료 문제와 관련하여 다음 사항을 결의했다.

1) 소작료를 소출의 3할로 할 것.
2) 지세와 공과금은 지주가 부담할 것.
3) 두량은 두개(斗槪)[33]를 쓸 것,
4) 소작료 운반은 1리 이내만 소작인이 할 것.

암태도를 비롯한 각지에서 소작 농민들이 '소작료 4할'을 요구하였음에도 조선노농총동맹은 '소작료 3할'이라는 급진적 요구를 내세운 것은 나름대로 의도가 있었다. 그것은 조선노농총동맹 결성 며칠 전에 일본인 지주들의 모임인 '전남농담회(全南農談會)회'가 내린 결정과 관련이 있었다.

전남농담회는 50정보 이상을 소유한 일본인 지주들이 1924년 4월 14일에 목포 공회당에서 모여 창립한 지주단체였다. 동양척식회사 목포지점장 우에다(上田)가 창립 회의 의장을 맡았고, 총독부 관료 미쓰이(三井)를 비롯하여 전라남도 내무부장과 농무과장, 도 경찰부장과 고등경찰과장, 목포 부윤 등도 창립 회의에 참석했다. 이날 회의에서는 전남농담회는 다음과 같은 결정을 내렸다.

> 1) 소작료는 수확의 2분의 1을 표준으로 할 것.
> 2) 공조공과(公租公課)는 반드시 지주가 부담할 것.
> 3) 2리 이상의 소작료 운반은 특약이 있는 경우 외에는 상당한 운반비를 보조할 것.
> 4) 소작료의 개량에는 두개(斗蓋)를 사용할 것.[34]

조선노농총동맹이 의결한 소작료 지침은 며칠 전 전남농담회가

---

33 말에 곡식을 담고 그 위를 평평하게 밀어 고르게 하는 평미레 같은 도구. 두개로 깎은 1말은 수북이 곡식을 담은 1말과 평미레로 깎은 1말과 그 양에서 상당히 차이가 난다.

34 「소작반분, 일지주의 결의」, 『동아일보』, 1924년 4월 17일, 3면.

의결한 내용과 흡사하다. 다만 쟁의의 핵심 의제인 소작료 비율에서만 각각 5할과 3할을 제시하고 있다. 전남농담회가 식민지 소작농에 대한 착취의 적정 기준을 5할로 제시하자 조선노농총동맹은 보란 듯이 소작료 3할을 기준으로 내세운 것이다. 당시 지주계급을 대표한 전남농담회와 소작농민을 대표한 조선노농총동맹이 소작인들의 현실적 요구인 '소작료 4할'을 앞에 나름대로 협상 전략을 세운 것으로 볼 수 있다.

5장

대지로 요를 삼고 창공을 이불 삼아

"뭉치어라 작인들아 뭉치어라
우리들의 울부짖음 하늘이 안다
뭉치어라 작인들아 뭉치어라
뼈가 닳게 일하여도 살 수 없거든
놀고먹는 지주들은 누구의 덕인가"

최성민, 「암태도에 소작농민들의 함성」, 『발굴 한국현대사 인물 1』, 한겨레신문사, 1989, 120쪽.

5장 대지로 요를 삼고 창공을 이불 삼아

소작료 강제 징수에 나선 지주들

:

소작인회 간부 13명은 풀려날 기미가 보이지 않았다. 지주와 소작인들의 갈등도 그대로여서 소작료 불납동맹이 이어지고 있었다. 그런 동안에도 봄은 무르익고 어느덧 농사철이 다가왔다. 소작 농민들도 논바닥에 고운 상토를 깔아 볍씨를 뿌리고 못자리를 잡으며 한 해 농사를 시작했다. 그러자 지주들이 “못자리를 갈아엎어 버리겠다”며 전년도 소작료를 내놓으라고 협박했다. 당시 소작인들은 이른바 ‘불납동맹’을 맺고서 문재철에게 1천 3백여 석, 천후빈에게 7백여 석의 소작료를 납부하지 않고 있었다.

5월 1일경에는 문응창 등 문태현 쪽 사람 10여 명이 소와 쟁기를 거느리고 오리동 박용현을 찾아와 소작료를 내놓으라고 협박했다.

이들은 논으로 소를 몰고 들어가 실제로 못자리를 갈아엎으려 했다. 이에 박용현은 집문서까지 내주며 간신히 이들을 말렸다. 그 사이에 소식을 들은 소작인회원들이 급히 달려와서 강력히 저지하자 지주 측 사람들은 집문서를 도로 내어주고 도망치듯 돌아갔다.[1]

이어 5월 4일에는 오리동에 사는 노령의 소작인 김사유에게도 못자리를 갈아엎어 버린다고 협박하며 소작료 납부를 요구했다. 겁을 먹은 김사유는 어렵사리 모아놓은 돈 12원을 소작료 대신 내어주었다. 이 말을 전해들은 서광호 등 소작인회 간부들이 급히 달려와 지주 측에 따졌다.

"씨 뿌려놓은 못자리를 함부로 갈아버리는 건 강탈 행위이며 불법행위다. 당장 못자리에서 나오라."

소작인회 간부들의 기세에 눌린 지주 측 사람은 "나도 불법인 줄은 안다"며 받았던 돈을 돌려주었다.[2] 또 5월 20일에는 문태현이 직접 측근 이십여 명을 데리고서, 근래 바다에서 배가 전복되어 사망한 박대중의 집으로 쳐들어갔다. 문태현은 갓 남편상을 치른 박대중의 아내에게 쇠꼬챙이를 찔러대며 소작료를 내놓으라고 겁박했다. 이 소식을 들은 소작인회 간부들이 현장에 달려가서 실상을 조사하고 문태현의 악행을 폭로하자 분노 여론이 들끓었다.[3]

1 「암태쟁의 확대」, 『조선일보』, 1924년 5월 16일.
2 「횡폭무도한 지주 암태쟁의 거익(去益) 확대」, 『조선일보』, 1924년 5월 20일.
3 「무산자급(無產者級)의 상지(相持) 무리한 지주의 패악함을 분개」, 『시대일보』, 1924년 5월 31일.

암태도의 또 다른 지주 천후빈도 소작료 강제 징수에 나섰다. 5월 초순 어느 날 천후빈 측 사람들 수십 명은 해당리 소작인 조은모에게 찾아가 못자리를 갈아엎겠다고 협박하며 소작료를 요구했다. 조은모가 소작인회 규칙을 지켜야 한다며 거절하였으나 이들은 쟁기를 몰고 못자리로 들어갔다. 이를 말리는 조은모와 쟁기잡이가 한바탕 실랑이를 벌였다. 이때 천후빈의 일족 천기선은 논바닥에 넘어진 조은모에게 온갖 폭언과 내뱉으며 발길질해댔다. 그 사이에 천씨 일가 천은도는 조은모의 쟁기를 부수었다.

천후빈의 장남 천진철은 자기 옷을 벗어서 박박 찢었다. 이를 본 소작인들이 소리쳤다.

"고소거리 장만하려고 그러느냐!"

그러자 천진철은 자작극을 멈추었다.

그 사이 현장에 출동한 암태도 경찰관은 지주를 옹호하고 소작인을 질책하며 해산을 종용했다. 그러자 주변으로 몰려든 소작인들은 일제히 외쳤다.

"경관은 지주의 경관이오, 우리 무산자 소작인에게는 원수다. 그러니 그 말을 들을 것도 없다."[4]

비교적 온건한 지주로 알려진 천후빈도 소작료 징수에 있어서는 문씨들 못지않은 횡포를 부렸다. 천후빈은 "내 땅에 집 지은 소작

4 「횡폭무도한 지주 암태쟁의 거익(去益) 확대」, 『조선일보』, 1924년 5월 20일.

인은 다 집을 뜯어 가라"며 소작인들을 압박했다. 그리고 5월 10일에는 천후빈의 일족 천은도, 천호민 등이 송곡리 김금주의 집에 가서 "마당과 문간에도 경작을 할 것"이라며 "잠자는 방 이외의 모든 건축물을 헐어내라"고 위협했다. 이에 김금주는 처자식을 부둥켜 안고 통곡하였다.[5]

'앉아서 죽으나 서서 죽으나'

:

지주들의 횡포가 노골적으로 이어지던 5월 10일, 소작인회는 기동리 임시사무소에서 제7회 임시총회를 열었다. 435명이 참석한 이날 총회는 김정순이 임시의장을 맡아 진행했다. 김정순이 일어나 피 끓는 목소리로 개회사를 했다.

"우리는 이제 가마에 든 고기 신세가 되었소. 앉아도 죽고, 서도 죽을 지경이니 좀 뛰다가나 죽읍시다."

비장한 개회사와 함께 회의가 시작되었다. 소작 농민들은 지주들이 저지른 횡포에 앞을 다투어 분노를 표했다. 장내가 소란스러워지자 배석한 경관이 이를 제지하려 하다가 회원들의 거센 질타를 받아 주저앉기도 했다.

찬조 연설에 나선 부인회원 고백화도 열변을 토했다.

5 「횡폭무도한 지주 암태쟁의 거익(去益) 확대」, 『조선일보』, 1924년 5월 20일.

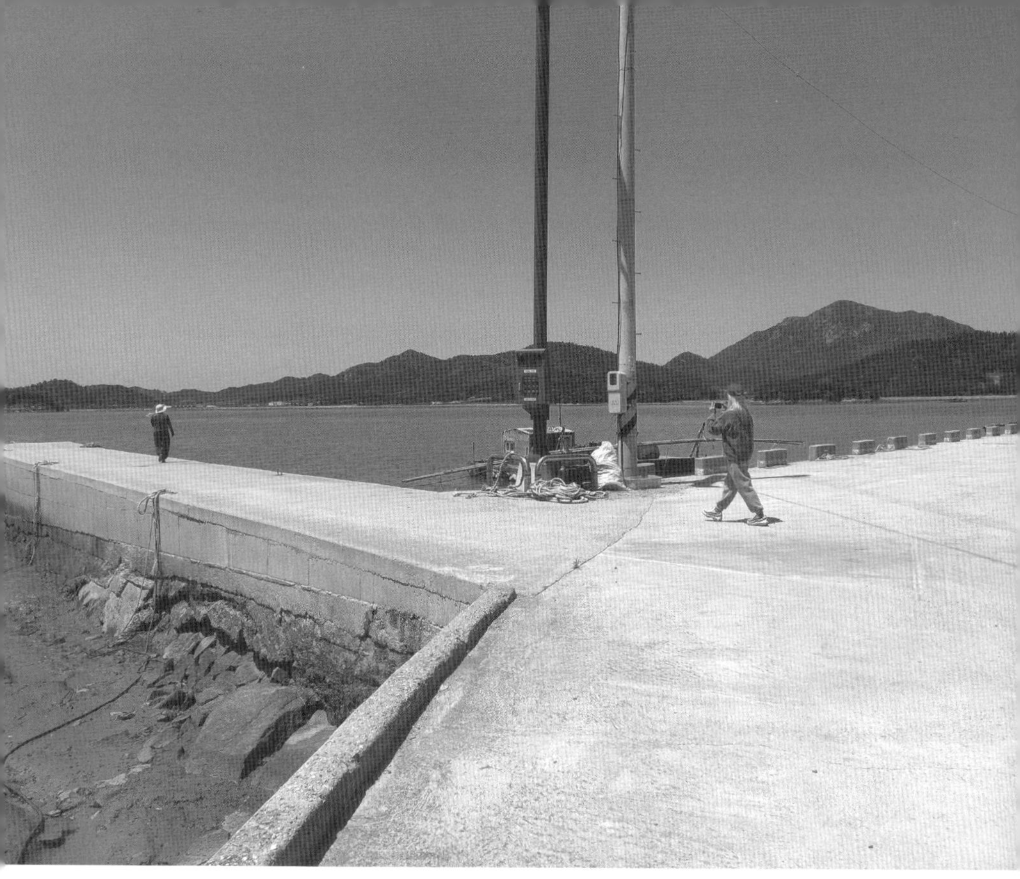

▎**암태도 북강**(신강) **포구**

"농자는 천하지대본인즉 우리는 죽도록 싸우지 않으면 안 될 것이오!"

조선노농총동맹 중앙집행위원 박병두[6]도 "인생의 근본정신을 말

6 1883년 전남 순천 태생으로 조선일보 순천지국장을 지냈고, 순천에서 농민운동을 하다가 1924년 남선노농동맹 중앙상무집행위원, 조선노농총동맹 중앙집행위원으로 활동했다. 1925년 전조선민중운동자대회 준비위원을 거쳐 조선공산당에 입당, 1926년 6월 2차 조선공산당 탄압 때 검거되어 서대문형무소에서 복역하다가 1928년 8월에 출옥하였고 이후 순천에서 농민운동을 했다.

하면 토지의 권리는 전부 소작인에 있다"는 취지의 격려 연설을 하였다.

이날 회의에서는 소작료 강제 징수에 나선 지주들의 횡포에 대응하고 구속된 소작인회 간부 13명에 대한 석방 운동과 관련하여 필요한 안건을 의결하고 회원들의 결의를 새롭게 다졌다.

> 1) 작년도 감정한 소작료에 대해서는 언제든지 논 4할, 밭 3할의 승낙이 있기 전에는 불납동맹을 철저히 지킬 것.
> 2) 소작권의 무리한 이동에 대해서는 구 소작인과 회원 일동의 합력으로 일치단결하여 지주의 악행에 대항하며, 박쥐 같은 신 소작인과 진드기 같은 악 사음배는 교제를 단절하여 섬 안에 살지 못하게 할 것.
> 3) 어떠한 경우가 있을지 모르므로 후보로 13인의 위원을 선정하여 대비할 것.
> 4) 어떠한 일이 있으면 회원 1,300명 전부가 총출동하여 사생(死生)을 가리기로 할 것.[7]

한편 이날 임시총회에는 암태청년회장 박복영이 참여하여 축사를 했다. 서태석과 함께 암태도소작쟁의의 양대 지도자로 꼽히는 박복영은 이 무렵부터 소작인회 활동에 적극적으로 가담했다.

1890년 암태면 단고리 출생인 박복영은 어려서 한학을 공부한 뒤 1908년경에 목포로 나가 목포성경학원에 다니며 기독교 세례를

7 「암태소작 임시총회」, 『조선일보』, 1924년 5월 19일.

받고 1916년경부터는 암태면 단고리에서 전도 활동을 했다. 그러던 1919년에는 목포 4·18 만세 시위에 가담하였고, 일제 경찰에 검거되어 6개월간 복역했다. 출옥 후인 1920년에는 중국 상하이로 건너가서 활동했다고 전한다. 또 1922년에는 임시정부 재무총장 이시영의 밀서를 서울의 이상재에게 전달하는 임무를 띠고 귀국했다고 하는데 사실관계가 확인된 적은 없다. 그 후 박복영은 암태도에 거주하며 1923년에 암태청년회장이 되었다.

박복영은 자작농이었다. 그런 만큼 소작쟁의 초기에는 박복영이 특별한 역할을 했다는 기록은 발견되지 않는다. 하지만 1924년 4월에 서태석을 비롯한 소작인회 간부 13명이 구속되면서 지도력에 공백이 생기자 이때부터 지역 유지로서 소작인회 활동에 적극적으로 가담하였다. 그 때문에 박복영은 나중에 박순동의 논픽션 『암태도 소작쟁의』에서 소작쟁의 지도자로 다뤄지게 된다. 물론 이 논픽션은 박복영의 역할을 지나치게 과장하고 서태석의 역할을 축소했다는 비판을 받고 있다. 하지만 지도자 서태석을 비롯하여 서창석, 김연태 등 주요 간부들이 구속된 이후 박복영이 소작인회에서 중요한 역할을 한 것은 사실이다.

한편 임시총회 후 20여 일이 지나도록 구속자 13명은 풀려나지 않았다. 소작인들은 이미 결의한 것처럼, 목포로 총출동하여 사생결단을 내기로 하고 그 실행방법을 의논하기 위해 1924년 6월 3일에 면민대회를 열었다. 이날 대회에는 암태소작인회는 물론이고 암태청년회, 암태부인회 회원들이 대거 참석했다.

면민대회에서는 다음날인 6월 4일에 원정 투쟁을 떠나기로 결의했다. 세부적인 행동 지침도 정했다. 먼저 김용학[8]을 원정 투쟁 대표로 선출하고, 그의 지시에 따르기로 했다. 또 목포 원정 기간에 허가 없이 자리를 이탈해서는 안 되며, 비바람을 무릅쓰고서 목적 달성을 위해 단결하기로 결의했다. 이 밖에 개인별로 각각 5일분의 양식과 소금을 준비하고, 10명당 하나씩 솥도 준비했다.

1924년 6월 4일 새벽. 암태면 오상리 신정마을 신강 나루터로 원정대가 모여들었다. 암태도 최북단, 자은도가 마주 보이는 곳에 있는 선착장이다. 지주 측의 눈길을 피해 조용히 원정길에 오르기 위해 와촌리 남강 선착장에서 멀리 떨어진 곳으로 집결지로 정한 것이다. 해가 뜰 무렵까지 소작인회 대표 김용학, 암태청년회 대표 박복영, 암태부인회 대표 고백화를 비롯한 원정대 400여 명이 집결했다.

이들은 7척의 범선에 나누어 타고 목포로 향하였다. 암태도에서 범선을 타고 목포까지 가는 데에는 많은 시간이 걸렸다. 바람의 방향이 잘 맞으면 한나절이 걸렸지만, 그렇지 않으면 노를 저어 움직여야 해서 꼬박 하루가 소요되었다. 400여 명의 원정대는 저녁이 되어서야 목포에 도착했다. 그리고 주먹밥으로 끼니를 때운 뒤, 6월 4일 원정 첫날 밤을 풍찬노숙으로 지새웠다.

---

8 서재담은 김용학이 서태석의 매제였다고 한다. 이 전언이 사실이라면 김용학은 서태석의 동생 서계초의 남편이었을 것이다.

6월 5일, 날이 밝자 대오를 추스른 원정대는 목포경찰서로 몰려가 서태석 등 구금된 13명의 석방을 요구하며 시위를 벌였다. 종일 이어진 시위에 목포경찰서는 발칵 뒤집혔다. 이날 해 질 무렵에는 암태도에서 100여 명의 농민이 추가로 건너왔다. 그로써 원정 대오는 500여 명에 이르렀다. 그중 130여 명은 여성이었다. 이들은 목포경찰서 앞에서 13인의 구속자 석방을 요구하는 시위를 벌이다가 날이 저물자 경찰이 주선한 경비소 건물에서 둘째 날 밤을 보냈다.

다음날인 6월 6일 오전 9시부터 원정 시위대는 법원으로 몰려가 농성을 시작했다. 이에 놀란 예심판사가 서광호 등 대표자 3명을 불러 해산을 종용했다.

"다수 군중이 모여 재판소에서 농성을 하는 것은 불가하다. 몇 명만 남고 해산하라."

하지만 원정대는 물러나지 않았다.

"구금된 간부들을 이 길로 앞을 세워주지 않으면 언제까지든 해산할 수 없다!"[9]

원정대는 농성을 이어갔다. 그 사이에 일부는 목포형무소로 몰려가 서태석 등 수감자들의 면회를 요구했다. 하지만 형무소 측은 면회를 불허했다.

한편 이날 오후에 조선총독부 감찰관이 목포를 방문한다는 소식을

9 「맹렬한 시위운동, 구금된 대표를 방송치 안으면 어대까지 운동을 계속한다고」, 『동아일보』, 1924년 6월 8일.

접한 원정대는 목포부청으로 몰려가 면담을 요구하며 시위를 벌였다. 하지만 감찰관과의 면담은 이뤄지지 않았고, 원정대는 날이 어두워질 때까지 시위를 벌이다가 전날 밤을 묵은 경비소로 돌아왔다.[10]

목포 원정 나흘째인 1924년 6월 7일 아침, 농민들은 다시 법원으로 몰려가 구금된 이들의 석방과 면회를 요구하였다. 예심판사는 7일 안으로 예심을 마치고 결과를 발표하겠다고 했다. 농민들은 만일 7일 안에 구금자를 석방하지 않으면 다시 와서 투쟁하기로 결의했다. 마침내 구속 간부들에 대한 면회 허락도 받아냈다. 그리하여 목포형무소로 몰려가 서태석 등 간부들과 면회를 할 수 있었다.[11] 이로써 1차 원정 투쟁은 일단락되었다.

사실 원정 나흘째에 접어들면서 농민들은 가져온 식량도 이미 바닥나고 돈도 다 떨어진 터였다. 더 이상 원정 투쟁을 이어가기 어려웠다. 당장 굶주림을 면하려면 각자 흩어져서 끼니를 해결해야 했다. 이러한 상황을 보다 못한 소작인회 간부들은 당시 목포에 나와 있던 지주 천후빈을 찾아가 교섭을 요구했다. 다행히도 천후빈은 소작료 4할 요구를 수용하였다. 이에 더하여 원정대가 암태도로 돌아갈 배삯 60원을 내놓았다.

비슷한 시각에 소작 농민들은 문재철의 집에도 찾아가 면담을

10 「3일간 포위 시위, 목포지방법원 지청을, 감찰관 면회로 해산케 되어」, 『동아일보』, 1924년 6월 10일.

11 「기한으로 우선 해산」, 『동아일보』, 1924년 6월 14일.

요구했으나 굳게 걸어 잠긴 문재철 집의 대문은 열리지 않았다.

원정 닷새째인 6월 8일 오후. 전날 흩어졌던 원정대가 목포역 광장에 집결했다. 이들은 '암태소작회 번영 만세', 또는 '지주 천후빈 송덕 만세'라고 쓴 기를 앞세우고 거리를 한 바퀴 돌았다.[12] 지주 천후빈은 이미 대세가 된 소작료 4할을 수용한 것만으로, 또한 그간 농민들로부터 수탈한 소작료에 비하면 '새 발의 피'에도 못 미치는 고작 60원의 선심을 베푼 것만으로도 소작 농민들의 칭송을 받으며 '착한 지주'로 행세하였다. 어쨌든 돌아갈 여비를 마련한 원정대는 수많은 경찰이 감시하는 가운데 오후 7시경에 배를 타고 암태도로 돌아갔다.

암태도 소작 농민들의 목포 원정 시위는 전국적으로 커다란 반향을 일으켰다. 당시 동아일보 6월 8일 지면에 이들의 시위를 2면 머리기사로 보도했다. 같은 날짜 조선일보는 원정 농성을 벌이는 농민들의 처지를 이렇게 묘사했다.

> 머리털이 희끗희끗한 늙은 여인들의 주린 얼굴도 차마 볼 수 없거니와 먹지 못한 어머니의 젖가슴을 부여잡고 아니 나오는 젖을 달라고 매달리는 어린애들의 안타까운 울음소리는 당하는 어머니는 둘째로 우선 곁에서 보는 다른 사람들의 간장을 녹이어내는 듯하여 불합리한 이 사회를 모조리 저주하는 듯하더라.[13]

12 「천지주를 칭송, 소작료는 4할로 하고, 4백 명의 선비(船費)까지」, 『조선일보』, 1924년 6월 13일.

13 「암태면소작인 오백남녀가 목포에 쇄도」, 『조선일보』, 1924년 6월 8일, 석간 3면.

암태도 소작농민들의 투쟁이 언론을 통해 널리 알려지자 전국 각지에서 이들의 처지를 동정하고 투쟁을 지지하는 움직임이 일어났다.

전남 벌교 노동동맹회와 노동회는 6월 12일에 연합 간부회의를 열고 "무안 암태소작회의 간부 13인이 구금됨에 따라 해 회원 500여 인이 목포에서 무한한 고초를 무릅쓰고 생사를 일호(一毫)에 부쳐 둔 우리의 무산 동포를 만분의 일이라도 위로하기 위하여 다소를 불구하고 물질로서 정을 표시할 것"을 결의하였다.[14] 평양에서는 조선노동동맹회, 대동문노동조합, 신수구노동조합, 곡물두량조합, 노동대회평양지회, 평양양말직공조합, 점원상조회, 오월청년회 등이 연합하여 6월 14일 밤에 '암태면민 동정 연설회'를 개최하려 하였으나 일제 경찰의 불허로 무산되었다.[15] 이들은 모금 운동을 벌여 35원을 모아서 암태소작회에 보냈다.[16]

한편 조선노농총동맹은 암태소작쟁의의 실상을 조사하기 위하여 집행위원 강택진을 목포에 파견하였다. 강택진은 조사를 마치고 6월 19일 서울로 돌아갔다. 이때 강택진은, 지주 측 폭행으로 중상을 입고도 치료비 때문에 입원하지 못하고 있던 박종남을 데리

14 「벌교노농단체, 연합간부회결의, 암태소작사건과 기타 여러 가지들」, 『조선일보』, 1924년 6월 20일.

15 「무리한 경찰의 위압으로 연합연설회를 금지, 한 단체 이상의 집회는 불허」, 시대일보』, 1924년 6월 16일.

16 「암태소작회에 동정, 평양의 각 노동단체가 가튼 처지의 동포를 위하야」, 『조선일보』, 1924년 6월 23일.

고 가 세브란스병원에 입원시켰다.[17] 하지만 세브란스병원의 치료에도 효험이 없어 초췌한 몰골로 7월 4일에 암태도로 돌아왔다.[18]

2차 원정 투쟁, 죽기를 각오한 아사동맹(餓死同盟)

:

7일 안에 예심을 마치겠다던 판사의 약속과 달리, 암태소작인회 간부 13인에 대한 예심은 1924년 7월 3일에서야 열렸다.[19] 더욱이 13명 모두 소요, 상해, 주거침입 등의 죄목으로 전원 기소되었다. 문태현, 문명호, 문민순, 문응창, 문재봉 등 지주 측 5명도 상해 및 소요죄로 기소가 되었으나 이들 가운데 문명호, 문민순만 구속되고 나머지는 불구속 상태로 자유롭게 활동하였다.[20]

소작인회는 구금된 간부들에 대해 보석 신청을 내놓고 석방을 기다리다가 전원 공판에 넘겨지자 분노가 폭발할 지경이었다. 게다가 문재철은 "우리 측 사람은 벌써 나오게 할 수 있었으나 만일 그러면 소작인 편에 면목이 없어서 그대로 구금 중에 있다"거나 "신문기자 같은 것도 돈만 있으면 모두 매수할 수가 있다"[21]는 말을

17 「노농총맹 의거」, 『동아일보』, 1924년 6월 20일.

18 「박종남씨 귀향 소작쟁의의 희생자」, 『동아일보』, 1924년 7월 6일.

19 구 형사소송법에서, 공소 제기 후에 피고 사건을 공판에 회부할 것인가의 여부를 결정하고 아울러 공판에서 조사하기 어렵다고 생각되는 증거를 수집하고 확보하는 공판 전의 절차.

20 「암태소작쟁의 전후 경과의 상보, 幕天席地－으스름달 아래 하루밤을 새워」, 『동아일보』, 1924년 7월 13일.

공공연히 하고 다님으로써, 소작 농민들의 타는 가슴에 기름을 끼얹었다.

이러한 분위기에서 1924년 7월 7일. 소작인회, 청년회, 부인회 등 암태도의 세 단체는 연합으로 면민대회를 열고 2차 목포 원정 투쟁을 결의했다. 이들은 한 달 전의 1차 원정 때보다 더 비장한 각오를 다졌다.

"이번에는 우리가 지난번에 법관에게 속아 실패한 것을 경험 삼아 어떻게든 최후의 해결을 봐야 합니다."

"만일 이번에 열세 사람과 같이 돌아오지 못하면 법정 안에서 다 같이 굶어 죽어버립시다!"

면민들은 이렇듯 너나 할 것 없이 굳은 각오와 결심을 드러냈다. 죽기로 결심한 이상, 식량도 따로 준비하지 않았다.

1924년 7월 8일, 굶어 죽기를 각오한 암태도 농민 600여 명은 북강 선착장에 집결한 뒤 열 척의 범선에 나누어 타고 목포로 향하였다. 원정대 중 2백여 명은 노인과 여자들이었다. 목포에 도착한 2차 원정대는 곧장 목포지청 재판소로 몰려가 외쳤다.

"구금된 13명을 석방하지 않으면 모두 여기서 죽어버리겠다!"

이러한 내용을 혈서로 써서 내건 사람도 있었다. 이른바 '아사동맹(餓死同盟)' 투쟁이 시작되었다.[22]

---

21 「암태소작쟁의 전후 경과의 상보, 신문사를 매수, 돈만 있으면」, 『동아일보』, 1924년 7월 13일.

농민들의 비장한 각오에 놀란 일제 재판소 측에서 시위대 대표단과의 면담을 요청해왔다. 서광호, 박복영, 김정순, 김상규, 고백화 등 5명이 시위대를 대표하여 목포지청장과 면담에 임했다. 지청장은 대표들에게 "군중이 그곳에 머무르는 것은 하등 도움이 되지 않으니 면민들을 데리고 돌아가라"고 종용했다. 하지만 농민들은 꿈쩍도 하지 않았다. 죽기를 각오하고 단식농성을 이어가는 사이에 해가 저물었다.

경성고등경찰계에서 근무하다가 6월 24일에 목포로 부임한 나카지마 겐조(中島健三) 목포경찰서장이 시위 현장에 와서 1차 원정 때처럼 경비소 건물을 내어줄 터이니 그곳에서 밤을 지내라고 제안했다. 어떻게든 농민들을 법원 밖으로 이동시키려는 의도였다. 그러나 시위 농민들은 이렇게 외쳤다.

"하늘을 이불 삼고 대지를 요를 삼아 이 자리에서 밤을 새겠다."

실제로 원정 시위대는 아무것도 깔지 않은 법원 마당에서 말 그대로 풍찬노숙하며 단식농성을 이어갔다. 이날의 광경이 동아일보 기사에는 이렇게 묘사되었다.

> 대지로 요를 삼고 창공으로 이불을 삼아 입은 옷에 흙이 묻든지 말

---

22 「6백 농민이 재판소에 위집, 소작회 간부를 방면치 안으면 차라리 이 자리에서 죽겠다고, 암태소작쟁의 사건」, 『동아일보』, 1924년 7월 12일; 「암태소작인 5백명이 목포지청에 쇄도, 로텬에서 굶고 밤을 새이면서 간부 열셋을 방면하라고 애원」, 『조선일보』, 1924년 7월 11일.

든지 주려 드는 창자야 끊어지든지 말든지, 오직 하나 집을 떠날 때 작정한 마음으로 습기가 가득한 밤이슬을 맞으면서 마른 정강이와 햇볕에 그을린 두 뺨을 인정 없는 모기들에게 물려가면서 그날 밤을 자는 둥 마는 둥…[23]

이튿날인 7월 9일에도 단식농성은 이어졌다. 그 사이 노약자들 가운데 탈진을 하여 목포 제중병원으로 옮겨진 사람도 있었다. 목포 청년단체 회원들이 죽을 만들어 와서 "우선 먹고 일을 하시라"며 권하였지만, 노약자 몇 명을 제외하곤 먹지 않았다.

농성 사흘째인 7월 10일 오전, 농민 대표들은 목포경찰서장과 대화를 나누었다. 또 이날 오후에는 무안군수 김동우와 사택에서 대화를 나누었다. 그러나 별다른 결실은 없었다. 그사이에 시위 농민들의 상태는 점점 나빠졌다. 농성자 가운데 3분의 2는 이날 점심때까지 아무것도 먹지 않고 사흘째 단식 중이었다. 당시 상황을 동아일보는 이렇게 기술했다.

목하(目下)의 참상은 사람의 마음을 가진 사람으로는 차마 볼 수 없을 만하니 지청 구내 맨땅 위에 눕고 앉은 군중이 모두 침식을 폐한 지 벌써 수일이라. 신음하는 것은 병든 노인들이요 제호(醍醐, 미음) 하는 것은 젖 주린 아이들이다. 지청 내 통로에 정복 경관은 인정 없는 눈으로 이를 내려다보고 지청 부근 여관에 지주 문재철은 술잔을 손에 잡고 이를 방관하니 이것을 보는 사람은 그들에게는 사람의 마

23 「암태소작사건 전후경과의 상보」, 『동아일보』, 1924년 7월 13일.

음이 없는지 의심치 않을 수 없다. 아비지옥(阿鼻地獄)이 어떠함을 상상해보려면 오늘날 광주지방법원 목포지청을 구경할 것이다.[24]

한편 광주의 서광설(徐光卨), 경성의 김병로(金炳魯), 김용무(金用茂), 김태영(金泰榮), 목포 김영수(金永洙) 등 5명으로 꾸려진 변호인단이 이날 목포지청 오토모(大友) 판사에게 구속자 보석 청원을 냈다. 변호인단은 이미 1차 원정 투쟁에 즈음하여 나카무라(中村) 예심판사에게 구속자 보석 청원을 제출하였으나 예심종결과 함께 각하되었다. 따라서 본심을 맡은 오토모(大友) 판사에게 이날 보석 청원서를 다시 제출하게 된 것이다.[25]

농성 나흘째인 11일 오전에는 광주지방법원장이 제주 출장에서 돌아오는 도중 목포지청에 들렀다가 농성장을 찾아와 으름장을 놓았다.

"오직 공명정대한 사법 당국을 믿고 속히 돌아가라."

농민 몇 사람이 법원장 앞에 엎드려 빌었다.

"우리 소원 좀 들어주시오."

그러나 돌아온 답변은 매몰찼다.

"할 말이 있으면 광주로 오라."[26]

농민들은 자동차를 타고 돌아가는 그 뒷모습을 원망 어린 눈으

---

24 「암태사건」, 『동아일보』, 1924년 7월 13일.

25 「암태소작쟁의 전후 경과의 상보: 김변호사 담(談)」, 『동아일보』, 1924년 7월 13일.

26 「암태소작사건 전후 경과의 상보」, 『동아일보』, 1924년 7월 13일.

로 바라보았다. 그리고 끓어오르는 분노를 억누른 채 나흘째 밤을 맞았다.

농성 닷새째인 7월 12일에는 아침부터 비가 내렸다. 이날 조선노농총동맹 집행위원 이병의가 목포에 와서 문재철과 폭행 사건 관련 교섭을 요구했다. 그러나 문재철은 협상에 앞서 세 가지 선결 사항을 요구했다. 첫째, 신문 지상에 자신의 명예를 훼손한 사실에 대해 사죄문을 만들어 각 신문에 광고할 것. 둘째, 파괴된 부친의 송덕비를 다시 회복할 것. 셋째, 소작료 수납에 대해서는 소작회에서 책임질 것, 등이었다. 이처럼 문재철이 소작인들이 도저히 받아들일 수 없는 요구를 늘어놓는 바람에 협상은 이뤄지지 않았다.[27]

한편 이날 농민들은 빗속에서도 자리를 굳게 지키며 간부들의 석방을 요구했다. 하염없이 흐르는 눈물과 빗물이 한데 엉키어, 말랐던 땅에 물이 고일 때까지도 농민들은 재판소 마당에서 농성을 이어갔다. 날이 어두워지고 비바람이 심해지자 목포 지역 유지들이 찾아와 "비라도 피하라"며 간곡히 권유했다. 이들의 권유를 받아들인 농민들은 목포 항정에 있는 김길용의 면화 창고로 이동하여 비를 피했다.[28] 면화 창고를 빽빽하게 채운 6백여 군중은 피곤한 몸을 서로 의지하며 원장 투쟁 닷새째 밤을 보냈다.

2차 원정 엿새째인 7월 13일 아침. 목포 유지들이 뜻을 모아 팥

---

27 「다수인 재차 검속은 문디주 집에서 담판 파열로」, 『동아일보』, 1924년 7월 17일.
28 「육백남녀의 굳은 결심」, 『조선일보』, 1924년 7월 16일.

죽 열네 통을 마련해 왔다. 6백여 농민은 그것으로 겨우 목을 적신 뒤 오전 11시경에 다시 재판소로 몰려갔다. 그러나 일요일이어서 재판소 정문이 굳게 닫혀 있었다. 마땅히 할 일이 없어진 농민들은 다시 면화 창고로 돌아와 이런저런 토론을 벌이며 시간을 보냈다.

농민들은 무엇보다도 구속된 사람들의 농사 걱정이 컸다. 사실 구속된 간부들의 논에는 이미 소작회원들이 손을 모아 모내기를 해둔 터였다. 그리고 구금된 간부들이 잠시라도 석방되어 각자 농사를 돌볼 수 있기를 바랐다. 소작 농민들은 형무소에 갇힌 간부들의 처지도 딱했지만, 그에 앞서 가뭄에 속절없이 타들어 가는 그들의 농작물을 바라보는 심정이 더욱 괴로웠다. 실제로 농성에 가담한 어느 농민은 취재 나온 동아일보 기자에게 이렇게 말했다.

“우리의 요구는 열세 사람에 대해 죄가 있느니 없느니 하는 것이 아니라, 다만 그들을 우선 보석으로 풀어달라는 것뿐이오.”[29]

토론을 벌이던 농민들 사이에서는 결국 지주 문재철에 대한 원망이 터져 나오기 시작했다. 당장 문재철의 집으로 쳐들어가자는 외침이 터져 나왔다.

“우리의 피를 긁어먹고 열세 명의 소작인을 잡아다가 가두게 한 지주 문재철의 집으로 갑시다.”

그러자 소작인회 간부들이 제지하고 나섰다.

29 「암태소작쟁의 전후 경과의 상보: 幕天席地－으스름달 아래 하루밤을 새워」, 『동아일보』, 1924년 7월 13일.

"한꺼번에 몰려가는 것보다는 대표단이 먼저 문재철의 집에 가서 담판을 시도하는 게 좋겠소."

그리하여 서광호, 박복영 등 대표단이 먼저 북교동 문재철의 집으로 가서 면담을 요구했다. 대표단은 문재철에게 지주와 소작인 사이에 얽힌 제반 문제에 대해 일괄하여 담판을 짓자고 제안했다. 그러나 문재철은 모호한 답변을 늘어놓았다.

"작년의 소작료는 4할 5푼으로 하고, 올해부터는 대세에 따라 남이 하는 대로 하겠소."

이에 소작인 대표들이 재차 담판을 요구했지만, 문재철은 제대로 된 답변을 회피했다.

"내가 당신들의 요구대로 따라서 하면 행정 관청의 미움을 받고 다른 지주들의 원망을 사게 될 거요."[30]

소작인회 대표단과 문재철 사이에는 지리멸렬한 대화만 이어졌다. 이에 소작 농민들은 문재철 집 앞으로 몰려가 오후 4시경부터 시위를 벌였다. 문재철은 경찰에 출동을 요청했다. 오후 6시경에는 나카지마(中島) 목포경찰서장이 직접 경관 50여 명을 이끌고 나타났다. 문재철은 뜰 아래로 내려와 허리를 굽히며 이들을 맞이했다. 나카지마 서장은 서광호 등 소작인 대표단을 부른 뒤 고압적인 자세로 명령했다.

30 「문지주의 모호한 구실」, 『조선일보』, 1924년 7월 16일.

"치안 유지상 내일까지 돌아갈 것을 명령하니 이 자리에서 군중에게 이를 전하고 가부간 회답하라."

소작인회 대표들도 물러서지 않았다.

"이 자리에서 답할 수 없다."

이에 나카지마는 "치안경찰법에 의하여 너희들에게 해산을 명한다"며 경찰들에게 강제 해산을 지시했다. 그러나 농민들은 강경하게 버텼다.

"우리는 죽어도 물러가지 않는다."

경찰은 농민들을 한 명씩 체포하기 시작했다. 서광호 등 남자 19명과 김소녀 등 여자 7명이 체포되어 목포경찰서로 압송되었다.[31] 강제로 해산된 나머지 500여 농민들은 날도 어둡고 마땅히 갈 곳도 없어 전날 밤 묵은 면화 창고로 발길을 돌렸다. 그리고 엿새째 주린 배를 움켜쥐고 고통스러운 밤을 보냈다.

당시 암태도 농민 대표는 조선일보 기자에게 억울한 심정을 토로하기도 했다.

> "우리의 요구는 무슨 열세 사람에게 향하야 죄가 있느니 없느니 하는 것이 아니라 다만 그들을 우선 보석해 달라는 것뿐이외다. 만일 오늘 명확한 대답이 없거나 또는 보석을 불허하는 때에는 또 다시 군중의 협의를 따라 일을 진행하겠으나, 하여간 이번에는 결단코 그

31 「전시(全市)에 추운(秋雲)이 참담(慘憺)」, 『조선일보』, 1924년 7월 16일. 『동아일보』 1924년 7월 18일자 기사에는 이날 31명이 검속된 것으로 나온다.

대로 돌아가지 아니할 굳은 결심을 가지고 온 사람들인 고로 장차 어찌 될는지 참으로 한심합니다. 그리고 보시는 바와 같이 일반 군중은 오직 참혹한 현상 이외에는 아무런 반항도 폭행도 없이 양순한 무리들이외다. 일전에 좀 떠든 것은 흥분되었던 까닭인가 합니다."[32]

원정 시위 농민들이 무더기로 체포되었다는 소식을 접한 목포의 사회단체 대표들은 이날 밤 한데 모여 "소작인들에 대한 당국의 냉정함과 문씨의 몰인정함을 가만히 앉아서 볼 수 없다"며 시민대회를 열기로 협의했다.[33]

다음날인 7월 14일 오전, 목포경찰서장이 면화 창고를 찾아와 다시 해산을 명하였다.

"관헌의 말을 듣지 아니하고 해산하지 않음으로써 검속자가 생기는 것은 이롭지 못한 일이므로 바로 해산하라."

무려 6박 7일간의 원정 시위에 지칠 대로 지친 소작 농민들은 훗날을 기약하며 아사동맹을 마치기로 했다. 그 후 원정대 중 일부는 쇠약해진 몸을 추스르기 위해 목포의 친지들을 찾아 나섰고, 나머지 사람들은 그날 오후 2시경에 범선 2척과 삯배를 나누어 타고 암태도로 돌아갔다.[34] 한편 전날 검속된 26명은 전원 석방되었지만, 그중 서광호와 윤두석은 업무방해 등의 혐의로 불구속 입건되었다.

32 「암태소작쟁의 전후 경과의 상보: 군중대표 모씨 담(談)」, 『동아일보』, 1924년 7월 13일.
33 「다수인 재차 검속은: 시민대회, 유지가 발기 준비」, 『동아일보』, 1924년 7월 17일.
34 「遂解散, 십사일에 서장의 설유를 듣고」, 『동아일보』, 1924년 7월 17일.

계급적 연대의 구심이 된 암태도

:

암태도 소작농민들의 아사동맹은 결국 그 뜻을 이루지 못하였다. 하지만 그 실상이 동아일보, 조선일보 등 신문을 통해 낱낱이 보도되면서 암태도 소작농민들의 투쟁은 조선 전체에 큰 반향을 일으켰다. 보도를 접한 각지의 노농단체들은 적극적인 연대의 움직임을 보였다. 조선노농총동맹, 조선청년총동맹은 7월 13일 오후에 회의를 열어 다음날인 14일 오후 8시에 경성의 천도교당에서 '암태소작쟁의 동정연설회'를 개최하기로 결정했다.[35] 하지만 종로경찰서의 금지 조치로 이 연설회는 열리지 못했다.[36]

여러 단체가 암태도 소작농민들을 위한 동정금 모금에 적극 나섰다. 7월 13일, 북성회 계열의 사회주의 단체 건설사(建設社)는 동정금 모금을 결의하고, 쟁의에 동정하는 사람들은 건설사로 동정금을 보내줄 것을 호소하였다.[37] 건설사는 또 현장 조사를 위해 12일 밤 김재명을 목포로 파견하였다.[38] 이후 건설사에서는 17일까지 들어온 동정금 135원을 암태소작인회로 보내왔다. 이 모금에는 개벽사, 시대일보사, 조선일보사, 동아일보사 등 언론사 기자들이 대거

35 「암태쟁의 동정연설, 양 총동맹 연합 주최로」, 『조선일보』, 1924년 7월 13일.
36 「암태쟁의 동정 연설 금지」, 『조선일보』, 1924년 7월 14일.
37 「암태사건의 동정금을 건설사 주최로 널리 모집하는 중」, 『동아일보』, 1924년 7월 14일.
38 「건설사원 출장, 목포사건 조사차로」, 『동아일보』, 1924년 7월 14일.

뜻을 보태었다.[39]

7월 14일에는 서울청년회에서도 30여 명이 모여 회의를 갖고 '암태소작인 아사동맹 동정단'을 조직하고 김유인, 조봉암, 임표, 이정윤, 김덕한, 전일, 임종만 등 6명을 실행위원으로 선정했다. 이들은 건설사와 마찬가지로 동정금을 모금하기로 결의하고 각계에 동정금을 보내달라고 호소하였다.[40] 한편 인천에서는 인천노동총동맹과 극단 '금강단'이 제휴하여 암태소작인 동정 연극을 16일에 공연하기로 하였다. 하지만 경찰에 공연을 금지당하였다.[41] 다만 인천노동총동맹회는 동정금 25원을 보내왔다.[42]

대구에서는 노동공제회, 상미회, 대구청년회가 연합하여 동정금을 모아 보내기로 결의하고 모금에 나섰으나 경찰의 방해로 뜻을 이루지 못하였다.[43] 경성의 여성동우회에서도 동정금 12원을 모아 보냈다.[44] 이 밖에도 전남 완도군 소안도의 소안노농연합대성회에서 위문과 함께 동정금 20원을 내놓았고, 장성 노동공제회에서도 동정금을 거두어 보내기로 결의했다.

암태 소작 농민들의 투쟁은 전국적인 계급 연대의 구심점이 되

39 「암태소작 동정금」, 『동아일보』, 1924년 7월 19일.
40 「암태소작인 사건의 아사동맹 동정단 조직」, 『조선일보』, 1924년 7월 15일.
41 「인천서는 동정극도 금지」, 『조선일보』, 1924년 7월 16일.
42 「인천 노총 美擧, 암태도 사건에 동정」, 『동아일보』, 1924년 7월 20일.
43 「암태사건 동정, 대구 각 단체의 활동」, 『동아일보』, 1924년 7월 18일.
44 「여성동우회에서 암태쟁의에 동정」, 『조선일보』, 1924년 7월 20일.

었다. 언론에서는 암태도 농민들의 투쟁을 지역적 차원을 넘어 역사법칙에 따른 필연적 계급투쟁으로 규정하는 기사들이 등장했다. 요컨대 조선일보는 "자본가는 착취하랴, 노동자는 거기에 대항, 지주는 탐욕을 채우랴, 소작인은 거기에 불복, 이것이 어느 나라 어느 곳에나 보통으로 실연(實演)되는 현상이다. 그러면 조선의 소위 소작쟁의라는 그것도 그런 배경하에서 야기되는 것은 물론"[45]이라며 암태도 소작 농민투쟁이 지주계급과 소작 농민계급 사이에서 필연적으로 야기되는 계급투쟁임을 강조했다.

또 동아일보는 "현재의 무산대중의 처지로는 가면 갈수록 더욱 이와 같은 싸움이 계속될 것이며 맹렬할 것이다. 이것은 결코 일시 선동에서 나온 것이 아니요, 사실 정체가 그대로 나타나는 데 불과한 것"이라면서 "아! 계급의식에 눈 뜬 소작노동자들아! 눈앞에 주검을 대할 때 가장 냉정한 태도와 침착한 사색으로 이에 임하라!"[46]고 하며 농민투쟁을 응원하기도 했다. 나아가 동아일보는 암태도 소작쟁의와 관련하여 사회주의 사상의 핵심인 역사유물론의 관점에서 쓴 비평기사를 게재하기도 했다.

> 소위 현대적 국가조직이라고 하는 것은 소수의 유산계급을 본위로 형성하였다. 그런 까닭에 정치, 법률, 종교, 도덕, 교육, 예술 등이 있으나 오히려 대중 무산계급은 구속만 당하고 압박만 수(受)하나니 희

45 「암태사건에 대하야」, 『조선일보』, 1924년 7월 14일.
46 「암태소작쟁의」, 『동아일보』, 1924년 7월 16일.

(噫)라. 정치, 법률, 도덕, 종교, 예술, 교육이 하등(何等)의 은공이 있으며 성덕이 있으랴? 다시 말하면 현대 자본주의적 경제조직의 국가라고 하는 것은 소수의 유산자를 어디까지든 옹호하기 위하야 대중의 무산자는 어디까지든 압박(壓迫)하여 희생시키는 것이다. 그것은 근일(近日)의 사실이 관화적(觀火的)으로 증명을 한다.[47]

한편 암태도 농민들의 두 번에 걸친 원정 투쟁에 놀란 목포지청은 서둘러 사건을 광주지방법원으로 넘겼다. 암태도 농민들의 저항을 피하기 위한, 일종의 꼼수였다. 따라서 서태석 등 소작인회 간부 13명과 문씨 측 2명 등 암태도 소작쟁의 관련 구속자 전원에 대한 공판은 광주지방법원에서 열리게 되었다. 구속자들은 7월 17일 오전 6시경에 목포형무소를 떠나 광주형무소로 압송되었다.[48] 이러한 사법 당국의 처사에 대해 소작 농민들은 분개했다.

"전에는 일주일 만에 해결하여 주겠다고 하고서 공판에 넘겨버리더니 이번에는 병인에게 보석을 허락하겠고 일간 해결해주겠다고 하고서 또 속였다."[49]

소작인회는 우선 광주형무소에 수감된 간부 13명에게 사식(私食)을 넣어주기로 하고 7월 20일경에 서광호, 윤두석 등 몇 사람을 광주로 보냈다.[50] 하지만 광주형무소는 사식 반입을 금지하였다. 이

47 「암태사건을 듣고」, 『동아일보』, 1924년 7월 17일.
48 「암태소작간부 광주로 압송, 지난17일에」, 『동아일보』, 1924년 7월 20일.
49 「병인 보석 문제로 수백 소작인 소동」, 『동아일보』, 1924년 7월 31일.

에 서광호 등이 분통을 터뜨리며 항의하다가 한때 형무소에 억류되기도 했다.[51]

암태소작인회는 7월 27일에 임시의장 서동오의 사회로 임시총회를 열었다. 회의에서는 일제 사법관청의 처사가 너무 가혹하다고 분개하는 소리가 빗발쳤다. 한 회원은 "우리 무산자에게는 법률도 소용없고, 백성을 보호한다는 관청도 믿을 수 없으니 우리 소작인들은 광주로 가서 갇혀 있는 소작회 간부 열세 명과 같이 죽읍시다. 죽기로 결심한 회원은 이리로 나오시오."라고 외쳤다.[52] 이른바 결사대를 조직하자는 외침이었다. 이에 호응한 3백여 명의 회원이 한곳으로 모였다. 이들은 당장이라도 광주로 몰려갈 기세였다.

그러나 먼저 광주지방법원장에게 구속자 석방 요구를 전달하고 만일에 그 요구를 들어주지 않으면 그때 일제히 출동하자는 의견도 있었다. 소작인회는 두 가지 의견을 두고 논의했다. 그 결과 박복영을 대표로 먼저 광주지방법원장에게 보내어 구속자 석방을 요구하고, 들어주지 않으면 그때 결사대가 광주로 출동하기로 결의했다.[53]

---

50 「사식 차입 열심 소작인의 결속 공고」, 『동아일보』, 1924년 7월 31일.

51 박순동, 『암태도 소작쟁의』, 이슈투데이, 1969, 285쪽.

52 「암태소작회원 결사대까지 조직」, 『동아일보』, 1924년 8월 7일.

53 「처참한 결속 삼백여 명이 일시에 죽더라도 나가자」, 『동아일보』, 1924년 8월 7일.

일제의 개입으로 쟁의 타결

:

한편 임시총회에서 300여 결사대 조직되어 광주 출정을 준비하고 있다는 내용을 보고받은 목포 경찰은 긴장했다. 이미 암태도 농민들의 두 차례에 걸친 목포 원정 투쟁으로 곤욕을 치른 목포 경찰은 결사대의 광주 원정 투쟁만은 기필코 막아야 했다. 사태를 심상치 않게 여긴 나카지마 서장은 7월 30일에 직접 경비선 금강환(金剛丸)을 타고 암태도로 건너가 구속자 가족들과 소작인회 간부들을 만나 위로를 건네는 척하면서 '결사대'의 광주 출동을 만류했다. 하지만 소작인회는 만류에 응하지 않았다.[54]

목포로 돌아온 나카지마 서장은 고민에 빠졌다. 소작인들의 투쟁을 무력으로 억누르다가는 더 큰 저항을 자극할 수 있었다. 암태도소작쟁의를 지지하는 여론과 소작쟁의에 연대하는 전국 노농단체들의 움직임도 크게 신경이 쓰였다. 일제 당국은 결국 소작인회와 문재철 사이를 중재하여 소작쟁의 자체를 타결시키는 쪽으로 방침을 정했다.

중재자로 나선 나카시마 서장은 박복영과 문재철을 차례로 접촉하며 타협안을 마련했다. 무엇보다도 문재철을 적극 설득하여 소작료 4할 요구를 수용하도록 했다. 일제 당국의 적극적인 개입으로

54 「구금간부와 사생동고(死生同苦) 결의」, 『동아일보』, 1924년 8월 7일.

문재철은 더 이상 고집을 피울 수 없었다. 박복영의 증언에 따르면 당시 전남도지사 원응상도 협상에 개입하였다고 한다.[55]

최종 협정서를 작성한 일제 당국은 1924년 8월 30일 오전 10시에 목포경찰서 서장실로 문재철과 소작인회 대표 박복영을 불렀다. 전남도경 고등경찰과장 고나 오카타로(古賀岡太郎), 목포경찰서장 나카지마, 무안군수 김동우가 조정자로 참석했다. 조선노농총동맹 상임집행위원 서정희도 입회했다. 이 자리에서 지주와 소작인 측은 다음 7가지 기본 협정에 합의했다.

1) 소작료는 4할로 하고, 1할은 농사장려금으로 할 것.
2) 농사장려금은 소작회에서 관리할 것.
3) 소작회에 지주도 참여할 것.
4) 미납한 소작료는 3개년을 기한하고 분납할 것.
5) 도괴 철거한 문태현의 비석을 복구할 것.
6) 목하 계속 조사 중인 형사 피고사건은 양방에서 취하할 것.
7) 지주는 소작인 측에 기본금 2천 원을 기증할 것.[56]

각 협정사항과 관련된 세부 내용도 협의했다. 예를 들면 소작권 존중과 소작 계약 기한을 3년 이상으로 못 박았다. 또 소작료 체납, 지주 승낙 없는 소작지 교환과 전대(轉貸), 소작권 매매, 소작지의 형상지목(形狀地目) 임의 변경, 경작지 황폐화 등의 경우가 아니면 소작

55 박순동, 『암태도 소작쟁의』, 이슈투데이, 1969.
56 「암태쟁의 해결 중도(中島) 서장의 알선(斡旋)으로」, 『매일신보』, 1924년 9월 2일.

권을 해지할 수 없도록 했다. 또 1923년 이전 미납 소작료에도 4할을 적용하고 별도의 이자 없이 1924년부터 1927년까지 4년 분할납부를 원칙으로 하고 재해 등 불가피한 경우에는 납부 기간을 연장할 수 있도록 했다.

지주가 소작인회에 참여할 수 있도록 한 내용도 눈에 띈다. 협정서에 따르면 암태도 내에 토지를 소유한 자나 지역 유지로서 소작인회의 취지를 찬동하고 소작인회 활동에 공로가 있는 사람을 고문으로 추천하도록 했다. 또 우량 회원 표창, 생산품의 품평회 개최, 부업의 장려(奬勵), 회원의 구휼, 농기구 및 비료 공동구매 등을 소작인회 사업에 반영키로 했다.

한편 소작료의 1할에 해당하는 농사장려금 명목의 곡식은 소작인회에서 직접 수납하여 관리하다가 다음 해 음력 1월 말일까지 금전으로 환산하여 은행에 예금하기로 했다. 그리고 농기구나 비료의 공동구입, 부업 장려 비용, 기타 농사 개량 비용 등으로 지출하도록 했다.

이 밖에 소작인회에 기증할 지주의 기본금 2천 원은 1924년 12월 말일까지 지급하고, 이 기본금은 큰 재해(災害)를 당한 회원의 구제가 필요한 경우에 쓰기로 했다. 또 사음제도(舍音制度)를 폐지하고, 수확 후에 나오는 고초(藁草, 볏짚)는 소작인의 소득으로 한다는 내용도 세목 협정에 포함되었다.

지주와 소작인 사이에 고소 고발로 인해 공판에 회부된 형사사건은 서로 고소를 취하하고, 지주는 소작인회 측 피고인을 위하여

'양자 간 조정 성립되었으므로 관대한 처분을 희망한다'는 내용의 청원서와 상호 협정 전말을 자세히 기록한 서류를 첨부하여 재판소에 제출하기로 했다.[57]

이로써 암태도 소작인들의 숙원이던 소작료 4할 요구는 관철되었다. 여기에 미납 소작료의 분납, 농사장려금확보, 지주 기부금 2천 원 기증과 같은 소작인회의 추가 요구도 받아들여졌다. 기대 이상의 성과였다. 1년 가까이 이어진 암태도 소작쟁의는 비로소 해결 국면을 맞았다.

이 성과에 대해 조선총독부 기관지였던 매일신보는 '목포경찰서장 중도건삼(中島健三) 씨가 새로 부임한 이후 도(道) 당국자와 협의하여 지주와 소작인 사이에 중개인이 되어 화해에 진력한 결과'라고 보도했다. 또한 '이것이 모두 중도 서장의 진력한 공로라 하여 일반은 감사함을 마지 아니 한다더라'며 목포경찰서장의 공로를 치켜세웠다.[58]

매일신보는 이처럼 암태도 소작쟁의의 타결을 일제 치안 당국의 공로로 규정했다. 마치 일제 권력기관이 조선 소작인들의 편을 들어준 것처럼 선전했다. 그러나 일제 당국이 암태도 소작쟁의의 타결에 적극적으로 개입한 진짜 속내는 따로 있었다. 그것은 소작인들의 이익을 위해서가 아니라 더 이상 강압적인 방법으로는 소작

57 「암태소작쟁의 해결」, 『조선일보』, 1924년 9월 11일, 4면.
58 「암태쟁의 해결 중도(中島) 서장의 알선(斡旋)으로」, 『매일신보』, 1924년 9월 2일.

인들의 투쟁 의지를 꺾을 수 없다는 판단에서 비롯된 조치였다.

특히 일제 당국은 암태도 소작 투쟁이 인근 지역으로 확산하는 것을 극도로 꺼리고 있었으므로 문재철을 압박하면서까지 서둘러 소작쟁의 타결에 나섰다. 즉 암태도 소작쟁의 타결은 일제 당국의 공로가 아니라 소작 농민들이 스스로 치열하게 투쟁하고, 여기에 전국의 농민과 노동자들이 적극적으로 연대한 결과였다.

6장

지주의 반격과 두 번째 옥살이

미래는 분명히 우리의 행복을 약속한다.
한 많은 농민들아!
우리의 힘을 확연히 자각하자.
자각한 우리 농민계급의 힘이 대단결을 형성할새.
자유와 평등은 스스로 부수(副率)하리로다.
해를 보내고 해를 맞는 것이
기아에 헤매는 우리에게 무슨 기쁨이 있으랴만
우리의 운동이 1년 더 성장한 것만은 끝없이 축복할 뿐이다.

1926년 암태소작인회가 회원들에게 보낸 「연하장」 문안.

6장 지주의 반격과 두 번째 옥살이

1심에서 징역 2년을 선고받다

:

1924년 8월부터는 소작쟁의와 관련되어 검거된 사람들에 대한 사법 절차도 본격적으로 진행되었다. 소작쟁의 타결에 앞서 8월 23일에는 2차 목포 원정 투쟁 때 입건된 서광호와 윤두석에 대한 구형 공판이 목포지청 제1호 법정에서 열렸다. 목포지청 신도(新藤) 검사는 "이 사건은 단순한 소작쟁의가 아니고 그 등 뒤에는 사상 문제가 있는 것"이라고 주장하며 각각 징역 6개월을 구형했다.[1] 이어 8월 28일 선고공판에서 목포지청 마츠시다(松下) 판사는 "두 피고인이 업무방해뿐만 아니라 소요죄도 범하였으니 용서할 수 없다"며 서

1 「전남 암태의 소작쟁의 공판」, 『동아일보』, 1924년 8월 27일.

광호에게 벌금 팔십 원, 윤두석에게 벌금 사십 원을 선고하였다.[2]

서태석 등 13인에 대한 재판은 9월 1일 광주지방법원 제1호 법정에서 열렸다. 재판을 보기 위해 암태도에서 올라온 소작인회원들이 방청석을 가득 메웠다. 다이상(内山) 재판장과 두 배석 판사가 자리한 가운데 재판이 시작되었다. 신도(新藤) 검사가 예심종결서를 낭독했다. 이어 재판장이 서태석부터 신문을 시작했다.

"지금 들은 예심종결서에 대하여 의향이 어떠한가?"

서태석이 힘차게 답했다.

"본인을 사회주의자라 하였으나, 지금의 사회제도로는 도저히 우리 민중이 살 수 없으므로 그 주의를 취하게 된 것이며, 또 문지주의 비석은 면민 일동이 그의 반성을 촉구하기 위하여 세워주었는데 반성은커녕 더욱 착취에만 급급한 그에게 송덕비가 필요치 아니하므로 그 비석을 도괴(倒壞)하여 버린 두 가지 이외에, 상해라든지 소요라든지 가택침입이라든지 위협이라든지 등의 말은 전혀 사실이 아니다."

조금도 주저함이 없는 서태석의 태도에 방청객들 얼굴에는 일말의 통쾌함이 묻어났다. 재판장은 나머지 12명에 대해서도 심문했고, 모두 서태석과 같은 내용과 같은 어조로 답변했다.[3]

---

2 「암태소작사건 업무방해죄는 모다 벌금형에」, 『동아일보』, 1924년 8월 31일.

3 「암태소작사건 공판 상보, 서태석의 거침없는 공술과 방청인의 통쾌함」, 『동아일보』, 1924년 9월 4일.

不正面長取調

十餘年間非行이暴露

小作幹部歡迎

무산청년회주최로

유지제씨외다환영

實費治療開始

壽城夜學生

七十餘名이激增

소작인회 간부 보석 석방 환영식 관련 기사(『시대일보』 1924년 12월)

다음 공판은 이틀 뒤인 9월 3일 오전 9시에 열렸다. 이날 지주 측으로부터 심한 구타를 당한 박종남을 증인으로 불러 조사하기로 했으나 박종남은 몸 상태가 좋지 않아 출석하지 못하였다. 이에 재판부는 박종남을 광주 자혜의원에 3일간 입원시킨 뒤 진찰 결과를 확인하기로 하고 2차 공판을 8일로 연기했다. 한편 이날 문재철 지주 측과 소작인회 측은 "이번 사건은 쌍방이 소를 취하하였으니 재판장이 관대한 처분을 내리기 바란다"는 내용의 진정서를 재판부에 제출했다.[4]

9월 8일 오전 10시부터 2차 공판이 열렸다. 이날 공판에는 소작인회 측 변론을 위해 김병로, 서광설, 김영수, 류복영 등의 변호사들이 입회하였다. 김병로 변호사가 증인으로 출석한 옥산의원 의사 옥풍빈(玉豊彬)에게 물었다.

"의사가 문씨 지주 쪽에는 4, 5주일씩 진단을 내려주고 순전히 감기약인 '안지삐링'[5]을 주었다. 그런데 상처에 '안지삐링'이 무슨 효과가 있었나요?"

옥풍빈은 대답을 얼버무렸다. 지주 측 사람들에게 허위 진단서를 발부했음을 시인하는 꼴이었다. 이어 검사 구형이 있었다. 신도(新藤) 검사는 예심종결서 내용을 바탕으로 논고를 늘어놓았다.

"이 사건은 단순한 소작문제가 아니라 공산주의, 혹은 사회주의

4 「암태사건 공판중 쌍방이 화해 진정」, 『조선일보』, 1924년 9월 6일.
5 안티피린(antipyrine), 해열진통제의 하나.

를 실행하기 위한 것이며, 이번 사건에 각처에서 동정금이 다수히 온 것을 보면 피고 등과 신문기자와 연락이 있으니까 다수 허위의 보도를 하여 각처에서 동정을 구한 것이다."

그런 뒤 검사는 서태석에게 징역 3년, 서창석에게는 징역 1년, 박필선 김연태 손학진에 대해서는 각 징역 10개월을 구형하였다. 그 밖에 김문철, 서동수에 대해서는 각 징역 8개월, 김운재는 징역 10개월의 집행유예, 박병완, 서민석, 박홍언, 박응언, 박용산 등에게는 각 징역 8개월의 집행유예 등을 구형했다. 변호인단은 검사의 논고를 치열하게 반박하는 변론을 벌였다. 이날 공판은 오후 7시 30분에 폐정하였다.[6]

한편 재판 직후 구속자들에 대한 보석신청 일부가 받아들여져 9월 11일에 박홍언, 박응언, 서민석, 김운재, 박병완, 박용산 등 6명이 보석 석방되었다.

1924년 9월 18일, 드디어 선고공판이 열렸다. 이날 서태석은 징역 2년, 서창석은 징역 1년, 김연태 손학진은 징역 8개월 등의 실형을 선고받았다. 이 밖에 박필선, 김문철, 김운재는 징역 8개월에 집행유예 2년, 서동수, 박병완, 서민석, 박홍언, 박용산, 박응언은 징역 6개월에 집행유예 2년을 선고받았다. 지주 측 문명호는 징역 10

6 「암태사건 공판의 검사의 논고」, 『조선일보』, 1924년 9월 11일. 같은 날짜 『동아일보』 기사에는 박필선, 김연태, 손학진은 징역 1년, 김운재는 징역 8개월 구형을 받은 것으로 되어 있다.

개월의 실형, 문민순은 징역 8개월에 집행유예 2년에 그쳤다. 지주 측 문재봉은 조사 미흡을 이유로 선고를 면했다. 소작인회 측 피고인 모두에게 적용된 법률은 소요 및 상해죄였으며, 지주 측 피고인에게는 단지 상해죄만 적용되었다.[7]

집행유예 선고를 받은 9명은 이날 석방되었다. 실형을 선고받은 서태석, 서창석, 김연태, 손학진 등 4명은 1심 판결에 불복하고 대구복심법원에 항소했다. 그에 따라 이들은 1924년 10월 26일에 대구형무소로 이감되었다. 소작인회에서는 이들의 뒷바라지를 위해 박복영을 대구로 파송했다.[8]

이에 앞서 암태소작인회는 9월 26일에 열린 11회 임시총회에서 수감자들을 위해 후원금 5백 원을 준비하기로 결의한 바 있었다. 박복영은 그렇게 마련된 후원금을 기반으로 대구부 동성정(東城町) 이정목(二丁目) 72번지에 투숙하면서 서태석 등 수감자들의 옥바라지와 보석 석방 운동을 펼쳤다. 이때 대구노동공제회에서도 여러 가지 편의를 제공했다.[9]

그러던 11월 15일. 병으로 신음하고 있던 소작인회 회장 서창석이 대구형무소에서 보석으로 풀려났다.[10] 이어 서태석, 손학진, 김

7 「암태소작사건 공판」, 『조선일보』, 1924년 9월 20일.

8 『조선일보』, 1924년 11월 1일. 1924년 11월 3일자 『동아일보』에서는 수감자 4명이 10월 30일 오후 2시에 광주역을 떠나 대구로 향했다고 한다.

9 「암태사건 공소로 박복영씨 활동」, 『조선일보』, 1924년 11월 3일.

10 「서창석씨 보석출옥, 암태사건 간부, 신병으로 인하여」, 『조선일보』, 1924년 11월 17일.

연태 등 3명의 보석도 받아들여졌다. 이들은 12월 3일 오후 5시경에 대구형무소에서 석방되었다.[11]

8개월 만에 석방된 이들은 대구에서 이틀간 휴식을 취한 뒤 12월 6일 오전 11시경 목포역에 도착했다. 역 앞에서 기다리고 있던 수많은 인파가 이들을 뜨겁게 맞았다. 이어 목포무산청년회 주최로 목포 남교동 남원여관에서 오후 1시부터 환영회가 열렸다. 조극환이 목포무산청년회를 대표하여 간단한 환영사를 했고, 이에 서태석이 답사를 했다. 오찬을 겸한 환영회는 오후 3시 반까지 성황을 이루었다.[12]

목포에서 이틀을 머문 서태석 일행은 12월 8일 오전 10시에 발동선을 타고 암태도로 건너갔다. 일행이 남강 부두에 도착하자 수많은 환영 인파가 기다리고 있었다. 소작인회, 청년회, 부인회 등 각 단체 회원은 물론이고 남녀학생 수백 명이 나와 이들을 환영했다. 반가움과 설움의 눈물을 흘리며 재회한 이들은 소작인회 사무소로 자리를 옮겨 공식 환영회를 열었다. 수백 명이 모인 가운데 김정순이 개회사를 하고 청년회 대표 서주석(徐周晳), 부인회 대표 고백화, 학생 대표 박자신(朴慈信), 소작회 대표 박복영이 환영사를 했다. 그리고 구속자들을 대표하여 서태석이 답사를 한 다음 만세삼창을

11 「삼일보석출옥」, 『조선일보』, 1924년 12월 5일, 석간 2면.

12 「소작간부 환영 무산청년회 주최로, 유지 제씨의 대환영」, 『시대일보』, 1924년 12월 9일; 「보석(保釋)된 암태 간부(岩泰幹部)」, 『조선일보』, 1924년 12월 9일, 석간 2면.

부르고 환영회를 마쳤다.[13]

합의 이행 대신 횡포 부리는 문재철

:

8개월 만에 암태도로 돌아온 서태석은 휴식을 취할 겨를도 없이 소작인회가 처한 상황을 파악하고 당면한 문제들을 점검했다. 일제 당국의 중재로 8월 30일에 소작과 관련된 협정을 체결하고 서로 고소를 취하함으로써 소작인들과 지주 간의 갈등은 해결된 것처럼 보였다. 하지만 소작인과 지주 사이의 대립은 여전히 이어지고 있었다. 당시 조선일보에 인용된 박복영의 말에 따르면 "지주와 소작인 간에 쌍방이 서로 고소한 것을 취하한 것으로 마치 모든 일이 해결된 듯이 전하였으나 이는 서로 고소한 것만 취하하였을 뿐이요 분쟁은 그대로 계속"되고 있다고 했다.[14]

문재철은 일제 당국의 압력으로 마지못해 합의에는 임했지만, 애초부터 그 합의를 지킬 생각은 없었다. 무엇보다도 문재철은 추수기를 넘기도록 수확량 간평을 미루어 농민들을 애타게 했다. 간평 전에는 벼에 손을 댈 수 없는 점을 교묘하게 이용하여 소작인들을 괴롭힌 것이다. 그러던 11월 중순에는 비바람이 거세게 불고 설상가상으로 눈까지 내려 벼 이삭이 논바닥으로 내려앉았다. 피땀

13 「암태 간부 대환영」, 『시대일보』, 1924년 12월 15일.
14 「암태 소작쟁의 화해는 허설(虛說)」, 『조선일보』, 1924년 11월 10일.

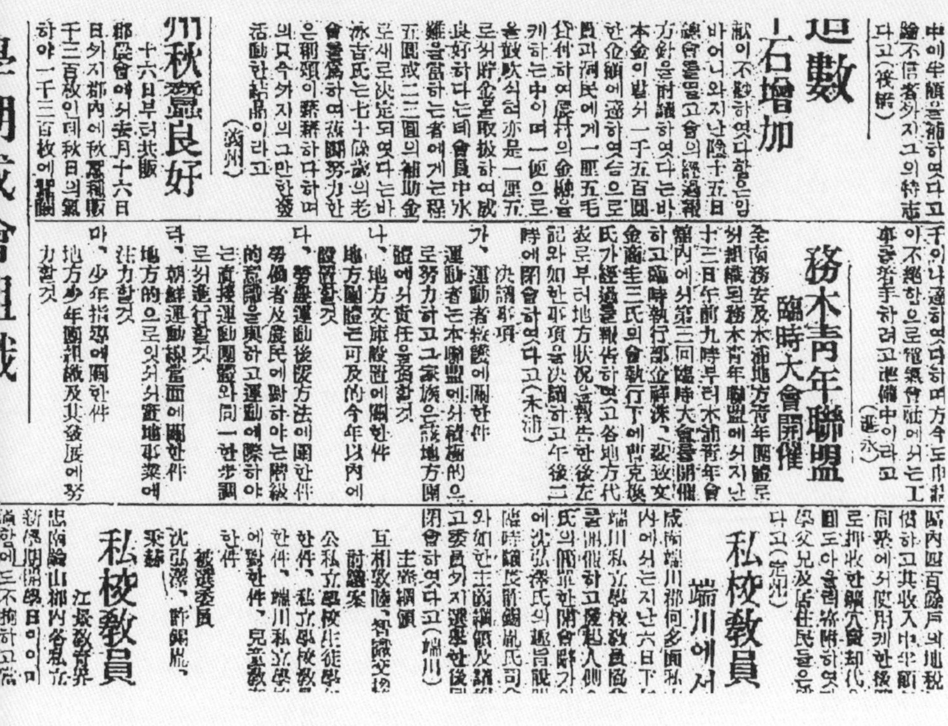

務木青年聯盟
臨時大會開催

全南務安及木浦地方靑年團體로組織된務木靑年聯盟에서지난十三日午前九時부터木浦靑年會館內에서第三回臨時大會를開催하고臨時執行部金鍾洙、姜政文、金商生三氏의會執行下에曹克煥氏가經過를報告하얏고各地方代表로부터地方狀況을報告한後左記와如한事項을決議하고午後三時에閉會하엿다고(木浦)

決議事項

가、運動者救濟에關한件
運動者는本聯盟에서積極的으로努力하고그家族은該地方團體에서責任을負擔할것

나、地方文庫設置에關한件
地方團體는可及的今年以內에設置할것

다、勞農運動後援方法에關한件
勞働者及農民에對하야는階級的意識을與하고運動에際하야는直接運動團體와同一한步調로써進行할것

라、朝鮮運動當面에關한件
地方的으로잇서서實地事業에注力할것

마、少年指導에關한件
地方少年團組織及其發展에努力할것

무목청년연맹 관련 기사(『동아일보』 1925년 9월 17일)

으로 키운 벼 이삭들이 논바닥에서 썩어갔다. 그 모습을 바라보는 소작인들 심경은 처참했다.

더 이상 간평을 기다릴 수 없는 지경에 이르자 소작인회는 추수를 강행하겠다고 지주 측에 통고했다. 지주 측에서 추수를 방해하면 전면전도 불사한다는 방침을 확고히 했다. 암태도에는 다시 긴장감이 감돌았다. 그러자 사태의 심각성을 보고 받은 목포경찰서에서 암태도에 경찰을 파견했다. 파견된 경관들은 일단 소작인들을 진정시킨 후 지주 대신 간평에 나섰다. 그로써 지주와 소작인

간의 큰 충돌은 면했다.[15]

하지만 갈등이 사라진 것은 아니었다. 문재철은 소작인회의 기금으로 연말까지 2,000원을 내놓겠다고 한 약속도 지키지 않았다. 또 친지와 마름들을 모아 '암태지주소작인상조회'를 만들었다. 그리고 '소작료 4할', '소작권 영구 보장', '전년도 소작료 면제' 등의 조건으로 회유하며 수곡리 인근 마을 소작인들을 상조회에 가입시켰다.[16] 소작농 사이의 분열을 유도하여, 눈엣가시인 소작인회를 와해시키려는 속셈이었다.

소작인회에서는 1925년 1월 4일 정기총회에서 결속력을 다지고 동네별 '농노단(農勞團) 조직'을 결의했다.[17] 상조회에 맞서 소작인회의 기본 조직을 탄탄하게 하고 활동 방향을 명확히 한 것이다. 반면 문재철은 상조회에 가입한 소작인들에게 처음의 약속을 전혀 지키지 않았다. 소작료는 4할 이상으로 책정했고, 소작권 보장도 말뿐이었으며, 심지어 전년도 소작료도 강제로 거두어갔다. 이에 반발한 오상리, 신정리, 천포리, 목포리 일대 소작인들이 모두 상조회를 탈퇴하고 소작인회에 입회하였다.[18]

한편 문재철은 암태청년회가 운영하고 있던 남일운수주식회사

15 「암태소작쟁의 점익(漸益) 악화」, 『조선일보』, 1924년 11월 19일.
16 「4동 작인 연메(連袂) 탈퇴(脫退)」, 『조선일보』, 1925년 1월 16일.
17 「암태 소작총회에서 14조항을 결의하였다」, 『조선일보』, 1925년 1월 9일.
18 「4동 작인 연메탈퇴(連袂脫退), 소위 지주소작상조회에서 속았던…」, 『조선일보』, 1925년 1월 16일.

암태 취급점 계약을 취소해버리고 그 운영권을 자신의 친족과 마름들로 구성된 '교육협회' 측으로 넘기려 했다.[19] 남일운수주식회사는 암태도를 비롯한 다도해 지역 여러 섬을 오가는 연락선을 운영하는 회사였다. 원래 여러 섬의 유지들이 투자한 회사인데 문재철이 대주주로서 사장을 맡고 있었다. 그런 문재철이 자신의 지위를 남용하여 암태청년회의 사업적 기반을 무너뜨리려 한 것이다.

이러한 조치에 암태청년회는 당연히 반발하였다. 그러자 문재철은 암태 취급점에 승선표 교부를 중단해버렸고, 발이 묶여버린 암태도 주민들은 큰 불편을 겪어야 했다. 이 소식을 들은 자은도 청년회에서 자은도 취급점 몫으로 나온 승선표 가운데 100장을 암태청년회에 빌려주었다. 그러자 문재철은 남일운수회사에 압력을 넣어 자은도 취급점의 승선표 교부마저 중단케 하였다.

소작인회와 청년회 회원들로부터 그간의 사정을 자세히 전해 들은 서태석은 먼저 섬사람들의 발을 묶어버린 승선표 문제부터 해결해야 하기로 했다. 그리하여 자은도, 목포, 도초도, 비금도 등 인근 지역 청년회 대표들에게 공동 대응을 제안했다. 그리하여 1924년 12월 20일 오전 9시에 암태 청년회관에서 5개 지역 청년회 대표들이 모여 대책 회의를 열었다. 이 회의를 주재한 서태석이 먼저

19 「암태청년과 남일회사, 쟁의가 可慮」, 『조선일보』, 1924년 10월 27일; 「남일운수주식회사에게 그 회사의 암태취급점을 경영, 그 소득으로 교육사업에 충용하기로 하고 돌연히 해약통지한 데 대해(자유종)」, 『동아일보』, 1924년 11월 2일.

회의를 소집한 취지를 간단하게 설명했다.

"아시는 바와 같이 남일운수회사가 공익을 무시하고 횡포를 감행하여 공중에게 많은 폐해를 끼치고 있습니다. 이에 대하여 선후책을 결의하기 위해 이렇게 회의를 소집하게 된 것입니다. 여러 지역 청년회가 하나로 뭉쳐 대응한다면 이 난관을 해결할 수 있으니 부디 한 마음으로 좋은 의견을 제시해 주시기를 바랍니다."

서태석의 말에 참석자들은 손뼉을 치며 "최후까지 싸웁시다" 하고 외쳤다. 서태석의 사회에 따라 회의는 일사천리로 진행되었다. 그리고 5개 청년단체에서 1명씩, 모두 5명의 교섭위원을 선정한 뒤 오는 12월 28일에 목포로 가서 남일운수회사 측과 일단 교섭을 벌이기로 했다.[20] 그러나 남일운수회사와는 교섭 자체를 거부했다. 그러자 5개 청년단체는 다시 회의를 열고 자체적으로 '다도운수주식회사'를 설립하는 안을 통과시켰다. 그리고 실제로 주주와 사원 모집에 나섰다.

이러한 소식을 전해 들은 문재철은 각 도서의 취급점을 없애고 배에서 직접 표를 팔겠다고 으름장을 놓았다.[21] 하지만 남일운수회사의 일반 주주들은 사장 문재철의 행태에 반발했다. 새로운 운수회사가 생기면 그간 다도해 지역 뱃길을 독점하여 누리던 남일운

---

20 「남일운수사 횡포로 5개 청년단체가 분기(奮起)」, 『조선일보』, 1924년 12월 24일, 조간 2면.

21 「암태취급점 문제, 거익 위험화, 낙관하기 어렵다」, 『조선일보』, 1925년 1월 23일.

수회사의 영업 실적이 타격을 받을 게 뻔했다. 그러면 주주들이 누리던 이익도 줄어들 수밖에 없었다. 따라서 일반 주주들은 어떻게든 독점 운영을 유지하는 게 유리했다. 그리하여 1925년 2월에 열린 남일운수주식회사 주주총회에서 일반 주주들은 암태 취급점을 복구시키는 안건을 제출하여 통과시켰다. 그리고 암태청년회에 이 사실을 통지하였다.

하지만 암태청년회 측에서는 그동안의 손해배상금과 사죄문을 보내라는 강경한 태도를 보임으로써 양측 간의 갈등은 쉽게 해소되지 않았다.[22]

보석 기간에 무목청년연맹 결성 주도

:

한편 섬사람들의 뱃길을 가로막은 문재철 측의 횡포는 역설적으로 다도해 지역 청년단체들의 결속을 다지는 계기가 되었다. 서태석은 그러한 분위기를 무안과 목포지역 청년단체의 연맹을 결성하는 계기로 삼았다. 암태 취급점 문제에 공동 대응하기 위해 1924년 12월 20일 오전에 모였던 암태, 자은, 목포, 도초, 비금 등 5개 지역 청년단체 대표들은 서태석의 사회하에 무안, 목포지역 청년연맹 결성에 대한 논의를 이어갔다.

22 「해결된 암태취급점, 사죄운동을 또 요구」, 『조선일보』, 1925년 2월 14일.

다음날인 12월 21일 오후 3시부터 저녁 8시까지 기동리 암태청년회관에서는 5개 청년단체 대표 30여 명이 모여 '무목청년연맹 발기회(務木青年聯盟發起會)'를 개최했다. 먼저 서태석, 김해룡(金海龍), 서응삼(徐應三), 박복영(朴福永), 박승억(朴勝億)[23] 등 5명으로 창립준비위원회가 구성되고, 서태석이 임시의장을 맡아 발기회를 진행했다. 5시간에 걸쳐 진행된 이날 발기회에서는 무목청년연맹 발기선언문, 강령, 가입 규정, 사업내용, 창립대회 일정 등 전반적인 내용을 의결했다.

발기선언문에는 '우리는 계급적 대단결을 할 것은 물론이다. 따라서 지방적 단결은 하루가 바쁘다. 그렇기 때문에 운동의 질서에 의하여 먼저 아래의 강령으로써 청년연맹을 발기하노라. 여기에 공명하여 전진하려는 단체여, 어서 가맹하여라…'라는 내용을 담았다. 또한 '대중 본위의 신사회 건설을 기도함', '무산대중 해방운동의 선두가 되기를 기함' 이 두 가지를 강령으로 삼았다.[24]

무목청년연맹은 청년, 노동자, 소작인 등 기층 민중 단체의 조직과 교육, 파업의 후원 등을 주요 사업으로 정했다. 여성운동, 민족운동, 종교운동, 형평(衡平)운동, 중앙연맹(조선청년총동맹)과의 관계 설정에 대한 문제도 토의되었다. 이 밖에 무안과 목포 지방의 청년단체를 가맹 대상으로 하며, 목포 호남정 7번지에 준비 사무실을 개설

23 목포 양복기공조합원(「암태리 소작인 소요에 관한 건」, 『검찰행정사무에 관한 기록 1』, 참조).

24 「무목청년연맹 발기, 보무(步武)를 같이 하자」, 『동아일보』, 1925년 1월 2일, 7면.

하고 1925년 1월 5일까지 가맹신청을 받은 뒤 1월 10일부터 11일까지 이틀간 목포에서 창립대회를 개최하기로 하는 등 일정도 합의했다.[25]

서태석은 다음날인 12월 22일 오후 2시에 암태청년회 임시총회를 소집하고, 임시의장을 맡아 무목청년연맹 결성의 필요성을 설명한 뒤 회원들의 의결을 받았다. 이어 그날 저녁 7시에는 암태도에서 '무목청년연맹 창립 준비위원회'를 열었다. 이 회의에서 서태석은 목포무산청년회 박승억과 함께 창립준비위원회 상무집행위원을 맡았다.[26] 서태석의 주도 하에 무목청년연맹 창립 준비는 차질 없이 이루어졌다. 그리고 창립대회 당일인 1925년 1월 10일 오후 1시에 목포부 남교동 남원여관에서 각 참가단체의 대표위원들이 모여 모든 준비 상황을 최종적으로 점검했다.[27]

1925년 1월 10일 저녁 6시 반. 목포시 남교동 사립희성유치원에서 무목청년연맹 창립대회가 예정대로 열렸다. 암태청년회, 목포청년회, 자은청년회, 도초청년회, 비금청년회 등 기존 5개 발기 단체에 더하여 창립대회 날에는 임자청년회, 지도청년회, 해제청년회 등 3개 단체가 참여했다. 그리하여 무목청년연맹 가입단체는 모두 8개로 늘어났다. 창립대회에는 각 단체에서 3명씩의 대표가 참석

25 「무목청년연맹 창립준비」, 『조선일보』, 1924년 12월 24일, 조간 2면.
26 「무목연맹 준비」, 『조선일보』, 1924년 12월 26일, 조간 2면.
27 「연맹준비회 목포 남교동에서 개최」, 『시대일보』, 1925년 1월 12일, 2면.

하였다.

서태석과 함께 상무집행위원으로 창립을 준비해온 박승억이 개회 선언과 취지를 설명했다. 이어 의장으로 선출된 배치문의 진행으로 집행위원 선거가 있었다. 김일섭, 김필호, 박종식, 정두현, 강응원, 배치문, 나만성, 김해룡, 박복영, 김용택, 조극환, 서동오, 김상수, 송기화, 박승억이 집행위원으로 선출되었다.[28]

무목청년연맹은 공식적인 첫 행사로 '청년운동사상강연회'를 열었다. 1월 12일 오후 7시에 희성유치원에서 열린 강연회는 시작 전부터 수백 명의 청중이 운집하여 성황을 이루었다. 배치문의 개회사와 함께 사상 강연이 시작되었다. 첫 연사인 조극환은 '유무(有無)'를 주제로, 나만성은 '우리는 무산자이다'라는 주제로 강연하여 청중의 이목을 끌었다. 이어 박승억이 '계급적 자각'에 대하여, 그리고 서광래는 '신생활'이라는 주제로, 서광호는 '운동선의 통일'에 대하여 각각 열변을 토하고 단에서 내려왔다.

그러나 강연회에 임석한 일제 경관이 의자와 화병을 던지며 무례하게 굴어 장내의 공기는 매우 불안에 싸였다. 자칫 강연회가 중단될 위기에서 청중들이 "연사는 속히 등단하라"고 박수로 격려하여 강연회는 계속되었다. 마지막 순서로 임봉순은 '자본주의의 비애'란 제목으로 한 시간의 웅변을 토하여 박수갈채를 받음으로써

28 「무목청년연맹 창립」, 『조선일보』, 1925년 1월 13일, 조간 1면.

강연회는 대성황을 이루었다고 한다.[29]

이 강연회의 연사들 면면이나 강연 내용을 보면 무목청년연맹이 지향하던 사상적 지향이 잘 드러난다. 먼저 무목청년연맹의 의장을 맡은 배치문이나 첫 연사로 등장한 조극환은 당시 목포의 대표적인 사회주의 운동가였다. 다른 연사들도 대체로 사회주의자들이었다. 이날 강연의 주제 또한 대부분 자본주의를 비판하고 청년들의 계급의식을 고취하는 내용이 주를 이루었다. 이처럼 사회주의적 지향을 분명히 한 무목청년연맹은 한동안 목포를 중심으로 한 서남해 지역 청년운동의 구심체 역할을 했다.

무목청년연맹 창립 과정에서 서태석은 주도적 역할을 했다. 그런데 1월 10일 창립대회 이후 무목청년연맹 관련 기록에는 서태석의 이름이 보이지 않는다. 집행위원 등에도 서태석의 이름은 없다. 이유는 분명하다. 당시 서태석은 보석으로 석방된 상태였지만, 대구 복심법원의 재판을 앞두고 있었다. 재판이 종결되지 않은 상태에서 새로 창립한 단체에서 공식적인 역할을 맡는 건 적절치 않았다. 실제로 무목청년연맹 창립대회 무렵에 서태석은 대구 복심법원으로부터 1925년 2월 18일에 공판 일정이 잡혔다는 통보를 받았다.[30] 그런 사정 때문에 서태석은 무목청년연맹 조직을 주도했으면서도 정작 그 창립대회는 객석에서 지켜볼 수밖에 없었다.

29 「사상강연」, 『시대일보』, 1925년 1월 16일, 2면.
30 「암태사건 공판, 2월 18일에」, 『시대일보』, 1925년 1월 12일, 1면.

남녀강습소 설치와 포도리 피습 사건

:

보석으로 석방되어 고향으로 돌아온 이래 두어 달 동안 서태석은 암태도는 물론이고 서남해 지역 농민조직과 청년조직을 아우르는 지도자로 십분 활약했다. 그리고 무목청년연맹 창립 후에는 복심 공판을 위해 대구로 떠날 준비를 하였다. 그런 분위기에서 소작인회와 청년회는 감옥에서 고초를 겪은 서태석 등 전 간부 13명을 위로하기 위해 1925년 1월 19일 포도리[31] 강성태의 집에서 점심을 겸한 조촐한 피로연을 열었다. 조만간 복심공판을 받으러 대구로 떠나는 서태석 등에 대한 환송을 겸한 자리였다.

오후 1시쯤 피로연이 끝나자 서태석을 비롯한 간부들 일부는 본섬으로 돌아가고 김정순, 손학진 등 5, 6명은 남아서 포도리 일대에서 교육회비를 징수했다.

앞서 암태청년회는 1924년 12월 20일 임시총회에서 '남녀강습소 설치'를 결의한 바 있었다. 당시 암태보통학교는 학년당 4학급밖에 없어서 아이들의 취학률이 10% 정도에 머물렀다.[32] 때마침 1925년 첫 졸업생 배출을 앞두고 청년회를 중심으로 학급 증설 필요성이

31 포도리는 암태도 서남부에 딸린 섬 추포도에 있는 마을이다. 문재철의 고향마을인 수곡리에서 뱃길로 5리쯤 떨어져 있으며, '포도리'와 '추엽리' 두 마을이 있다. 지금은 수곡리에서 추포도까지 다리가 놓여 있다.

32 1932년 8월 기준 무안군 관내 15개 보통학교 재학생은 3,838명이었고, 당시 초등학교 취학적령 아동은 3만 4천여 명으로 취학률이 10% 조금 넘는 수준이었다(『신안군지』 2권, 636쪽 참조).

논의되었고, 이때 무안군에서는 암태면민들이 2,700원의 교육회비를 모금해주면 남자부에 5학급을 설치하겠다고 했다. 하지만 암태청년회는 남자부만 설치한다는 군의 제안을 거절했다. 차라리 그 돈으로 별도의 남녀강습소를 설치하여 여자아이들에게도 교육 기회를 제공하기로 한 것이다.[33] 이러한 사정으로 김정순, 손학진 등은 때마침 포도리에 온 김에 교육회비를 걷는 중이었다.

그런데 오후 2시경, 별안간 교육협회와 상조회 회원 100여 명이 포도리로 몰려 이들을 에워싸더니 다짜고짜 구타하기 시작했다. 김정순 등은 중과부적(衆寡不敵)으로 맞기만 했다. 포도리 사람 몇이 겨우 추포도를 빠져나가 소작인회에 그 사실을 알렸다. 하필이면 소작인회장 박복영은 포도리와 정반대 편에 있는 신석리에서 교육회비를 걷고 있었다. 뒤늦게 박복영은 이 사실을 전해 듣고 급히 6~7명의 소작인 회원과 함께 남강포구에서 배를 타고 날이 어두워진 뒤에야 포도리에 도착했다. 지주 측 습격자들은 이미 사라진 터였고, 김정순, 손학진 등 수금위원들과 포도리 마을 사람 몇 명이 부상을 입은 채로 누워있었다.

박복영 등은 이들을 간호하고 포도리에서 하룻밤을 묵은 후, 이튿날 상조회 측 문시준, 박봉빈을 포도리 강성태의 집으로 불러 전날의 습격 이유를 물었다. 문시준, 박봉빈은 제대로 답변을 못 하

33 「암태청년회에서 남녀교 경영 결의」, 『조선일보』, 1924년 12월 26일; 「암태청년활동, 여자강습소를 위하야 각 동리에 위원을 특파」, 『조선일보』, 1925년 1월 10일.

고 어물거리며 그저 잘못했다고 사죄했다. 박복영 등 소작인회 간부들은 일단 이들을 돌려보낸 뒤 다시 두 조로 나누어 포도리에서 교육회비를 거두기 시작했다. 그러던 중 상조회원 수십 명이 다시 포도리로 몰려와 이들을 습격하였다. 이날은 소작인회원들도 결사적으로 싸웠다. 양측에 부상자가 여럿 발생한 뒤에야 싸움은 진정되었다.[34]

포도리 습격 사건은 문재철의 지시로 이루어졌다. 소작인회 쪽에서 포도리에서 피로연을 가진 1월 19일, 문재철 또한 암태도로 건너와 수곡리, 추엽리, 도창리 사람들을 남강진 선두에 모아놓고 연회를 베풀었다. 그 자리에서 문재철은 이들 3개 마을에서 암태청년회와 소작인회에 대항하여 교육기관을 만들면 자신도 1,000원을 내놓겠다고 했다. 그러면서 포도리에 소작인회 측 사람들이 나와 있으니 가서 두들겨주라고 말하였다. 이에 세 마을 사람 20여 명은 남일환을 타고 4km쯤 떨어진 포도리에 건너가 소작인회 측 사람들을 습격하였고, 문재철은 그 배를 타고 목포로 돌아갔다.[35]

한편 문재철은 사촌 문응창을 시켜, 소작인회 회원들이 문시준과 문재봉을 구타하여 반쯤 죽게 하였다며 암태 주재소에 허위신고를 하도록 지시했다. 그에 따라 주재소 경찰이 포도리에 출동하

34 「문지주의 일파 소작간부를 습격」, 『조선일보』, 1925년 1월 24일.

35 「문재철 지주의 일파, 소작간부를 습격」, 『조선일보』, 1925년 1월 24일; 「문지주의 回測한 심장, 마름을 시켜…」, 『시대일보』, 1925년 1월 24일; 「지주 문재철, 백출하는 흉계독수(譎計毒手)」, 『동아일보』, 1925년 1월 27일.

여 상황을 살피고 돌아갔다.[36] 이어 2월 13일, 목포에서 14명의 경찰이 암태도로 건너와 손학진, 김정순, 김상규, 박응언, 박금담, 이봉오, 김세중 등 7명을 목포로 연행해갔다. 주민들에게 교육회비 기부를 강권했다는 이유였다. 연행된 7명 가운데 김상규와 손학진은 일단 방면되고 나머지 5명은 목포지청 검사국에서 조사받은 뒤, 협박, 공갈, 상해죄로 목포형무소에 수감되었다.[37] 일제 경찰이 문재철의 계략대로 움직여준 결과였다.

다시 시작된 옥살이

:

서태석과 서창석, 김연태 등은 경찰에서 풀려난 손학진과 함께 대구로 넘어갔다. 그런데 2월 18일로 예정된 대구복심공판은 같은 달 28일로 연기되었다. 목포 경찰에 연행된 손학진의 거취 때문에 서태석 등이 연기 신청을 하였는지 대구 복심법원 사정으로 연기된 것인지는 확실치 않다. 첫 복심 공판은 2월 28일 오전 10시에 열렸다. 이날 대구 복심법원 제1호 법정은 수많은 방청객으로 북적거렸다. 검사는 1심대로 서태석에게 징역 2년, 서창석은 징역 1년, 손학진과 김연태에게는 징역 8개월을 구형했다. 재판은 오후 4시

36 「문재철 지주의 일파, 소작간부를 습격」, 『조선일보』, 1925년 1월 24일.

37 「무안군 암태소작인을 검거, 입회를 강제 권유했다고」, 『동아일보』, 1925년 2월 16일; 「목포서 돌연활동, 암태에서 6명을 검거. 사건의 내용은 절대 비밀」, 『조선일보』, 1925년 2월 17일.

에야 끝났다. 이날 서태석은 보석 취소가 결정되어 법정 구속된 후 대구형무소에 수감되었다.[38]

이어 3월 13일, 복심법원은 서태석 등 4명에 대해 1심과 같은 형량을 선고했다. 서태석은 상고를 포기했다. 당시 재판부는 확정판결 이전의 구속 기간을 형기에 산입하지 않았으므로 서태석은 그날부터 2년 동안 고스란히 수형생활을 감내해야 했다. 한편 보석 석방 상태가 유지된 서창석, 김연태, 손학진 등은 복심 공판 후 곧바로 경성고등법원에 상고를 하였다. 다만 손학진의 경우에는 포도리 피습 사건으로 기소되어 4월 6일 재판에서 징역 8개월을 선고받음으로써 형기가 가중되었다. 이때 박응언과 김세중은 징역 8개월, 그리고 김정순, 박금담, 이권익 등은 징역 6개월을 선고받았다.[39]

한편 서창석, 김연태, 손학진 세 사람의 상고심은 1925년 6월 7일에 기각되었다. 그로써 1년 넘게 끌어온 소작쟁의 사건의 사법처리가 마무리되었고, 형기가 확정된 서창석, 김연태 등은 목포형무소에 수감되었다. 당시 조선일보 기사에 따르면 그날 암태도를 떠나는 이들을 위해 '소작인회 회원과 여학생 100여 명은 발동기 타는 부두에까지 와서 이들과 섭섭한 이별을 하였다'고 한다.[40] 대구교도소에 수감된 서태석 또한 목포형무소로 이감되어 남은 형기를 채웠다.

38 「암태소작쟁의 일심대로 구형」, 『조선일보』, 1925년 3월 8일, 조간 2면.
39 「암태사건 판결, 위연금 모집한 암태청년회 간부들」, 『동아일보』, 1925년 4월 29일.
40 「소작회 간부 상고 기각」, 『조선일보』, 1925년 6월 10일, 조간 2면.

서태석이 두 번째로 옥살이하는 동안에도 지주와 소작인 사이의 갈등은 계속되었다. 지주들은 소작쟁의에 조직적으로 대응하기 위해 1925년 4월 5일부터 6일까지 목포공회당에서 전남농담회(全南農談會)를 열었다. 이 모임에는 동양척식주식회사 목포지점장을 비롯한 일본인 지주 40여 명과 문재철 등 조선인 지주 6~7명이 참석했다. 이날 회의에서 전남농담회는 다음과 같은 입장을 정하여 공표했다.

> 소작쟁의의 근본 원인은 소작인의 궁박(窮迫)에서 비롯된 것이 아니라, 제3자인 불량주의자, 노농회 간부 등이 선동한 결과이며, 소작인은 일시 부화뇌동(附和雷同)한 것이니 당국에서는 저들을 엄중히 취체(取締)하지 아니하면 도저히 산업개발을 기하기 어렵다.[41]

전남농담회는 이러한 내용을 담은 청원서를 당국에 제출했다. 지주들은 소작쟁의 지도자로 감옥에 갇혀 있는 서태석 등을 '불량주의자'로, 그리고 소작 농민들을 이들의 선동에 부화뇌동한 '무지렁이'로 몰아갔다. 예나 지금이나 착취계급이 사회 내부의 착취구조를 은폐하고 저항하는 세력을 이간질할 때 흔히 쓰는 논리이다. 그러나 지주들의 이러한 모략은 소작 농민들의 투쟁에 별 영향을 끼치지 못하였다. 소작 농민들은 이미 스스로 주체가 되어 민주적 의사 결정에 따라 자발적인 투쟁을 이어가고 있었다.

41 「지주와 소작쟁의, 취체를 진정한 전남농담회」, 『동아일보』, 1925년 4월 12일.

이어지는 갈등과 '암태농민조합'의 탄생

:

1925년 추수기를 앞두고 소작 농민들의 소작료 인하 투쟁은 지도, 도초도, 자은도, 매화도 등지로 확산하였다. 지주들은 바짝 긴장했다. 특히 암태도뿐만 아니라 도초도와 자은도 등지에서도 최대 지주였던 문재철은 섬 지역 지주들을 조직하여 소작쟁의에 대해 공동 대응하기로 했다. 그리하여 1925년 9월에 문재철은 전남농담회를 모방한 '다도농담회(多島農談會)'를 결성했다.

추수를 앞두고서 암태도를 중심으로 일대 소작 농민들이 결집하는 한편 문재철을 중심으로 지주들이 결집하는 양상이었다. 들판에 곡식이 누렇게 익어갈수록 다도해 일대에는 긴장감이 흘렀다. 목포 경찰도 이러한 상황을 예의주시했다. 암태도와 같은 소작인 투쟁이 재현되는 것을 극도로 경계하던 일제 경찰은 소작인과 지주 사이의 긴장이 고조되면 재빨리 중재에 나서 지주 측의 양보를 촉구했다. 물론 일제 경찰이 소작인의 처지를 생각해서 그런 건 아니었다. 당시 '산미증식계획'을 추진 중이던 일제는 소작쟁의로 인해 쌀 수확에 차질이 생기는 상황을 예방하는 데 주력한 것이다.

어쨌든 소작쟁의가 널리 확산하는 가운데서도 지주와 소작인 간에 큰 충돌은 일어나지 않았다. 암태도 소작쟁의 덕분에 인근 도서 지역 소작인들은 어느 정도 개량적 성과를 누리게 되었다. 암태도 소작 농민들의 투쟁은 암태도뿐만 아니라 인근 도서 지역, 나아가 조선 전역의 소작 농민들에게 큰 영향을 미쳤다.

한편 1925년 추수기를 맞아 암태소작인회는, 전년도에 문재철이 소작료 감정을 무한정 미룸으로써 큰 고초를 겪은 터라 미리 대책을 세웠다. 즉 소작료 감정 날짜를 소작인회 측에서 통보하면 그 날짜에 지주 측과 소작인회 측 감정위원들이 공동으로 현장에서 감정하기로 한 것이다. 게다가 지주 측에서 감정에 나오지 않으면 소작인 측 감정위원이 4할 기준으로 소작료를 결정하기로 했다. 지주들은 대부분은 이 방침을 수용했다.

다만 문재철은 이에 불응하여 소작료 5할을 고집하고, 실제 감정에서는 수확량을 늘려 잡아 5할보다 훨씬 많은 소작료를 책정하는 등 여전히 횡포를 부렸다. 문재철 측의 이러한 횡포에 대하여 1925년 11월 3일, 소작인들은 도창리로 감정을 나온 지주 측 감정위원과 상조회, 농담회 간부들을 쫓아버리기도 했다.[42]

1925년 11월 10일 암태소작인회는 임시집행위원회를 열고, 1923년도 불납 소작료 전부를 모아서 소작인회에서 보관하다가 문재철이 소작인회 측에 2,000원을 지급하기로 한 약속을 이행한 뒤에 소작료를 내기로 하였다. 또 밭 소작료는 3할로 하고, 전남노농연맹에 가입하며, 악지주의 명부를 작성하고 그 죄악을 조사하여 공포한다는 등의 내용을 의결하였다.[43]

그런 가운데 문재철과 천후빈, 주도 세이타로(中道淸太郎) 등 암태도

42 「암태소작회 신규정, 지주 입회하에 4할씩을 감정」, 『조선일보』, 1925년 11월 14일.
43 「암태소작위원회 諸 결의, 거 11일 임시회서」, 『동아일보』, 1925년 11월 19일.

지주들은 자신들이 감정한 소작료 납부고지서를 '다도농담회'의 이름으로 소작인들에게 보냈는데, 그 액수가 실제 수확량의 6~8할에 달했다. 이에 대해 소작인회 측에게 11일 임시회서서는 11월 22일에 임시총회를 열었고, 이날 총회에 참석한 700여 명의 소작회원은 지주의 납부고지서를 모두 반송하기로 결의하였다. 소작인회는 소위 다도농담회를 인정하지 않으며, 지주 측의 집조(執租) 방법은 탁상 계산에 불과하고, 소작인회 회원은 4할을 초과하는 소작료는 내지 않겠다고 결의한 바가 있다는 것 등 세 가지를 반송의 이유로 들었다.[44]

암태소작인회는 1925년도 소작료에 대해, 소작인회에서 정당한 절차에 따라 감정한 내용을 각 지주에 통지하고, 만약 지주가 이에 불응하면 불납 동맹을 한다는 점을 명확히 했다. 또 전년도 이전의 불납 소작료에 대해서는 소작인회에서 모두 모아 보관하다가 문재철이 2,000원의 기부 약속을 이행하면 납부하기로 했다.[45] 암태소작인회의 이런 방침은 대부분 관철되었다.

다만 그 후에도 문재철이 소작인회에 2,000원을 기부했다는 기록이 없으며, 1924년 이전 불납 소작료를 받아 간 기록도 보이지 않는다. 그 점으로 미루어 문재철의 기부금 2,000원과 불납 소작료는 서

44 「암태소작 임시총회 7백여 명 출석, 암태소작인 고지서 반려」, 『조선일보』, 1925년 11월 28일.

45 「암태소작회 임총, 소작료에 대한 강제집행 문제에 결사대항 선언」, 『동아일보』, 1925년 12월 1일.

로 상쇄된 것으로 보인다. 그로써 1924년부터 전국을 뒤흔든 암태도 소작쟁의는, 비록 순조롭지는 않았지만 1925년 추수기를 지나면서 대체로 소작료 4할 등의 요구가 관철된 가운데 어느 정도 일단락되었다.

1926년 1월 30일, 암태소작인회는 '암태농민조합'으로 이름을 바꾸었다. 기존 소작인뿐만 아니라 영세한 자작농이나 자소작농까지 참여하는 단체로 변모한 것이다. 당시의 시대상을 반영한 결과였다.

1920년대 일제의 산미증식계획으로 조선의 단위 면적당 쌀 수확량은 어느 정도 증가했지만, 일제의 수탈이 더욱 강화된 탓에 중소 자작농이 소작농으로 전락하는 경우가 많았다. 일제는 실질적으로 대지주들이 소유한 토지의 개량을 위한 수리 시설 등의 공사를 벌이고 그 비용을 영세 자작농이나 소작농에게까지 부담케 하였다. 그 과정에서 중소 지주나 영세 자작농이 줄어들면서 농촌사회가 양극화했다.

이러한 현실을 반영하여 중소 자작농까지 참여하는 조직으로 탈바꿈한 암태농민조합은 지주의 횡포에 대응하기 위해 각 마을에 '농민단'을 조직하였다. 그리고 소작권의 영구 보존, 논 4할, 밭 3할 이내의 소작료 유지, 지주의 무리한 계약 절대 거절, 1리를 초과하는 소작료 운반에 대한 임금 요구, 각 마을에 야학 개최 등을 결의했다.[46]

암태농민조합은 다른 지역의 농민조직과는 비교가 안 될 정도로 강한 조직력을 갖추고서 지주의 횡포에 맞서 싸웠다.

1926년 봄 지주 문재철과 천후빈은 전년도 소작료를 예정된 기일까지 내지 않았다는 이유로 농민조합 조합원 30여 명의 소작권을 강제로 회수했다. 이에 대해 농민조합 측은 4월 21일에 긴급총회를 열어 소작권 이동을 반드시 막을 것을 결의하고[47] 지주와 맞서 싸웠다. 또한 모내기 철을 앞두고 소작권이 이동된 논을 매개로 신구 소작인 간의 싸움도 잦았다. 이에 암태면 주재소의 보고를 받은 목포경찰서에서 경찰 간부를 파견하여 소작권을 원래대로 복구하도록 중재하여 갈등 확산을 방지하기도 했다.[48]

한편 암태도 소작쟁의의 성공은 인접한 섬 지역 소작인은 물론이고 전국 각지의 소작 농민들에게 저항 의식을 일깨워주었다. 그 성공의 배경에는 무엇보다도 소작인회원들의 강고한 단결이 있었다. 소작인회 회원들은 창립 이래 놀라울 정도로 강한 단결력을 유지했다. 물론 지주의 꾐에 빠져 소작인들을 배신한 농민들도 있었지만, 소작회원 대부분은 쉽게 흔들리지 않았다. 이처럼 암태소작인회가 견고한 단결력을 유지할 수 있었던 데에는 서태석이라는 확실한 구심점이 있었다.

암태소작인회가 줄곧 '직접민주주의' 절차에 따라 운영되었다는 점도 중요하다. 암태소작인회는 중요한 의제가 발생하면 수시로

46 「암태소작 임총」, 『조선일보』, 1926년 2월 4일.
47 「소작권 문제로 농민조합 임총, 21일 암태서」, 『동아일보』, 1926년 4월 28일.
48 「암태면 소작쟁의, 의연우복분규, 가혹한 지주의 처치로 작인이 畓中에 난투」, 『매일신보』, 1926년 5월 24일.

임시총회를 소집하여 의제에 대해 충분히 토론한 뒤 표결을 통해 결정했다. 실제로 암태소작인회는 월평균 1회 이상 총회를 열었고, 그때마다 500~1,000명의 회원이 참석하여 의사 결정권을 행사했다. 이처럼 스스로 토론과 의사 결정에 참여하는 과정에서 암태도 소작 농민들은 민주주의를 학습하고 높은 사회의식을 갖추게 되었다. 일제 당국의 탄압으로 누차 집행부가 와해 될 때마다 암태소작인회가 새로운 지도부를 구성하여 흔들림 없이 운영될 수 있었던 이유도 거기에 있었다.

한편 암태도 소작쟁의 과정에서 소작인 회원들의 의식 수준이 급격히 높아진 데에는 서태석을 매개로 한 서울청년회 활동가들의 역할이 컸다. 양은호의 기록에 따르면 '사건이 악화되기 전에 서태석 씨는 서울에 노동위원회, 해방동맹, 형평사동맹위원회 등에 참가하여 국내 사상가로는 모르는 사람이 없었다'고 한다. 또 '서울청년회에서 박노영[49], 이교헌[50], 조병태 등이 내도(來島)하여' 암태도 주민들의 의식을 고취하는 교육을 진행했다. 양은호의 글에는 서태석이 장성의 기노춘[51], 나주 이항발[52], 영암 조극환[53], 완도 김상규,

49 박노영은 1900년 8월 17일 함경북도 부령 출신으로 경성고보에 다니다가 3·1운동을 맞아 강기덕 등과 함께 시내 만세 시위에 참여했다. 또 1919년 3월 6일에는 학생 중심의 2차 만세 시위에 참여, 한위건 쓴 선언문을 배포한 일로 체포되어 그해 11월부터 보안법 등 위반으로 서대문형무소에서 2년간 옥고를 치렀다. 1921년 출옥 후에는 신문기자로 일하며 상하이 임시정부의 연통제와 관련된 활동도 했다. 서울청년회에 참여, 1925년 4월 전조선노농대회 준비위원, 1927년 여름 조선공산당 및 고려공산청년회에서 활동했다.

50 1919년 4월 한성정부 수립 국민대회 관련자로 김사국 장채극 등과 함께 활동했다.

지도 김상수, 자라도 문찬숙 등과 자주 내왕했다는 내용도 나온다. 이 가운데 기노춘, 이항발, 조극환은 모두 서울청년회와 관계를 맺고 활동한 전남 지역의 사회주의자들로, 서태석과 가까운 동지들이었다.

51 1897년 전남 담양 출신으로, 3·1운동 이후 중국으로 망명하여 중국대학(中國大學) 2학년을 수료했다. 중국공산당에 입당, 베이징(北京) 한인청년회에서 활동하다가 귀국하여 1925년부터 서울청년회에서 활동한 사회주의자였다. 1925년 4월 전조선노농대회 준비위원, 고려공산청년동맹 전남 책임자를 역임하였고, 전남청년회연합회에 참여, 조선사회단체중앙협의회 창립준비위원 등의 활동을 하였다.

52 이항발(李恒發, 1891~1957)은 전남 나주 출신으로, 경성고보, 연희전문학교 등에서 공부했다. 1921년 독립자금 모집 건으로 1년간 옥살이를 하고 1922년 봄에 출옥하여 서울청년회에 가입한 뒤 자유노동조합 결성에 참여했다. 1923년 1월 '신생활지 필화사건'에 연루되어 2년 6개월간 투옥되었다가 1925년 초 출옥 후에는 나주 지역의 청년, 노농단체에서 활동했다. 1927년 5월 조선사회단체중앙협의회 창립대회, 1927년 9월 신간회 나주지회 등에 참여했다. 1929년 조선공산청년회 재건에 참여하고 그해 11월 광주학생운동 관련 활동을 하다가 검거되어 징역 10월형을 선고받았다. 1930년 11월 신간회 중앙상무집행위원회, 1931년 4월 나주노동조합 결성에 참여하고 1932년 12월 검거되어 징역 2년을 선고받고 1934년 출소 후 서울에서 거주했다.

53 조극환(曺克煥, 1887~1966)은 전남 영암 출신으로, 한성사범학교 졸업 후 영암보통학교 교사로 재직하며 1919년 4월 영암 만세 시위운동을 주도, 2년간 옥고를 치렀다. 1922년을 전후하여 영암청년회, 수의위친계에 가담했고 1924년부터 목포청년회에서 활동하며 그해 9월 목포무산청년회 결성을 주도했다. 1925년 1월 서태석과 함께 무목(務木)청년연맹을 결성하였고 이후 목포지역을 중심으로 서울청년회, 화요회 등 사회주의 조직과 연계된 활동을 하며 1926년에는 목포제유노동조합 파업에 관여했다. 1927년부터는 목포신간회에서 활동하며 조선공산당에 입당, 목포 야체이까 책임자로 활동하다가 그해 9월 검거되어 징역 3년을 선고받는다.

“

7장

궁극적인 해방을 위하여

”

7장 궁극적인 해방을 위하여

'노동쟁의, 소작쟁의에 붉은색이 돌고 있다'

:

서태석이 목포형무소에서 수감생활을 하던 1920년대 중반 조선 사회에서는 사회주의가 보편적 희망으로 자리를 잡아갔다. 이러한 사실은 당시 일제 경찰이 상급 기관에 올린 보고서에도 나타난다. 보고서에는 '독립운동이 실패를 거듭함으로써 초조해진 민중에게 사회주의운동은 일종의 자극과 광명을 주었다'거나 '노동쟁의 소작쟁의에 붉은색이 돌고 있다', '거의 모든 파업과 소작쟁의 배후에는 사회주의자들이 있다', '조선문 신문 지상의 특호 활자는 모두 공산당 사건으로 인쇄하여 있다고 해도 과언이 아니다'[1] 등의 내용이 나온다.

1 지중세 역편, 『조선 사상범 검거 실화집』, 돌베개, 1984, 227쪽에서 재인용.

일제 경찰의 이러한 보고 내용은 과장이 아니었다. 당시 조선 사회는 사회주의를 보편적 사상으로 받아들이게 되었다.

사회주의 사상이 처음으로 등장한 곳은 자본주의 모순이 분출하기 시작한 19세기 유럽이었다. 초기 사회주의는 유토피아 지향의 공상적인 모습으로 나타났다. 그러다가 19세기 중반에 마르크스와 엥겔스 등에 의해 이론적으로 정교하게 다듬어졌다. 이것을 흔히 '과학적 사회주의', 또는 '마르크스주의'라고 부른다. 마르크스주의에서 공산주의(communism)는 인류 역사의 궁극적인 이상향을 말하며, 사회주의(socialism)는 그런 공산주의 사회로 진행하는 과도기적 단계를 의미한다. 다만 우리나라에서는 일제 강점기부터 두 개념을 굳이 구별하지 않고 상황에 따라 동의어처럼 사용했다.

대중적으로 사회주의가 확산하는 분위기에서 조선 사회주의 세력은 통일적 당 건설을 위해 노력했다. 그 결과 1925년 4월 18일에 조선공산당을 창당하기에 이른다. 조선공산당은 박헌영, 조봉암, 김재봉 등의 화요회가 중심이 되고 여기에 김약수, 송봉우 등 북풍회 공산주의 그룹과 이봉수, 유진희, 주종건 등 상해파 일부가 가담하는 방식으로 결성되었다. 당 책임비서에는 화요회의 김재봉이 선출되었고 당원은 120여 명이었다. 이 가운데 100여 명은 화요회 계열이고 나머지는 북풍회와 상해파였다.

그러나 조선공산당은 코민테른(국제공산당)으로부터 지부 승인을 받지 못하였다. 1925년 9월 25일 코민테른 집행위원회는 특히 화요파 일색으로 구성된 조선공산당 지도부를 공식적으로 인정할 수 없다는 결정을 내렸다. 게다가 지도부에서 배제된 북풍회 계열 당원들의 탈당이 가속화되었다.

그러던 1925년 11월 22일, '신의주 사건'을 계기로 조선공산당에 대대적인 검거 선풍이 불어닥쳤다. 사건의 발단은 '신만청년회'에서 비롯되었다. 신만청년회는 조선공산당의 국경 연락 책임을 맡은 독고전, 임형관, 김경서 등 사회주의자들이 주도한 신의주의 합법적 청년단체였다. 1925년 11월 22일 저녁, 신의주의 한 요릿집에서 이 단체 회원들과 신의주경찰서 소속 형사들 사이에 사소한 일로 시비가 붙어 폭행으로 번졌고, 이 문제로 신의주 경찰이 신만청년회 회원들의 집을 수색하는 과정에서 공청 책임비서 박헌영이 작성하여 상하이로 보내려던 '회원자격 사표'와 통신문 3통이 발각되고 만 것이다.

이러한 내용이 종로 경찰에 보고되면서 단순폭행 사건이 조선공산당과 관련된 대규모 사상 사건으로 바뀌었다. 조선공산당에 대한 대규모 검거 열풍이 시작되었다. 11월 29일에는 박헌영과 그의 부인 주세죽이 체포되었고, 이어 유진희, 주종건 등도 같은 날 검거되었다. 12월 19일에는 당 책임비서 김재봉도 망명을 시도하다가 체포당하였다. 검거를 피한 김단야 등 나머지 간부들은 겨우 해외로 빠져나갔다. 체포된 당원은 모두 178명이고, 그중 22명이 구속되었다. 이른바 1차 조선공산당 탄압 사건이다.

조선공산당은 창당 8개월 만에 집행부가 무너지는 타격을 입었다. 그런 와중에서 1925년 12월, 강달영을 책임비서로 하고 상해파의 김철수, 이봉수 등이 참여하는 새로운 집행부가 구성되었다. 강달영 집행부는 1차 조선공산당 사건이 마무리될 무렵인 1926년 2월부터 본격적으로 당 재건에 착수했다. 강달영 집행부는 해외로 망명한 간부들과의 관계를 정리하는 한편 신의주 사건으로 무너진 당 조직을 정비하였다. 지방조직도 착실하게 확대해 나갔다.

통일적 당 설립을 위한 노력

:

한편 서울파 사회주의 세력은 국내 사회주의 계열의 최대조직이면서도 화요파 중심의 조선공산당 창당 과정에서 배제되었다. 따라서 서울파는 공산주의 조직인 고려공산동맹은 자체적인 통일적 당 건설 사업을 계획하고 조선공산당 창당대회 전날인 1925년 4월 16일에 2차 대회를 소집하였다. 조선공산당의 전조선기자대회와 전조선민중운동자대회(사실상 조선공산당 당대회)에 맞불을 놓기 위한 대회였다. 조선공산당의 공식성을 인정하지 않겠다는 의지를 별도의 대회를 열어 표출한 셈이다.

이 대회에는 59개 야체이카[2] 정회원 269명과 후보 회원 126명이 참여하였고 김사국, 정백, 이영, 박형병, 강택진, 이운혁 등 16명의 중앙위원이 선출되었다. 이들은 13도에 지역조직을 설립하고, 모든

2 공산주의, 사회주의 활동가들의 기초 단위를 뜻하는 러시아어.

야체이카는 중앙기관의 지도록 받도록 하는 엄격한 민주집중제 원칙을 확립할 것을 결의하였다.

1925년 9월 코민테른 집행위원회에서 조선공산당의 지부 승인을 유보하는 결정을 내리면서 서울파와 고려공산동맹은 더욱 고무되었다. 그리하여 1925년 10월 10일에는 김사국, 이영, 박형병, 이병의 등 20여 명의 서울파 사회주의자들은 서울에 합법적 사상단체인 '전진회'를 결성하고, 전국 13도에 합법적 사상단체를 조직하며 세력을 넓혀 갔다. 이때 전남 지역에는 '전남해방운동자동맹'이 결성되었다. 서태석과 무목청년연맹을 함께 조직한 목포의 조극환이 전남해방운동자동맹 집행위원으로 활동했다.

그러던 1925년 11월에 조선공산당이 '신의주 사건'으로 탄압받은 직후 서울파는 강달영 집행부의 조선공산당과 통합논의를 벌였다. 하지만 의견 차이로 통합은 성사되지 않았다. 그 후 서울파는 조선공산당을 이탈한 북풍파, 그리고 중립노선을 유지하던 조선노동당과 연대를 추진하고 통일적 공산당 조직 준비에 합의했다. 이른바 '서북노 3파'의 합동이 이루어진 것이다.

1926년 2월에 서북노 3파는 공동명의로 코민테른에 '통일적 당 건설에 대한 제안서'를 제출했다. 제안서에는 조선 내 전체 공산주의 그룹의 통일에 의한 당 창립 방침을 담았다. 말하자면 조선공산당을 비롯한 모든 공산당 지도 기관을 해산한 뒤 새로운 절차에 따라 통일된 공산당을 조직하자는 것이었다.

그런데 서북노 3파의 이러한 제안은 오히려 코민테른이 그간 지부 승인을 보류했던 조선공산당을 정식으로 승인하는 계기로 작용했다. 이미 1925년에 조선공산당 지부 승인 요청을 받아 보류 중인 터에 또 다른 지부 승인 요청이 들어오자 코민테른은 이를 조선 내 공산주의 분파 간의 대립으로 간주하였다. 1국 1당 원칙에 따라 코민테른은 하나의 지부만을 인정해야 했다. 1926년 3월 31일, 코민테른 상임위원회는 '조선 문제에 대한 결정'에서 "통일적인 민족혁명전선의 창립을 위한 조직적인 활동을 전개해야 한다"는 단서를 전제로 조선공산당을 코민테른 지부로 공식 승인하였다.

그로써 서북노 3파의 통일적 당 창건 노력은 무산되었다. 다만 화요파에 의해 조선공산당에서 배제되었던 서울파는 코민테른의 결정을 통해 조선공산당의 분파로 인정받게 되었다.

한편 코민테른의 3월 결정 이후 공산주의 분파 간의 주된 관심은 민족 통일전선 노선을 관철하는 쪽으로 모아졌다. 일제 강점기 공산주의운동은 민족해방을 당면의 과제로 설정하고 있었다. 이들에게 민족해방과 계급해방은 분리된 과제가 아니었다. 분파를 막론하고 모든 사회주의운동 세력은 민족 통일전선을 대의로 받아들였다.

강달영 집행부의 조선공산당은 민족 통일전선 구축에 역량을 쏟았다. 또한 민족 통일전선을 기반으로 대중적 항일 시위를 계획하였다. 때마침 4월 25일 조선조 마지막 임금 순종이 사망했다. 조선 민중은 집단적 비애감에 빠졌다. 창덕궁 앞에서는 날마다 수천 명의 군중이 모여 통곡하는 광경이 펼쳐졌다. 조선 민중은 식민지 체제에 대한 분노와 슬픔을 임금의 죽음에 투영하여 목 놓아 울었다.

조선공산당은 이러한 정세를 3·1운동 수준의 만세 시위운동의 기회로 활용하기로 했다. 그리하여 민족주의 성향의 천도교 구파와 함께 사회주의, 민족주의, 종교계, 청년 학생 등을 망라한 전 민족적 범위의 '대한독립당'을 조직하고 순종 장례일인 6월 10일에 대규모 만세 시위를 벌이기로 했다. 하지만 6월 5일에 그 계획은 우연한 계기를 통해 일제 경찰에 발각되었고, 대대적인 검거가 시작되었다. 사건은 순식간에 제2차 조선공산당 탄압 사건으로 번졌다. 책임비서 강달영은 잠적하여 체포를 면하였지만 6·10 만세 투쟁 지도부는 사실상 무너지고 말았다.

그런 와중에서도 순종 장례일이 되자 조선공산당은 공산청년회원과 학생들을 최대한 동원하여 6·10 만세운동을 강행했다. 물론 기대한 만큼 대규모 시위는 일어나지 않았다. 대신 소규모 시위대가 곳곳에서 국지적인 만세운동을 펼쳤다. 비록 규모는 축소되었지만, 6·10 만세운동은 공산주의 세력과 민족운동 세력이 공동전선을 형성하여 대규모 항일 시위를 계획했다는 점만으로도 역사적 의의가 있었다.

한편 1926년 6월 6일부터 8월 말까지 조선공산당 당원 146명 중 130여 명이 검거되었다. 후보 당원을 포함해도 절반 가까운 숫자였다. 조선공산당은 존립 자체가 위태롭게 되었다. 하지만 그런 상황에서도 검거를 면한 김철수 책임비서를 중심으로 3차 조선공산당이 출범하였다.

김철수 책임비서 시기의 조선공산당은 여느 때보다 공산주의 그룹의 통일이 필요했다. 그것은 코민테른의 지부 승인 조건이었다. 게다가 두 번의 대대적인 탄압으로 세력이 약화한 조선공산당의 활로를 찾기 위해서도 당 통일이 절실했다.

두 번째 옥살이를 마치고

1927년 2월 26일. 서태석은 목포형무소에서 출소하였다. 1924년 4월, 조선노농대회 참석차 상경 도중, 대전에서 체포된 지 2년 10개월 만이었다. 도중에 3개월여의 보석 석방 기간을 제외하더라도 2년 7개월가량을 꼬박 일제 형무소에 갇혀 있다가 풀려난 셈이다. 이와 관련하여 1927년 3월 3일 조선일보는 '암태소작쟁의 수뇌(首腦)자'로 지목된 서태석이 '목포형무소에서 광주, 대구로부터 도로 목포형무소에까지 만 3개년 동안을 하루같이 철창의 고초를 받다가 17일의 감형을 받아' 출소했다고 보도했다.

서태석이 대구 복심법원에서 최종 선고받은 형기는 2년이었다. 그러함에도 '만 3개년' 가까이 옥살이를 한 이유는, 미결 기간과 보석 석방 기간을 형기에서 제외하던 일제의 악랄한 형법 때문이었다. 어쨌든 고향으로 돌아온 서태석은 농민들의 뜨거운 환영을 받았다. 조선일보는 당시 상황을 이렇게 보도했다.

> 미리부터 이 소식을 들은 각지 동지자 및 친척 고구(故舊)의 성대한 환영이 있었다는데, 서태석 씨는 기미운동 이후로 사회생활 할 여가가

없이 지금까지 누설(縲絏, 죄인을 옥중에 매어둠)의 몸을 면치 못하였다더라.[3]

조선일보 기사는 결코 과장이 아니었다. 실제로 서태석은 1919년 3·1운동 이후 일제 경찰에 네 차례나 체포 구금되었고 그중 두 번은 각각 15개월과 31개월의 실형을 살았다. 나머지 두 번은 무혐의로 풀려나긴 했지만, 경찰서에 구금되어 보름 이상씩 조사를 받았다. 이러한 기간을 더하면 3·1운동 이후 서태석은 4년 가까운 세월을 경찰서 유치장, 또는 형무소에서 보낸 셈이다.

그 사이에 서태석은 마흔을 훌쩍 넘겨 불혹의 나이에 접어들었다. 서태석은 수형 기간에 쌓인 피로를 풀면서 한 달 남짓 암태도에 머물렀다. 하지만 이 기간에도 온전한 휴식을 취한 건은 아니었다. 당시 암태농민조합은 '암태산업조합' 창립을 준비하고 있었다.

지금의 협동조합을 일제 당국은 '산업조합'이라 불렀다. 소작 농민들의 계급적 각성과 소작쟁의 등의 저항으로 전통적인 지주와 소작인 사이의 착취관계에 균열이 가기 시작했다. 그사이에 조선 농촌사회는 점점 상품생산과 화폐교환을 근간으로 하는 자본주의적 농업으로 변모하고 있었다. 이에 일제는 '농민 경제의 안정'이라는 구실로 산업조합 설립을 장려하면서 1926년 1월에 그 법적 기반인 '조산산업조합령'을 공포하였다.

3 「서태석 군 출옥, 암태소작쟁의 수뇌자」, 『조선일보』, 1927년 3월 3일, 조간 2면.

이러한 변화 속에서 농민들 또한 농업시설이나 농자재의 구매, 생산 작물의 위탁판매 등을 하는 산업조합을 설립할 필요성을 느꼈다. 사회주의 세력을 포함한 민족해방운동 세력도 1910년대에 등장하여 고리대금을 일삼던 관제 금융조합과 같은 협동조합의 역할은 반대했으나 농민들의 자발적인 산업조합 설립의 필요성은 인정했다. 이와 같은 맥락에서 암태농민조합도 산업조합 설립을 추진하고 있었다.

때마침 출옥하여 암태도에 머물던 서태석은 암태농민조합의 산업조합 설립 준비과정에 관여했다. 그리고 1927년 3월 27일, 암태여학원 강당에서 '암태산업조합 발기준비회'를 열었다. 회의는 오후 4시부터 암태여학원에서 열렸다. 이와 관련하여 조선일보는 '서태석 씨의 사회로 취지 설명이 있은 후 임석 회원 60여 명의 찬동으로 동 조합을 설립키로 결의한 뒤 준비위원을 좌(左)와 같이 선정하고 동 6시에 산회(散會)하였다'[4]고 보도했다.

이날 준비위원으로는 윤두성, 박봉수, 서광원, 박용산, 서강석, 서동오, 서상매, 박호일, 박인수, 조병언, 김연태, 윤기선 등이 선정되었다. 다만 설립 준비를 주도한 서태석의 이름이 준비위원 명단에 포함되지 않았다. 이는 서태석이 목포형무소 출옥 후 암태도에서 그리 오래 머물지 않고 외지에 나가 다른 활동을 벌였음을 의미한다.

4 「암태산업조합 설립준비회」, 『조선일보』, 1927년 4월 2일, 조간 1면.

서울파의 분열과 조선사회단체중앙협의회 창립

:

서태석이 출옥했을 무렵 조선 사회운동의 화두는 통일, 통합, 협동 등이었다. 사회주의 세력 내에서는 조선공산당과 서울파 고려공산동맹 등 여러 공산주의 그룹이 '통일' 공산당 건설을 당면 과제로 삼고 지속적인 노력을 기울이고 있었다. 이와 별개로 각 공산주의 그룹은 전국적 사회단체 '통합'의 주도권을 잡기 위해 경쟁했다. 사회주의 세력과 민족주의 세력 간의 '협동'과 관련된 논쟁도 이어졌다.

한편으로 1926년부터 모든 사회운동 세력은 '민족 대단결'을 지상과제로 삼고 좌우합작에 의한 단일당 건설에 노력하였다. 그 결과 1927년 2월 15일에는 사회주의 세력과 민족주의 세력이 손을 잡고 이른바 '민족단일당' 신간회를 창립하였다. 일제에 대항하여 양대 사회운동 세력이 하나의 전선으로 규합한 것이다.

공산주의 세력 사이에서도 분파주의 청산을 위한 움직임이 활발하게 일어났다. 조선공산당과 고려공산동맹 지도부도 조선공산당 창당 전후 사회주의자들의 분열을 운동의 필연적 과정으로 이해했다. 그리고 기존 그룹을 통합하는 방식의 통일적 당 건설을 과제로 삼아 비밀리에 몇 차례의 협상을 벌이기도 했다. 특히 서울파의 이면 조직인 고려공산청년동맹을 중심으로 조선공산당을 인정하고 당 통합을 이루어야 한다고 생각하는 사람들, 즉 '서울 신파'가 등장하면서 당통합의 새로운 전기가 마련되었다.

秘 京城地方法院検事正

警秘 昭和二年五月十七日 第五五〇四号

京城鍾路警察署長

朝鮮社会団体中央協議会創立大会ニ関スル件

首題会ハ昨十六日午前十一時ヨリ中央基督教青年会館ニ於テ開催シ出席者二百八十二名ニ達シタルガ元来本会ハ昨年十二月前進会即チ付邑系主義者等ノ主催ニ依リ創立ノ計画ヲ樹立セラレタルモノニシテ其ノ目的タルヤ当時鮮内ニ全盛ヲ極メタル火曜系ノ勢力ニ対スル反抗策略ニ出デタルモノニシテ付邑系ニテハ之ガ創立ノ為メ約一年有半ノ長期間総エル苦心惨憺ニ其準備ニ急ギツヽアリシガ客臘全会ニハ運動方針ニ関スル見解ノ衝突ヨリ内訌ヲ生ズルニ至リ韓慎教任鳳淳等ノ保守派少数ヲ除クノ外大部分ハ新進派ノ傘下ニ集リ此等新進派ハ更ニ火曜系

서울 신파는 화요파의 고려공산청년회, 혁명사, 일월회 등과 손잡고 1926년 3월, 서울에서 '레닌주의동맹'이라는 모임을 결성했다. 나중에 이들은 'ML파'로 불리게 된다. 이 모임에 대해 "분파 극복을 내세운 또 다른 분파"라는 비판도 있었지만 어쨌든 당 통일 의지를 행동으로 보여주었다는 점은 인정할 만했다.

이어 1926년 4월에는 북풍회, 화요회, 조선노동당, 무산자동맹 등의 공산주의 그룹들이 4단체의 발전적 해체를 결의하고, 새롭게 정우회가 출범했다. 이러한 연장선에서 1926년 11월에는 조선공산당과 고려공산동맹의 통합 결의가 있었다. 이른바 '정우회 선언'이다.

정우회 선언 이후 서울 신파의 조선공산당 입당이 줄을 이었다. 이러한 분위기에서 조선공산당은 1926년 12월 6일 저녁부터 다음날 새벽까지 서울의 한 민가에서 비밀리에 제2차 당대회를 열었다. 이 대회에서 정우회 선언을 주도한 ML파의 안광천이 책임비서를 맡게 되었다. 안광천은 분파 투쟁에 관여한 적이 없어서 각 분파를 망라한 조선공산당을 이끄는데 적임자라는 이유였다. 안광천 책임비서 체제의 등장으로 조선공산당의 주도권은 ML파가 장악하게 되었다. ML파 조선공산당은 민족주의 진영과의 민족협동전선 방침을 확고히 하고 1927년 1월 19일에 신간회 발기를 공표했다.

이처럼 통일적 당 건설 움직임이 진전을 이루는 상황에서도 서울파의 구파는 조선공산당 입당을 거부하였다. 서울파는 민족협동전선체로 신간회가 유일당으로 추진되자 이에 맞서 1926년 7월 8일 조선물산장려회와 손잡고 또 다른 민족통일전선 조직체로서 '조선민흥회'를 발기했다. 서울파는 유일당에 맞서 양당제를 민족협동전선 대안으로 주장했다. 그러나 이후 서울파 구성원들이 대거 조선공산당에 가입하면서 조선민흥회는 동력을 잃고 신간회에 합류하였다. 이에 서울 구파는 1927년 2월부터 '조선사회단체중앙협의회' 결성을 시도했다.

여기까지가 서태석이 목포형무소에 갇혀 있던 기간에 일어난 일들이다. 즉 서태석이 출옥한 무렵에 서울파는 신간회에 맞설 조선사회단체중앙협의회 창립을 준비하고 있었다. 암태산업조합 설립에 관여한 이후 서태석은 서울로 가서 5월 16일에 열린 조선사회단체중앙협의회 창립대회에 참여하였다.

창립대회 도중 경찰에 검속

:

조선사회단체중앙협의회는 사상 · 청년 · 노동 · 농민 · 여성 · 형평 등 사회운동 전체에 관한 이론과 정책을 수립하고, 사회운동 각 부문 간의 상호 연계 및 조직을 확보한다는 목표 아래 1926년 2월 17에 최초 발의되었다. 이어 1926년 4월 22일, 55명의 창립준비위원회가 결성되었다.

그런데 조선공산당은 조선사회단체중앙협의회를 조선공산당 및 신간회에 대한 조직적 대립으로 여겼다. 그에 대한 대책으로 협의회가 상설기구화하는 것을 막아 유명무실하게 하는 전략을 구사하였다. 즉 조선공산당 계열 사회단체들이 오히려 적극적으로 가입하여 조선사회단체중앙협의회 내부의 의사 결정에 영향력을 발휘하도록 한 것이다.

어쨌든 조선사회단체중앙협의회는 1927년 5월까지 모두 4차례 자격심사를 통해 874개 단체(회원 수 32만여 명)의 가입을 승인했다. 형식적으로 조선사회단체중앙협의회는 조선 내 사회단체 대부분을 총망라하는 거대 조직으로 등장했다. 하지만 여러 가지 사정으로 창립대회는 유보되었다.

그러던 1927년 2월, 신간회 출범을 계기로 서울파는 조선사회단체중앙협의회 창립대회를 소집하였다. 1927년 5월 16일에 서울 종로 중앙기독교청년회관에서 열린 창립대회에는 전국에서 272개 사회단체 대표자 300여 명이 대의원으로 참여했다. 물론 이 대회에는 서울 구파뿐만 아니라 조선공산당 계열의 단체들도 참여했다.

서태석은 이 대회 준비위원회에서 임시 서기를 맡았다. 서울에서 열린 공식 행사에 3년 만에 참여하여 감회가 새로웠다. 암태도 소작쟁의 지도자로서 이미 유명 인사가 된 서태석은 여러 반가운 얼굴들과 수인사를 나누고 모처럼의 회포를 풀었다. 특히 암태도 소작쟁의 당시 연대의 손길을 보여준 전국의 단체 관계자들에게 일일이 감사의 말을 전했다.

대회 첫날부터 협의회의 성격을 두고 서울파는 상설기구를, 조선공산당 쪽은 비상설기구를 주장하며 치열한 논쟁을 벌였다. 재일본무산청년동맹 최익한은 "현 단계는 민족적 단일 정당이 필요한 시기로 굳이 협의회를 두어 민족 단일당의 매개 형태로 성립한 신간회와 '두 개의 정당'으로 대립할 필요가 없으므로 협의회를 비상설화 하자"고 주장했다. 이에 조선사회단체중앙협의회 준비위원 측에서 이항발, 한신교, 박원희(朴元熙)[5] 등이 차례로 등단하여 상설론을 주장했다. 이른바 '양당론'이었다. 결국 이 안건에 대한 표결에 들어갔고, '비상설론'이 다수의 지지를 받았다. 조선공산당 측 주장이 관철된 것이다.

첫날 회의는 새로운 의안을 작성할 위원으로 최익한, 이병의, 김영식 등 7명을 선출하고 밤 1시경에 폐회되었다. 이들 대부분은 조선공산당계의 인사들이었다. 그런데 이들이 작성한 의안은 경찰의 검열을 통과하지 못하였고, 5월 17일에 오후 7시에 열릴 예정이던 회의는 다음날인 18일 오전 9시 30분에 열기로 했다. 그러나 5월 18일 아침에 일제 경찰은 집회 자체를 금지해버렸다. 새로 제출된 의안이 정치문제와 민족문제를 다루고 있다는 이유였다. 아침 9시 10분경에 출동한 100여 명의 경찰이 대회장을 포위한 채, 모여드는 대회 참석자들을 강제로 해산하였다.

1927년 5월 19일 중외일보는 당시 상황을 자세히 보도하였다.

5 김사국의 부인. 참고로 김사국은 간도 용정에 동양학원, 영고탑(寧古塔)에 대동학원 등을 설립하여 교육활동을 하다가 폐병에 걸려 1924년 5월에 귀국하였고, 통일 당 건설을 위한 '13인회'를 주도하는 등의 활동을 하다가 화요파가 주도하는 조선공산당 결성 과정에서 배제되는 비운을 겪은 뒤 1926년 5월 8일에 서울청년회 회관에서 사망하였다.

5월 17일 오후 7시부터 제4차 회의를 개회하려던 조선사회단체중앙협의회는 당국으로부터 금지가 되어, 해산되고 말았다. 그 전 의안 검열이 되지 아니하였기 때문에 18일 오전 9시 30분경부터 속회(續會) 하기로 하고, 부실부실 내리는 비를 무릅쓰고 모여든 수백 대의원과 운집한 방청자들은 흩어졌었는데…, 의안을 새로이 제정하여 가지고 당국에 제출한 것이었는데 18일 오전 9시 10분에 이르러 돌연히 종로경찰이 현장에 출동하여 "동 대회는 정치문제와 민족문제를 토의하는 회합으로 인정하고 금지한다."고 선언하고 일변 백여 정사복 경관으로 현장을 포위하고 모여든 대의원을 해산시킨 것이었다.[6]

수백 명의 대의원들은 흩어지지 않고 대회장 앞길에 모여서 일제 당국의 금지 조치를 강력하게 비난했다. 종로 경찰은 기마 경관을 출동시켜 강제 해산을 시도했다. 이에 대회 준비위원 측은 "대의원들이 한곳에 모여 기념 촬영이나 하겠다"고 정식 요청하였으나 일제 경찰은 허가하지 않았다.

그렇게 대치하다가 흩어진 대의원과 방청객 500여 명은 자연스럽게 행렬을 이루어 오전 11시경에 남산공원에 이르렀다. 말 그대로 '한곳에 모여 사진이나 찍으려고' 남산공원에 모였다. 그러나 일제 경찰은 "통솔자가 없는 군중의 행동으로 인정하고 해산을 명한다"고 통보했다. 이에 항의하던 서팔, 정광호, 권태휘 3명이 경찰에 체포되어 본정서에 갇혔다. 이에 5백여 참가자들은 열을 지어, 거리 무언의 거리 시위를 벌이며 남산공원에서 내려왔다. 행렬은 경

6 「정치문제를 토의한다고 중앙협의회 마침내 금지 해산」, 『중외일보』, 1927년 5월 18일.

찰에 포위당한 채로 행진을 이어갔다. 남대문 앞 태평통(統) 큰길을 거쳐 경성부청 앞 광장을 지나고 마침내 동아일보사 앞에 이르렀다.

종로서에서 출동한 정사복 경관 40여 명이 행렬을 향해 해산을 종용했다. 그러자 군중은 신문사 견학을 한다는 구실로 동아일보사 로비에 모였다. 그리고 동아일보사가 초대하는 형식으로 간담회를 열었다. 이때 대회 준비위원으로 임시 서기를 맡은 서태석이 앞에 나서서 당일 일어난 일에 대해 경과보고를 하였다. 하지만 경찰이 서태석의 발언을 제지했다. 이에 굴하지 않고 서태석은 보고를 이어가려다가 경찰에 검속되었다. 경찰과 충돌을 피해야 하는 상황이어서 대의원들은 서태석 등이 검속되는 광경을 그대로 지켜볼 수밖에 없었다. 경찰도 행렬과 적당한 거리를 유지한 채, 선동성 발언을 하는 사람만을 골라 검속하였다.

한편 오후 1시 반경에 동아일보사를 나온 행렬은 다시 조선일보사를 방문하여 2시 30분경까지 머물렀고, 그 후 중외일보를 방문하였다. 오후 4시경에는 중외일보의 초대를 받은 형식으로 대의원들이 시내 국일관에 모이려 하였으나 일제 경찰 당국이 금지하였다. 준비위원 측과 임시집행위원들은 저녁 10시 반경에 시내 견지동 전진회관에서 모여 선후책을 모색했다. 이어 이문한, 강훈, 김기완, 이평권, 장준 등 5명이 교섭위원으로 선정되어 경찰 당국과 교섭을 벌였다. 이들은 대회의 형식을 바꾸어 간담회를 열기로 경찰과 합의했다. 더불어 검속된 사람들도 모두 석방하기로 했다.

서태석 등 이날 경찰에 검속된 사람들의 면면과 처분 상황에 대해 중외일보는 이렇게 보도했다.

> 금지 당일의 기분은 울근불근하여 만일을 경계하는 경찰 당국은 군중 속에서 다소 선동에 가까운 언동을 발하는 주의자는 즉석에서 검속하여, 금지 현장에서 의장 조용관 씨가 검속되었고, 그 후 별황 보도한 서팔 씨와 이영과, 또 동아일보 로비에서 서태석 씨가 금지 이후의 경과보고와 비슷한 말을 하다가 종로서원의 손에 검속되었는데, 전후 동 대회 관계로 검속된 대의원은 정을, 김오산, 서팔, 권태휘, 정광호, 서태석 등 5씨. 전기 교섭위원의 교섭으로 경찰부장으로부터 방면하겠다는 책임 있는 말을 들었다는 바, 경찰서에서도 군중의 질서 있는 행동에 걱정 놓고 태도를 늦추었다.[7]

서태석 등 검속당한 사람들은 다음날 모두 석방되었다. 하지만 출옥 후 3년 만에 참가한 대규모 대회에서 서태석은 비록 하룻밤이지만 또 한 번 종로경찰서 철창신세를 졌다. 서태석은 늘 경찰에 체포될 위험을 달고 다녔다. 이미 여러 차례 경찰서를 드나들어 일제 당국의 감시 대상으로 부각이 된 터였다. 하지만 서태석은 그런 상황에 개의치 않고 모든 활동 현장에서 적극적으로 나섰다. 흔히 말하는 대로 그는 '자신의 안위를 돌보지 않고' 궁극적인 해방의 길에 자신이 가진 모든 것을 바쳤다.

7 「대회 의장이던 조씨 검속, 전후 검속자는 모두 6명」, 『중외일보』, 1927년 5월 18일.

8장

3차 조선공산당 대회와 세 번째 옥살이

8장 3차 조선공산당 대회와 세 번째 옥살이

분립된 조선농민총동맹 핵심 간부로 활동

:

1924년에 창립된 조선노농총동맹은 민족개량주의 등을 배격하고 사회주의적 계급 노선을 분명히 하면서 조선의 노동자, 농민의 전국적 연합체로서 역할을 다하였다. 서태석은 조선노농총동맹 창립총회에 참석하러 가던 중 대전에서 경찰에 연행되어 2년 넘은 옥살이를 하게 되었지만, 그해 10월 20일 조선노농총동맹은 중앙집행위원회를 개편할 때까지 조선노농총동맹의 중앙집행위원 직을 유지하고 있었다.

하지만 그해 10월 20일 서면 투표를 통해 화요파와 북풍파 중심으로 중앙집행위원회가 개편되면서 조선노농총동맹은 내부적 변화를 겪었다. 이어 1926년 2월 18일에는 조선노농총동맹을 '노동총동맹'과 '농민총동맹'으로 분립하는 안이 가결되었고, 그에 따라 분립대회를 열기로 했다. 그런데 조선노농총동맹을 주도하던 조선공산당이 두 차례에 걸쳐 대대적인 탄압을 받게 되면서 분립대회는 제때 열리지 못하였다. 그런 상황이 이어지다가 1926년 11월 18일에는 창립 이래 처음으로 집행위원회가 개최되어 조선노농총동맹의 '분립규약'이 통과되었다.

이후 몇 차례의 추가 논의가 있었고, 1927년 8월 10일 오후 3시 30분부터 시내 견지동 88번지 조선노농총동맹 회관에서 조선노농총동맹 상무집행위원회가 열렸다. 이 회의에서 노동총동맹과 농민총동맹 분립에 따른 각 분맹의 선거위원을 선정했다. 이때 서태석은 조경서(전남 화순), 인동철(경남 김해), 장준(충남 영동), 김복순(경남 하동) 등과 함께 5인으로 구성된 농민총동맹 준비 선거위원에 선임되었다. 참고로 노동총동맹 준비 선거위원은 차금봉(경성), 도정호(경성), 유두열(인천), 김우창(평양), 이낙영(경성) 등 5명이었다.

이렇게 선임된 양대 총동맹의 선거 준비위원들은 우선 중앙집행위원회와 중앙검사위원을 인선하였다. 그리하여 농민총동맹은 중앙집행위원 21명(후보자 4명), 검사위원 3명(후보자 2명)으로 하고, 노동총동맹은 중앙집행위원 25명(후보자 5명) 검사위원 3명(후보자 2명)으로 구성하는 안이 마련되었다.[1]

1 종로경찰서, 「사상문제에 관한 조사서류 3: 노농총동맹 상무집행위원회에 관한 건」, 1927년 8월 11일.

이러한 내용을 담은 양대 총동맹 분립안이 1927년 9월 6일 서면 투표를 통해 확정되었다. 동시에 조선노동총동맹과 조선농민총동맹이 새롭게 출범했다. 조선노농총동맹은 200여 개의 가맹단체를 거느린 조선 최대의 대중조직으로 떠올랐다.

서태석은 21명으로 구성된 조선농민총동맹 중앙집행위원 중 한 명으로 선임되었다. 중앙집행위원장은 인동철이 맡았다. 암태도 소작쟁의의 또 다른 지도자 박복영은 5인 체제의 중앙검사위원에 선임되었다.[2]

한편 분립한 양대 총동맹은 전체 집행위원회를 열어 실무 집행 부서를 구성해야 했으나 일제 경찰의 불허로 제대로 된 회의조차 열기 어려웠다. 그리하여 조선농민총동맹은 1927년 10월 21일에 간담회 형식으로 '재경집행위원 간담회'를 열고 여러 가지 산적한 안건을 처리했다. 간담회는 1927년 10월 20일 오후 5시, 부내 견지동 88번지 농민총동맹회관에서 열렸다.[3]

이날 간담회에는 중앙집행위원장 인동철을 비롯하여, 서태석, 조경서, 송영섭 등 4명의 집행위원이 참석하였다. 먼저 실무 집행 부서를 편성했다. 정치부, 쟁의부, 교육출판부, 공제부, 재무부 등을 두기로 하였다. 서태석이 정치부와 조직부 부서장을 맡았다. 그

2 김용달, 『한국독립운동의 역사 28: 농민운동』, 2009, 49쪽.

3 종로경찰서, 「조선농민총동맹 재경집행위원간담회 개최에 관한 건」, 『사상문제에 관한 조사서류 3』, 1927년 10월 21일.

밖에 쟁의부 및 조사부는 조경서, 교육 출판부는 송영섭, 공제부 및 재무부는 인동철이 맡기로 했다.

이 밖에도 간담회에서는 10월 24일에 서대문 2정목 7번지로 조선농민총동맹 회관 이전하는 안이 가결되었다. 또 10월 23일에 평안남도 안주에서 열리는 관서운동자대회에 조선농민총동맹 대표자로 서태석을 파송하는 건, 매화도 농민조합 쟁의 조사에 관한 건, 소사농민대회에 인동철, 송영섭, 조경서 등을 파송하는 건, 잘못 선출된 중앙집행위원회 위원에 관한 조사의 건 등을 의결했다.

이 밖에 조선공산당 사건 관련 변호사에 대한 격려문 발송의 건, 일본 노동농민당에 공산당 사건 관련 감사장 발송의 건, 중앙학교 맹휴 연대에 관한 건 등 외부 조직이나 단체와의 연대에 관한 안건도 이날 간담회에서 처리했다. 또 집무 시간을 매일 오전 11시부터 오후 2시까지로 정한 대목도 눈에 띈다. 이러한 내용으로 미루어 서태석은 당시 서울에 머무르며 인동철 등과 함께 조선노농총동맹의 핵심 간부로 활동했음을 알 수 있다.

서울-상해파 3차 조선공산당 설립 참여
:

한편 1927년 조선사회단체중앙협의회 창립대회가 일제 경찰의 탄압으로 파행되면서 서울청년회 계열의 사회주의 세력은 큰 타격을 입었다. 그나마 회의가 진행된 창립대회 첫날, 조선사회단체중앙협의회를 상설화하는 안이 다수결에 따라 부결됨으로써, 신간회에 맞서 독자적인 민족협동전선을 추구하려던 서울 구파 세력의 전략은 타격을 입었다. 서울구파의 이른바 '양당론'은 힘을 잃었고, 단일당 건설이 대세가 되었다.

이러한 분위기에서 서울파 성원들의 조선공산당 입당이 줄을 이었다. 안광천 책임비서 시기인 1927년 4월부터 8월 사이에 서울파의 핵심인 이영, 박형병, 이운혁, 이정윤 등이 개인 자격으로 조선공산당에 입당했다. 그로써 ML파와 서울파는 조선공산당 내에서 동거를 시작했다. 조선 내 무원칙한 분파 투쟁을 지적하던 코민테른도 서울파의 조선공산당 입당에 대해 "국제공산당 결정을 실현하는데 일보 전진"이라고 평가했다.

서태석 또한 이 시기에 조선공산당에 입당하였다. 물론 서태석이 조선공산당에 입당한 정확한 시기는 확인할 수 없다. 하지만 1927년 7월 25일부터 26일 사이에 광주 광양여관에서 열린 조선공산당 전남도당대회에 참석한 사실로 미루어 서태석은 그 이전에 입당하였음을 알 수 있다. 당시 전남도당 책임비서는 강석봉이었다. 이 밖에 김재명, 조극환, 신준희, 정병용, 유혁, 송종현 등이 참석했다. 특히 이 대회에서 서태석은 조선공산당 3차 당대회에 파견할 전남지역 대표(대의원)로 선출될 만큼 당내 지위도 가지고 있었다.

그런데 ML파와 서울파의 동거는 오래가지 못하였다. 화요파를 대신하여 안광천을 비롯한 ML파가 조선공산당 내 주도권을 이어가는 상황을 서울파는 인정하기 어려웠다. 특히 1927년 9월에는 조선공산당 책임비서인 안광천이 유력자들의 친목 단체인 '영남친목회' 창립선언문을 작성한 사실이 알려지면서 사태가 악화했다. 사회주의자 진영에서는 영남친목회를 '지방열' 단체로 규정하며 안광천을 비판했다. 조선공산당 책임비서가 당대의 기득권 지역주의 세력과 교류한 것은 심각한 문제였다.

가뜩이나 ML파 집행부에 불만이 많던 이영, 이운혁 등 서울파 성원들은 이 일을 계기로 상당수가 다시 조선공산당을 탈당했다. 그리고 독자적인 서울파만의 독자적인 3차 당 대회를 추진했다. 여기에 상해파도 가담했다. 당시 신한민보는 서울-상해파의 제3차 공산당대회 준비과정을 다음과 같이 기록했다.

> 완전한 조선공산당을 조직하여 국제당의 승인을 얻고자 서울 구파에 속하는 모모 등이 해삼위에서 고려공산당의 규약을 얻고 귀국하여 이영, 권태석과 네 사람이 발기하여 동지들에게 소집장을 발부하고 재작년(1927년) 12월 20일 밤에 시내 무교동 춘경원에서 이병의는 경기도 대표, 서태석은 전남, 장기욱은 함남, 이운혁은 함북, 함연호는 강원, 염영화는 평안남북, 기타 몇 사람들로 각히 몇몇 도를 대표하여 조선공산당을 조직할 것을 밀의하고, 이병의, 이운혁 외 3명을 위원선거 전형위원에 선거한 후에 폐회하였다더라.
> (이에 앞서) 전형위원들은 12월 15일, 시내 광화문통 박형병의 집에 화합하여 협의한 결과 중앙집행위원장 이영, 중앙집행위원 이중혁, 홍도, 한상희, 서태석, 박형병, 이중림 등 8명을 선정하고 정치부, 조직부, 선전부의 3부를 설치하였다. 이와 같이 각부의 부서를 설정한 후 선언 강령을 발표한 후에 조직을 완성하고 이날 회합에 참가하지 못한 사람에게는 통지위원인 이운혁으로부터 각기 통지하여 승낙을 받고 중앙집행위원회 의결에 의하여 두 사람을 국제공산당의 승인을 얻고자 모스크바로 파송하였었다.[4]

이 기사는 일제 경찰이 여러 사건 피의자의 진술과 자체 조사를 통해 수집한 정보를 바탕으로 작성하여 발표한 내용을 간추린 것이다. 따라서 기사 내용이 당시 2차 당대회 준비과정을 정확하게 기술하고 있지는 않을 것이다. 다만 3차 공산당대회에 가담한 사람들의 면면을 파악하는 데는 도움이 된다.

어쨌든 이러한 준비과정을 거쳐 1927년 12월 20일부터 22일까지 서울 무교동의 춘경원 식당에서 조선공산당이라는 이름으로 별도의 당대회가 열렸다. 서울파와 상해파 합동의 일명 '춘경원당'이 탄생한 것이다. 다만 서울파와 상해파의 대회 당사자들은 이 대회를 '조선공산당 3차 대회'로 간주했다. 스스로 조선공산당의 정통을 계승한 것으로 선언한 셈이다. 이와 관련하여 상해파 공산당의 영수인 이동휘도 "우리는 국제공산당 집행위원회 1927년 4월 결정을 받들고 파산한 지도자들의 사보타지를 물리치고 당을 건설하여 제3차 당대회를 소집하고 일체로 된 당 중앙위원회를 창설하였다"고 코민테른 집행위원회에 보고하였다.[5]

ML파와 서울-상해파가 각각 주도하는 조선공산당이 양립하게 된 셈이다. 당대회를 마친 후 서울파는 코민테른의 승인을 얻기 위해 김영만을 모스크바로 파견했다. 양측 모두 조선공산당의 정통성을 표방한 만큼 당분간은 두 조선공산당은 당분간 병립할 수밖

---

4 「제4차 공산당사건: 서울청년계를 중심으로 하고…」, 『신한민보』, 1929년 7월 4일.
5 이준식, 『한국독립운동의 역사 43: 조선공산당 성립과 활동』, 2009, 213쪽.

에 없었다. 최종 판단은 코민테른의 몫으로 남았다. 김영만은 이후 3개월이 지난 1928년 3월 6일, 서울-상해파 공산당대회의 합법성 인정을 요구하는 보고서를 코민테른 집행위원회에 제출했다.

한편 서태석은 서울-상해파의 공산당대회에서 주요 간부의 한 명으로 참여했다. 그 과정에서 서태석은, 7월의 전남도당 대회에서 자신이 조선공산당 3차 당대회 전남 대의원으로 선임된 사실과 그와 관련된 일정 등을 서울파에 보고했다. 이에 대해 ML파에서는 '비밀을 누설했다'며 서태석의 조선공산당 대의원 자격을 취소해버렸다. 이러한 사실은 서울-상해파 3차 공산당대회 준비과정부터 서태석이 관여했음을 의미한다. 실제로 서울-상해파 공산당대회에 서태석은 전남 대표로 참가하였고, 선전부원으로 선출되었다.

'3차 조선공산당 탄압 사건'으로 세 번째 구속

:

1927년은 서태석에게 참으로 다사다난한 해였다. 2월 26일에 목포형무소에서 만기 출소한 이래 서태석은 암태 산업조합 설립, 조선사회단체중앙협의회 창립대회 준비, 조선농민총동맹 분립 등과 관련하여 바쁘게 활동했다. 또한 ML파 조선공산당에 가입하여 전남도당 대의원으로 선출될 만큼 적극적인 활동을 펼쳤다. 특히 1927년 12월에는 서울-상해파의 3차 조선공산당 설립에도 적극적으로 관여했다. 이처럼 서태석은 농민운동 지도자를 넘어 사회주의 운동가로 확고하게 발돋움하며 1928년 새해를 맞았다.

예나 지금이나 사회주의자는 주로 20대에 탄생한다. 이상을 향한 젊은 열정이 궁극적 해방의 논리를 만나 폭발적인 사상적 시너지를 일으키는 경우가 많다. 하지만 그중 다수는 시간이 흐르고 나이를 먹으면서 당면한 현실의 논리에 무릎을 꿇기 십상이다. 머리와 감성으로 사상을 접한 사람들의 일반적인 특징이다. 하지만 서태석은 20대는 지역 유지로 보내다가 서른 중반을 넘어 40대에 이르러서야 사회주의 사상을 받아들이고, 마침내 3차 조선공산당 집행부의 한 축을 맡게 되었다.

그러나 서태석이 사회주의 운동가로서 본격적으로 활동한 시간은 그리 길지 않았다. 서울-상해파 공산당이 창립된 지 2개월 만인 1928년 2월 23일 새벽, 서태석은 갑자기 숙소로 들이닥친 종로 경찰에 체포되고 말았다. 이 사건은 다음날 동아일보에 보도되었다.

> 시내 종로경찰서에서는 23일 새벽에 시내 모처에 출동하야 서울청년회 계통인 농촌집행위원 서태석씨를 검거하여 비밀리에 취조를 진행중인데 사건의 내용은 미상이나 서태석씨는 서울청년회 계통의 중요한 투사로 ML당이 검거됨을 전후하여 어떤 운동을 개시하였다는 풍설에 대조하야 매우 중대한 주목을 받는 중이라더라."[6]

목포형무소에서 만기 출소한 뒤 1년을 채우지 못하고 서태석은 세 번째 구속을 당하였다. 서태석에게 적용된 죄목은 '치안유지법

---

6 「경찰부 활동: ML당 관계자인 서태석 씨 돌연 구속」, 『동아일보』, 1928년 2월 24일.

위반'이었다. 사실 서태석에 대한 체포는, 서울-상해파 공산당의 전모가 아직 드러나기 전이었음을 고려하면 조금 뜬금없는 것이었다. 그렇다면 1928년 2월 초부터 ML파 조선공산당 지도부 검거가 시작된, 이른바 제3차 조선공산당 탄압 사건과 관련되었다고 볼 수 있다.

제3차 조선공산당 탄압 사건은 1928년 2월 2일, 조선공산당 지도부에 대한 체포로 시작되었다. 일제 경찰은 사실 1928년 1월부터 조선공산당이 당대회 준비한다는 정보를 입수하고 예의주시하다가 2월 2일에 고려공산청년회 책임비서 김철 검거를 시작으로, 김세연, 허일, 하필원, 온낙중 등을 검거하였다. 다음날에는 김준연, 안광천, 최익한 등도 체포했다. 다만 이때 검거된 이들은 철저한 함구 작전으로 경찰의 신문을 버텨낸 덕분에 대부분 사소한 죄목으로 구류 처분을 받거나 증거 부족으로 석방되었다.

본격적인 탄압은 최초로 검거된 김철이 당 활동을 자백한 2월 23일부터 전광석화처럼 전개되었다. 종로 경찰은 조선공산당 활동과 관련된 이름이 나오는 족족 검거를 단행하였다. 공교롭게도 서태석 또한 2월 23일에 검거당하였다. 그런데 앞에 인용한 동아일보 기사에서 '서울청년회 계통의 중요한 투사로 ML당이 검거됨을 전후하여 어떤 운동을 개시'했다고 한다. 따라서 '중대한 주목을 받는 중'이라는 구절이 심상치 않다.

사실 서태석은 ML파 조선공산당에 대해서는 입당만 하였을 뿐 중요한 역할을 한 적은 없었다. 전남도당 대의원으로 선출된 적이 있었지만, 그마저 나중에 취소되었다. 그러므로 NL파 조선공산당과 관련하여 일제 경찰이 서태석에게서 얻어낼 건 별로 없었다. 그럼에도 서태석이 경찰의 '중대한 주목'을 받게 된 이유는 확인할 길이 없다. 물론 서태석이 이미 두 번의 '사상범 전과'가 있는 데다 조선농민총동맹의 핵심 간부를 맡고 있는 점 때문에 더욱 경찰의 주목을 받았을 수도 있다.

제3차 조선공산당 탄압 사건 때 모두 32명의 당원이 검거되었다. 서태석도 그중 한 명이었다. 2월 23일 재검거를 피한 이정윤, 하필원, 안광천, 김영식 등은 다시 당대회를 추진했다. 그리고 1928년 2월 27일, 경기도 고양군 김병환의 집에서 경찰의 눈을 피해 조선공산당 제3차 당대회가 열렸다. 대회 참석자가 12명에 불과했다. 급하게 추진한 반쪽짜리 당대회였지만, 이후 노동자 출신의 차금봉 책임비서 지도부가 건설되면서 조선공산당은 다시 명맥을 이어갔다.

한편 제3차 조선공산당 탄압 사건은 뒤죽박죽인 채로 진행되었다. 서태석을 비롯하여 검거된 사람들의 진술은 오락가락했다. 기본적으로 이들은 조직체계가 드러나지 않도록 철저히 함구했다. 또 체포되지 않은 당원들의 존재를 숨기는 데에 진력했다. 그러다가 혹독한 고문을 면하기 위해 거짓 자백을 하였고, 거짓임이 들통나 다시 살인적 고문을 당하기도 했다. 그 바람에 조사는 매우 더디게 이루어졌다. 경찰은 사건의 전모를 파악하는 데 애를 먹었다.

조선공산당 사건의 새로운 국면

:

조선공산당에 대한 3차 탄압 몇 개월 뒤인 1928년 5월, 서울청년회 관련 단체 명의로 작성된 소개장이 신의주 경찰에 발각되고 말았다. 신한민보가 전한 사건의 발단은 이렇다.

> 제4차 공산당 사건이라고 일컫는 이 공산당 사건이 발각된 동기는 간도 동흥중학교사 정중섭이가 소비에트 러시아의 문물제도, 특히 교육, 군대를 연구하러 간다는 구실로 입국에 필요한 소개장을 그 친구 오상철[7]에게 의뢰하였더니 그이는 본시 동향인 이원(함경남도) 사람이요, 또한 옛날 사제관계도 있고, 조선공산당 만주부 간부로도 있음으로 그를 신용하고 소개장을 조선운동사 본부의 명의로 연해주 간부 고려부 책임서기에게 보내는 것을 써주었다. 그런데 정중섭은 어쩐 일인지 경의선 차중에서 비밀히 간직하였던 그 소개장을 신의주 (경찰)서원에게 들켜버리고, 또한 오상철 등에게서 들은 비밀을 그대로 (경찰에) 이야기하였으므로 오상철이가 경성에서 붙잡히는 동시에 모든 일이 발로되었는데, 정중섭은 같은 단원이었음에도 불구하고 즉시 석방되어 지금은 간도에서 교원 노릇을 한다더라.[8]

신의주 경찰은 이 사건으로 서울청년회 계의 주요 활동가들에 대한 대대적인 검거가 시작되었다. 이영, 박형병, 이병의, 이항발, 이증림, 김경태, 오상철, 홍순기, 정남국, 문삼현, 문정환, 이근창,

7 1903년 북만주 하얼빈 출신으로 모스크바공산대학 졸업 후 귀국하여 서울청년회와 관계를 맺고 활동했다.

8 「제4차공산당 사건: 사건 발각의 원인은 소개장」, 『신한민보』, 1929년 7월 4일.

신재용, 정창남, 위경영 등 서울청년회 관련자 22명이 전국 각지에서 체포되어 신의주로 압송되었다. 그리하여 서울-상해파 조선공산당의 전모도 드러나고 말았다.

사건 초기에 경찰은 서울-상해파 조선공산당을 기존 조선공산당 사건과 분리하여 파악하지 못하였으나 제4차 조선공산당 탄압 사건[9]이 본격화하면서 비로소 별도의 사건으로 분류하여 1929년 7월경 공판에 넘겼다. 다만 언론은 서울-상해파 공산당 사건을 제4차 조선공산당 탄압 사건과 동일시하거나 '서울청년회 계 공산당 사건'이라는 제목으로 보도했다.

> 서울청년회원을 중심으로 조직된 공산당원 중 평양에서 체포된 14명에 대한 공판은 평양지방법원에서 개정 중에 있다는데 평양서 잡힌 14명 외의 동 단원 전부에 대한 사건은 작년 5월경 평북 신의주 경찰의 활동을 보게 되어 중앙집행위원 이하 22명은 각지에서 체포하여 신의주지방법원에서 취조 중에 있더니 이항발 이하 7명은 면소되고 리병의 이하 15명은 필경 신의주지방법원 공판에 불렀는데, 이 사건은 그간 경무국의 금지로 신문에 게재 못 되었던바 금일에야 해금이 되었다 한다.[10]

9 1928년 6월 조선공산당 차금봉 집행부의 조직부 담당 중앙집행위원을 지낸 이성태가 검거되면서 시작된 사건으로 7월 5일에 중앙집행위원 한명찬이 체포되고 당 세칙 등 중요 서류가 발각되면서 대대적인 검거 선풍이 불었다. 8월까지 차금봉을 비롯한 당 중앙 간부들 대부분이 검거되었다. 10월 5일까지 무려 175명이 체포되고 그중 152명이 치안유지법 위반으로 검찰에 송치되었다.

10 「서울 청년계를 중심으로 하고 평양공산당도 이 사건의 일부」, 『신한민보』, 1929년 7월 4일.

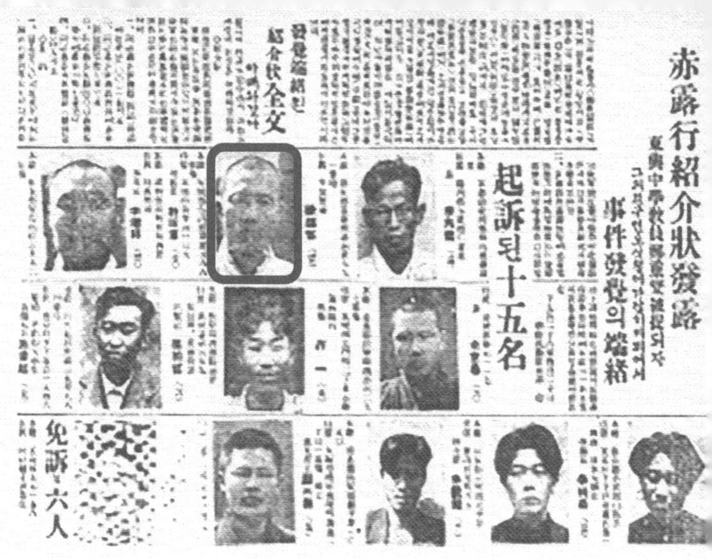

赤露行紹介狀發露

事件發覺의端緖

起訴된十五名

免訴六人

공산당사건 관련 조선일보 보도
(맨 윗줄 가운데가 서태석)

이 기사에 따르면 '서울청년회 계 공산당 사건' 관련자에 대한 공판은 평양과 신의주 두 곳의 지방법원에서 관할하였다. 체포된 지역에 따라 신의주와 평양 두 곳에서 사법처리가 진행된 듯하다. 이미 제3차 조선공산당 탄압 사건 때 검거된 서태석도 이 사건과의 연관성이 밝혀지면서 신의주지방법원으로 사건이 이관되어 서울청년회 동지들과 함께 1심 재판을 받았다.

징역 4년의 중형 선고한 1심 재판

:

1929년 7월 17일 오후 2시 반. 신의주지방법원에서 서태석, 이병의 등 15명에 대한 첫 재판이 열렸다. 이른 아침부터 비를 맞으면서 방청객이 쇄도했다. 이 재판은 공산당 사건과 관련하여 처음으로 일반인의 방청이 허락되었다.

이병의부터 심리가 시작되었다. 이병의는 1927년 12월 21일 경성

춘경원에서 각도 대표가 모여 조선공산당 대회를 열었으며, 이때 경기도 대표로 참석한 사실 등 경찰 조서와 예심종결서에 기록된 사실 전체를 부인하였다. 또 김영만, 김철수가 국제공산당에 승인 얻으러 간 것도 알지 못한다고 했다. 또한 경찰 조서에 사인한 것은, 모진 고문을 견디다 못해 그런 것이라고 말했다.

그렇게 심리를 끝낼 무렵 재판장과 일문일답이 있었다.

"그러면 피고는 공산주의를 아는가?"

"자세히는 모르나 개념만은 압니다."

"그 주의는 좋은가, 나쁜가?"

"거기까지는 모릅니다."

이병의에 이어 서태석에 대한 심리가 시작되었다.

서태석 또한 전남 대표로 춘경원에 모인 사실과 박형병의 집에 회합한 사실, 중앙집행위원으로서 선전부원에 선거된 사실 등을 모두 부인하면서 이렇게 말했다.

"만일 조선공산당이 있고, 또 그 당원으로서 서태석이가 정말 있다면 내가 아니라 아마 다른 서태석이가 있나 보오."

박형병 또한 심문에서 춘경원 당대회와 관련된 사실 전체를 부인했다. 경찰에서 혐의사실을 인정한 일과 관련해서는 "될 대로 되라고 내버려 두었기 때문에 함부로 된 것"이라고 답변했다. 재판장은 박형병에 대해서도 일문일답으로 심리를 마쳤다.

"공산주의를 어떻게 아나?"

"경제학상으로 보아서 비판적으로 알 뿐이오."

"사유재산을 인정하는 현 제도는 어떻게 보는가?"

"전연 나쁘지도 않거니와 전연 좋지도 않겠지요. 현 사회제도에 결함이 많으므로 어떻게든지 고쳐야 한다는 것을 알 뿐이오."

이어 오상철, 이증림, 김경태 등이 차례로 심리를 받았다. 이들 역시 조선공산당 대회 개최와 관련된 내용 일체를 부인하였다.

다음으로는 일사 천리로 홍순기, 정남국, 문일현, 문정환, 이근창, 신재용, 정창남, 위경영 등 8명의 심문이 이어졌다. 이들은 모두 명쾌한 일본어로 동경 이신관에서 조선공산당 일본부를 조직한 사실이 없으며, 오사카(大阪)에서 공산당 조직을 찬동하고 가입한 일도 없다고 주장하였다. 특히 이근창, 홍순기, 신재용 등은 특유한 달변으로 일대 연설을 하면서 예심결정 사실을 부인하였다. 이로써 오후 6시 반경, 14명에 대한 심문이 끝났다.[11]

경찰조서나 검사 예심종결서는 다소 조작된 것도 있었지만 일제 당국이 혹독한 고문 수사와 대질신문 등을 통해 사실로 확인한 내용도 많았다. 하지만 서태석 등 피고들은 경찰과 검찰 등에서 하였던 그간의 진술을 원천적으로 부인하는 재판 전술을 구사했다. 판사에게 혼란을 줌으로써 어느 것이 사실이고 어느 것이 허위인지를 구별하지 못하도록 할 속셈이었을 것이다.

11 「조선공산당사건」, 『동아일보』, 1929년 7월 19일.

各被告는 如出一口로 結社事實絕對否認

前例突破코 傍聽公開裡審理

◇第四次朝鮮共產黨第一回公判顚末◇

調書와 豫審書를 論駁

結黨과 委員被選等 犯行을 根本的否認

劈頭李丙儀供述

共產主義는 學問上討究

徐部哲, 朴衡秉供述

事實是認者는 精神鑑定이 必要

一瀉千里로 進行 十四人審理完了

許一과 關係도 大槪否認

共產社會는 實現만은 希望

◇吳相哲供述要領

證人八名을 訊問키로 決定

續行公判은 八月?

人道上容貸못할 拷問 平壤辯護士團奮起

◇지난십칠일에 비밀회의를 열어

委員選擧, 對策講究

問題된 事件內容

重要열쇠쥔 中心人物許一

注目되는 分離公判

男便을 내노하라 不然하면 나도 鐵窓에

▎조선공산당사건 1심재판 관련 기사(『동아일보』 1929년 7월 19일)

한편 신의주지방법원의 1심 두 번째 재판은 1929년 10월 4일에 열렸고, 이어 11월 21일에 구형 공판이 있었다. 검사는 이병의, 박형병에게 징역 10년, 서태석, 이증림, 김경태, 오상철, 홍순기, 정남국 등 6명에게 징역 7년, 문삼현, 문정환, 이근창, 신재용, 정창남, 위경영 등 6명에게 징역 5년을 구형했다.

판결 공판은 1929년 12월 5일에 열렸다. 이날 공판에서 서태석은 징역 4년을 선고받았다. 이병의와 박형병은 징역 6년, 오상철은 징역 5년형을 받았다. 또 홍순기, 김경태에게는 징역 3년이 선고되었다. 나머지 8명은 징역 2년에 집행유예 3년에 처해졌다. 한편 이날 판결 후 서태석은 이병의, 박형병, 오상철, 김경태, 홍순기, 정창남 등과 함께 평양 복심법원에 항소했다.[12]

갈까 보나 말까보다 험한 산 물길을

:

서태석 등 7명에 대한 항소심 첫 번째 공판은 1930년 2월 6일 오후 4시에 평양복심법원에서 열렸다. 그러나 별다른 심문을 진행하지 못하고 오후 5시경에 폐정하였다. 중외일보는 이날의 재판 상황과 쟁점을 비교적 상세히 다룬 기사를 내보냈다.

12 「제4차 공산당사건에 대한 신의주지법의 공판 판결 내용」, 『동아일보』, 1929년 12월 7일.

평양복심법원에 공소 중에 있던 신의주공산당사건의 피고 이병의, 박형병, 오상철, 김경태, 홍순기, 서태석, 정모 등 7명에 관한 친안유지법 위반사건의 제 1회 복심공판은 6일 오후 4시부터 동 복심법원 형사법정에서 등촌 부장 심리, 국지(菊地), 월미(越尾) 양 판사 배석 석천(石川) 검사입회, 양창휘, 최정묵, 한근조, 이인, 한용 다섯 변호사 열석으로 개정하였다.

피고 7명은 방청석을 향하여 목례를 하면서 피고석에 착석하였다. 재판장으로부터 주소, 성명을 물은 후 공판은 개정되었으나 시간 관계로 즉시 동 5시경에 폐정하였는데 계속공판 기일을 18일로 결정하였는데 변호사 측에서는 피고들이 회집하여 비밀결사를 조직하였다는 경성 청진동에 있는 요리정 일흥관의 주인을 증인으로 신청코저 하나 1심 공판시에도 증인신청을 하여 전기 일흥관 주인을 재판소에서 호출까지 하였으나 일흥관의 존재조차 분명치 않아 서류가 반환되어왔으므로 조서 중에는 일흥관에서 결사조직 운운이 게재되어 있지만 사실상 일흥관의 존재가 없다면 앞으로 흥미 있는 문제를 일으키리라고 관측한다더라(『평양』).[13]

항소심 두 번째 재판은 예정대로 1930년 2월 18일 오후 2시부터 열렸다. 이날 재판부터 비로소 항소심 심리가 시작되었다. 이병의부터 시작하여 서태석, 박형병, 김경태, 오상철, 홍순기, 정남국의 순서로 심리가 이어졌다. 이들은 모두 '근본부터 범죄 사실 전부를 부인'하였다. 이에 대해 재판장과 피고들 사이에 비슷한 문답이 이어졌다.

"경찰 조서에서는 전부 시인하지 않았는가?"

13 「신의주공산당 사건, 이병의 등 공소공판」, 『중외일보』, 1930년 2월 8일.

"절대로 조서에 있는 것과 같은 사실을 시인치 않았고, 시인하였다면 물을 먹이고 참을 수 없는 고문을 하여 억지로 경찰이 만든 것에 불과하다."

"피고가 말하지 않은 것을 조서에 쓰지 못하게 법률이 규정되어 있다."

"형식만 그럴 것이다."

특히 서태석은 재판장의 질문에 자신은 공산당과 아무 관계가 없다는 점을 강조했다.

"만약에 공산당을 조직할 때 서태석이가 있었다면 피고 서태석이가 아니라 글자가 다른 서태석일 것이오. 춘경관에서 공산당을 조직했다는 소화 2년(1927년) 12월 20일경에 한참 중병으로 혼수상태에 빠져 집에서 간호를 받던 터였소. 또한 공산대학을 졸업하였느니, 한인청년동맹을 조직하였느니, 만주지방에서 사회운동에 종사하였느니 하며 신의주경찰서에서 신문을 하였으나 나는 외국에 나간 일도 없소."

박형병 또한 공산당이라는 명칭부터 알지 못한다면서 춘경관, 일홍관, 집 등에서 회합한 사실을 모두 부인하였다. 김경태도 공산당 조직 당일 경성에 있지도 않았다면서 증인까지 신청하며 사실을 부인했다. 이 밖에 오상철, 홍순기, 정남국 등도 공소 사실을 죄다 부인하였다.

한편 이날 재판에도 피고의 가족을 포함하여 많은 방청객이 몰려와 '입추의 여지없이' 자리를 채웠다. 재판은 오후 4시 30분경에 끝났다. 이날 재판정의 분위기를 중외일보는 다음과 같이 전했다.

> 신의주공산당 사건의 제2회 공판이 개정되었었는데 이날에는 아침부터 비와 눈이 섞이어 발리는 추운 일기였으나 공판 개정 전부터 방청석에서는 피고들의 가족, 지우들이 다수히 방청을 하여 글자 그대로 입추의 여지가 없었으며, 피고들과 가족들은 서로 웃음으로 얼굴을 대하였다더라.[14]

항소심 판결 공판은 1930년 5월 8일 11시 30분에 열렸다. 그런데 변론을 맡은 이창휘, 다케우치(武內) 두 변호사가 변론 재개를 신청하였고 재판정이 이를 받아들여 변론이 시작되었다. 이창휘 변호사는 "공산당 조직을 결성하였다는 경성 일흥관의 유무부터 의문"이라고 전제하며 피고 7명에 대한 증거의 불충분함을 일일이 열거하면서 한 시간가량 장광설을 토한 후 결국 "증거 불충분한 피고들에게는 반드시 무죄가 적당하다"고 주장했다.

다케우치 변호사 또한 박형병의 혐의에 대한 증거가 취약하다며 장시간 변론을 하고, 역시 무죄를 주장하며 변론을 마쳤다. 이어 피고들도 혐의 사실의 근거 없음을 설명했다. 그중에서도 서태석은 "공산당에 가입하였다는 서태석이 있다면 전연 별개일 것이요, 나는 당시에 거기 있지도 않았다"며 공산당과의 무관함을 다시 강변했다. 결국 변호인이나 피고들이 항소심 재판부에 바라는 것은

14 「신의주공산당사건」, 『중외일보』, 1930년 2월 20일, 2면 8단.

"1심 형량이 너무 무거우니 깎아 달라"는 것이었다.[15]

변호인과 피고들의 변론이 이어지면서 최종 판결 선고는 다른 날로 미루어졌다. 그리고 일주일 1930년 5월 15일, 드디어 최종 판결이 있었다. 기나긴 싸움 끝에 그나마 서태석은 형량은 4년에서 3년 8개월로 줄어들었다. 검거된 지 2년 3개월 만에 형량이 확정됨으로써 서태석은 남은 형기를 평양형무소에서 채우게 되었다.

'치안유지법 위반'이라는 죄목으로 시작된 세 번째 옥살이는 이전과 비교할 수 없을 만큼 혹독했다. 일제는 일본과 조선에서 사회주의 운동의 씨를 말리기 위해 1925년 4월에 치안유지법 제정 공포했다. 현재 우리나라 국가보안법의 모태가 된 악법이다. 그 내용이 끔찍하다. '국체(國體)를 변혁하거나 사유 재산 제도를 부인하는 것을 목적으로 결사를 조직하거나 이에 가입한 자는 10년 이하의 징역이나 금고'에 처하게 했다. 게다가 1928년에는 '국체 변혁'을 도모하는 것에 사형까지 가능하도록 이를 개정했다.

어떤 물리적 행동 없이 사상조직을 만드는 행위만으로 사형에 처할 수 있는 전무후무한 악법이었다. 게다가 형을 확정하는 데에만 2년 이상이 걸렸다. 언제 철창을 벗어날지도 모르는 미결 상태의 감옥 생활은 더욱 힘든 법이다. 서태석도 머나먼 신의주 감옥에서 그런 시간을 보냈다. 절망과 좌절이 밀려오는 시간도 있었을 것

15 『중외일보』, 1930년 5월 10일, 2면 4단.

이다. 그럴 때 서태석이 옥중에서 지었다는 시 한 편이 전한다.

> 울어볼까 웃어볼까.
> 산을 넘고 또 넘어도 앞에는 더 큰 산이요.
> 물을 건너도 또 건너도 앞에는 더 큰 물이다.
> 이 산 이 물, 또 산 또 물이 있으리니
> 갈까 보나 말까보다 험한 산 물길을.
> 진리가 말하는 유토피아는 응당 있는 줄 알지마는
> 피곤한 팔다리 더 가 줄 바이없다.[16]

한편 형이 확정된 뒤 오히려 서태석은 마음의 여유를 찾은 것 같다. 그런 정황을 보여주는 자료가 있다.

1930년 9월 1일에 발행된 『별건곤(別乾坤)』[17] 32호는 '옥중만총(獄中滿悤)'이라는 제목의 기사를 통해 당시 감옥에 수감 중인 주요 정치범들의 근황을 소개한 바 있다. 이 기사는 강달영, 김약수, 김재봉, 박형병, 이병의 등과 함께 평양형무소에 있던 서태석의 수형생활에 대하여 '건강은 양호하고 공부는 노어(露語), 출옥은 명년 10월.'이라고 전하였다.

또 1931년 1월에 발행된 『별건곤』 36호에도 서태석의 옥중 근황이 나온다. '금년에 출옥할 인사들'이라는 기사는 이렇게 전했다.

---

16 1928년에 지은 시라고 하는데, 이 무렵 서태석은 신의주형무소에 있었다.
17 언론 잡지 『개벽』의 뒤를 이어 개벽사에서 1926년 11월 1일자로 창간한 취미 월간 잡지로 1934년 7월 1일자 발행을 마지막으로 종간함.

'제1차 사건으로 입옥되어 신체 건강하기로 유명하고 노어 공부 열심히 하기로 옥중에서 명성이 자자하던 서태석도 금년 10월 하순에 출옥된다'

두 기사의 공통된 내용이 있다. 서태석이 형무소에서 노어, 즉 러시아어를 공부했다는 점이다. 신식 학교 문턱에도 가보지 못한 서태석으로서는 해외 명문대학에서 유학하고 돌아온 사회주의 이론가들과 어울리는 동안 사상과 이론에 대한 갈증을 느꼈을 법하다. 러시아어를 공부하여 그러한 지적 목마름을 해결하고자 했을 것이다. 궁극적 해방을 향하여 한 걸음 더 나아가기 위해서 서태석은 감옥에서의 시간도 헛되이 보내지 않았다.

9장

동트기 전의 짙은 어둠 속에서

9장 동트기 전의 짙은 어둠 속에서

조선중앙일보 목포지국 기자 활동

:

1931년 12월 6일, 서태석은 평양형무소에서 출소했다. 복심법원 최종 형량이 3년 8개월이었음을 고려하면 그해 10월 하순에 출소했어야 했다. 하지만 무슨 이유에서인지 예정보다 늦은 12월 6일에 형무소의 문을 나섰다. 그리고 다음날 서울에 도착하여 종로의 한 여관에서 휴식을 취했다. 당시의 중앙일보는 짤막한 기사로 서태석의 출옥 소식을 전했다.

> 공산당 사건으로 평양형무소에서 복역 중이던 서태석, 오상철 양씨는 그동안 복역을 마치고 지난 6일에 만기 출옥하였다는데 7일에 입경하여 종로 여관에서 휴양 중.[1]

서태석이 출소한 1930년대 초반은 암울한 시기였다. 1929년부터 시작된 세계 대공황의 그늘이 짙었다. 그 여파가 금융공황으로 이어져 1931년에는 미국, 영국, 독일 등지에서 은행이 휴업하는 사태가 벌어졌다. 세계 대공황의 여파는 신흥공업국인 일본에도 밀어닥쳤다. 그 무렵 일본에서는 만몽(滿蒙) 정벌의 망상을 지닌 전쟁광들이 득세했다. 1931년 6월에 사이토 총독이 퇴임하고 육군 대장 출신의 강경파 우가키 가즈시게가 신임 총독으로 부임한 데 이어 1931년 9월 18일에는 드디어 일제가 만주를 침공했다.

이와 더불어 식민지 조선은 일제의 대륙 침략전쟁에 따른 병참기지로 전락했다. 쌀값이 폭락했다. 심지어 "쌀값이 흙값"이라는 말이 나돌았다. 1920년대에 붉게 타오르던 사회주의 운동의 불길도 일제 치안유지법이 삼켜버렸다. 그나마 파탄 직전의 농민들은 적색농조의 깃발을 올리며 더욱 급진적으로 일제에 저항하였으나 민족주의 지식인들은 해방과 독립을 포기하고 '인민 속으로'라는 공허한 구호와 함께 농촌계몽에 나섰다.

평양형무소에서 나와 이처럼 암담한 식민지 현실을 마주한 서태석은 잠시 갈 길을 잃었다. 서울 중심으로 활동할 만한 조직도 남아 있지 않았다. 네 차례의 탄압으로 조선공산당은 끝내 무너졌고, 1931년 5월에는 좌우 세력의 주도권 다툼과 일제의 탄압으로 신간회도 해체되었다. 함께 활동하던 사회주의자들은 대부분 검거되었

1 『중앙일보』, 1931년 12월 9일.

고, 체포를 면한 사람들은 해외로 망명한 터였다. 식민지 조선의 하늘에 먹구름이 가득했다.

결국 서태석의 발걸음은 암태도로 향하였다. 그리고 1932년부터 자은도, 도초도 등 인근 도서 지역의 소작쟁의를 지원하는 활동을 이어갔다. 양은호의 기록에 따르면 1933년에 서태석은 하의도 토지회수투쟁을 지원하는 활동을 하였다. 그 과정에서 일본 야마나시현을 방문하기도 했다.

하의도 토지 소유권 분쟁은 임진왜란 직후 하의도에 정명공주의 면세전(궁방)이 설치된 데서 비롯되었다. 당시 선조는 홍주원[2]과 그의 자손 4대에 한하여 결세를 받을 수 있도록 했지만, 홍씨 후손들은 그 이후에도 농민들에게 결세를 납부토록 강요하여 농민들과 마찰을 빚었다. 그러던 1900년대 초반 일제가 논란이 된 토지를 국유지로 편입하려 하자 홍씨 일가는 허위로 소유권 문서를 작성한 뒤 헐값으로 땅을 팔아버렸다. 그렇게 처분된 토지는 몇몇 지주를 거쳐 일본 회사 토쿠다양행의 소유로 넘어갔다.

토쿠다양행의 농장 관리인과 마름들은 밀린 소작료까지 강제 징수에 나서고 살림도구를 강제로 차압하는 등 갖은 횡포를 부렸다. 이런 실상이 거듭되던 1927년 1월 30일. 일본 오사카에 거주하던 최용도, 고장명 등 하의도 출신 노동자 60여 명이 '하의노동청년회'를 조직했다. 이들은 일본 노동농민당 오사카 지부의 도움을 받아

2 홍주원(洪柱元, 1606~1672)은 선조의 딸 정명공주의 남편이다.

하의도 농민조합 결성을 시도했다. 그리하여 최용도, 강성사, 김병안 등이 하의도에 돌아와 조합 결성을 시도했으나 농장 측과 일제 당국의 방해로 실패했다. 그 사이에 토쿠다양행 측의 소작인 수탈은 극에 이르렀다. 그 무렵 일본노동농민당 대표 고옥이 신간회 도쿄지회장 강소천과 함께 직접 하의도로 현지 조사를 나오기도 했다.

이와 관련하여 양은호는 다음과 같이 기록했다.

> 1927년 춘기에 회사로부터 지불 명령장이 송달되어 부득이 일본 대판(日本 大阪)으로 피신 중인데 1933년이라고 기억되는데 하의도 사건을 해결하고자 하의도민 제갈봉좌(諸葛奉佐)와 손학진(孫學振) 씨와 서태석 씨 등이 양은호를 심방(尋訪)하여 말씀하시기를, 당시 박남언(朴南彦)씨가 야마나시(山梨)에 3만 원을 저당하였으므로 당시 금액으로 해결이 안 될 때에는 정치적으로 해결한다고 서태석씨가 말씀하셨는데 아니 될 말을 한다고 했는데 효고현(兵庫懸)까지 야마나시를 심방하여 사실대로 언급하니 현재 도쿠다(德田)가 소유하고 있으니 전화로 문의해 보자고 하면서 장거리로 전화문답을 하는데 과연 3만석에 결정하고 대금(代金) 준비 차 대판(大阪)으로 오던 중 조선에서부터 미행한 순경에게 구금되어 사회주의자(社會主義者)라는 죄명으로 신의주감옥으로 송치되었는데 3년간 옥고를 치르는 동안 전기고문으로 인하여 정신상태가 이상하게 되어…[3]

양은호에 따르면 평양형무소에서 출소한 서태석은 신안 섬 지역 농민운동에 깊이 관여하였고, 양은호가 소작인회 관계 소송으로

3 양은호, 「해사 서태석씨 약력과 소작인회 관계 소송기」, 『신안문화』 14호, 2004, 90쪽.

일본에 도피해있던 1933년에 서태석이 하의도 농지반환투쟁과 관련하여 일본을 방문했다고 한다. 또한 그 일을 보던 중 일본 현지에서 경찰에 체포되었고, 신의주감옥으로 송치되어 3년간 옥고를 치렀다는 것이다. 그런데 이 내용 가운데 서태석이 일본 방문 중에 경찰에게 체포되었을 개연성은 있다. 하지만 그 일로 신의주감옥에서 3년이나 옥고를 치렀다는 사실은 전혀 근거가 없다.

사실 1933년 12월부터 서태석은 조선중앙일보 목포지국 기자로 활동했다. 그해 12월 12일자 조선중앙일보에 서태석을 목포지국 기자로 임명한다는 사고(社告)가 실린 사실이 있다.[4]

조선중앙일보는 1933년 2월에 창간되었다. 1931년 6월에 경영난으로 휴간한 『중외일보』의 후신으로 1931년 11월에 중앙일보[5]가 속간되고, 이 신문이 다시 폐간 위기에 처하자 여운형이 사장으로 취임하면서 제호를 '조선중앙일보'로 바꾸었다.

일찍이 고려공산당 당원으로 모스크바를 드나들며 국제적으로 활동해온 여운형의 유명세에 힘입어 조선중앙일보는 사세가 확장되었다. 바로 그런 때에 사회주의자 서태석이 목포지국 기자가 된 건 자연스러운 일이었다. 당시 서태석이 감옥에 있었다면 조선중앙일보 기자로 임명될 수는 없는 노릇이다. 양은호는 서태석이 1927년 12월의 서울-상해파 조선공산당(이른바 춘경원당) 사건과 관련하여 신의주형무소에 투옥된 사실을 1933년의 일로 잘못 기록하였을 것이다.

---

4 『조선중앙일보』, 1933년 12월 12일, 4면 13단.

5 1965년 이병철이 발행한 지금의 『중앙일보』와는 전혀 무관하다.

이와 같은 내용을 정리해보면, 1931년 12월에 평양형무소에서 만기 출소한 서태석은 고향으로 내려와 농민들의 소작쟁의와 하의도 토지회수투쟁 등을 지원하다가 1933년 12월부터는 목포에 머무르며 조선중앙일보 목포지국 기자로 활동했다. 다만 서태석이 이 일을 언제까지 했는지에 대해서는 확인하기 어렵다.

대를 이어 사회주의자로 활동한 서익철

:

세 번째 옥살이를 마친 후 1932년부터 1933년까지의 기간에 서태석은 모처럼 가족들과 많은 시간을 함께 지낼 수 있었다. 서태석이 바깥 활동을 하는 사이 암태도 본가와 가업은 아버지 서두근과 어머니 박남이, 아내 김활목이 지키고 있었다. 동생 서병석(서민석)은 진즉 혼인하여 독립하였을 터였고, 누이 서계초도 시집을 간 터였다.

단고리 주민 서재담 전언에 따르면 1924년 암태소작인회에서 목포 1차 원정 투쟁을 벌였을 때 원정 대표를 맡았던 김용학이 서계초의 남편이라고 하는데, 확인된 사실은 아니다. 서재담의 전언에 따르면 김용학에게는 김창준, 김창률 두 아들이 있었는데, 이 중 김창준은 사회주의자로 활동했다고 한다. 서계초는 나중에 압해면 장감리 114번지로 이사한 것으로 추정된다.[6]

---

6 서재담 인터뷰, 2019년 9월 17일.

서태석의 장남 서익철

한편 서태석과 부인 김활목 사이에는 큰아들 익철(1912년생)과 둘째 아들 익훈(1917년생)이 있었다. 또 서태석은 둘째 부인과의 사이에서 딸 홍발(1925년생)을 낳았다. 흔히 하는 말로 서태석은 지역 유지로 지내던 시절에 '축첩'을 하였고, 그로 인해 늦둥이 딸을 보게 되었다. 그 때문에 서태석은 첫 부인 김활목과 늘 사이가 좋지 않았다.

그런 와중에 큰아들 서익철은 일본 와세다대학에 유학하고 돌아와 목포를 거점으로 사회주의 활동을 벌였다. 서익철은 1933년 6월, 목포청년동맹 집행위원으로 선임되었다. 당시 조선중앙일보에 따르면 1933년 6월 17일 오후 5시 목포청년동맹 사무소에서 집행위원회가 개최되었다. 김봉래가 사회를 보는 가운데 이 회의에서 '집행위원 사임 수리, 집행위원 보선에 관한 건'이 의결된 결과, 최유산, 조송희 위원이 사임하고 김화선, 서익철이 보선되었다고 한다. 더불어 서익철은 소년부 부서원에 배치되었다.[7]

이처럼 청년단체에 소속되어 사회주의 활동을 하던 서익철은 이듬해인 1934년 4월 부두하역노동자 적화사건에 연루되어 목포 경찰에 검거되었다. 이와 관련된 조선일보 기사 내용은 이렇다.

> 목포경찰서 고등계에서는 수일 전부터 활동을 개시하여 남교동 양재용, 양동 서익철, 대성동 박흥복 등 청년 5, 6인을 검거하고 고등계

7 「목포청년동맹」, 『조선중앙일보』, 1933년 6월 17일.

심석(心石) 주임이 담임하여 주야로 극비리에 취조를 계속하여 오던 중 일전에 돌연히 청년 10여 명을 또 검거하고 심석 고등계 주임이 극비밀리에 취조 중이라는 바 사건의 내용은 극비밀에 부쳐 알 수 없으나 탐문한 바에 의하건대 해상에서 생활하는 선부를 상대로 적화(赤化)운동을 한 것이라는데, 사건의 진전에 따라 앞으로 더욱 확대될 듯하다고 한다.[8]

이 기사 내용에 따르면, 서익철은 목포 부두 하역 노동자를 대상으로 적화 교육을 한 혐의로 검거되었다. 그런데 단순히 목포에서 몇몇 사회주의 청년들을 대상으로 일어난 탄압 사건이 아니었다. 전라남도 전역에 걸쳐 일어난 대규모 사회주의 탄압 사건임이 곧 드러났다.

일시 세인의 이목을 놀라게 한 전남 해남, 영암, 완도, 장흥, 강진을 중심으로 하여 3개월이라는 세월을 두고 전 도에 일어나는 검거의 선풍은 날로 확대됨을 따라 농촌으로는 농민 적화운동과 도시에서는 노동자를 중심 삼아 전남노동협의회를 조직하였다는 것으로, 각경찰에 검거된 이누언은 거의 5백여 명에 달하여 이래 엄중한 취조를 진행한다 함은 기보한 바이어니와 목포에서는 선하(船荷) 노도자를 중심으로 적화를 획책하였다는 사건으로, 제1착으로 검거된 김정수, 이기동, 박모를 해남서로 압송하였다가 다시금 목포서로 압송하여온 후 양재웅, 박흥복, 서익철, 가영수 외 6명을 검거하고 각 방면으로 활동 중이더니 무슨 단서를 얻었음인지 목포서 고등계 형사대는 금월 초순경 급거 상경하여 조모라는 청년과 정경열을 검거 압송한 후 극비리에 주야겸행으로 엄중히 취조를 계속하여 오던 바 정경열만이

8 「5명 청년 취조로 검거범위 확대」, 『조선일보』, 1934년 4월 15일.

지난 19일 무사방면, 나머지 10여 명은 불일간 취조가 끝남에 따라 송국되리라고 한다.[9]

기사 내용처럼 서익철은 당시 만 22세의 나이에 아버지 서태석과 마찬가지로 일제 '치안유지법 위반' 혐의로 검찰에 송치되었다. 그리고 1934년 12월 14일 검사국의 예심판결에서 서익철은 '기소중지, 불기소' 처분을 받아 풀려나게 된다.

이후 서익철이 어떤 활동을 하였는지는 확인되지 않는다. 다만 몇 년 뒤에 서익철은 1929년 11월 광주학생운동의 발단이 된, 나주역 여학생 희롱 사건의 당사자인 박기옥[10]과 혼인하게 된다. 서태석 제적부에는 서익철과 박기옥의 혼인신고일이 1938년 11월 8일로 기재되어 있다. 이들은 목포부 죽교리 101번지에서 신혼생활을 시작했다. 실제로는 1936년쯤 혼인했을 것으로 추정된다.

9 「목포선하노동자 적화사건 불원송국」, 『동아일보』, 1934년 5월 27일.

10 1913년 10월 25일 전남 나주군 서부면 금계동에서 태어났다. 광주여고보 3학년 재학 중이던 1929년 10월 30일 오후 5시반 경 나주역에서 친구 이금자(李錦子), 이광춘 등과 함께 집찰구로 걸어갈 때 광주중학교 일본인 학생 몇 명이 박기옥의 댕기머리를 잡아당기며 희롱했다. 이때 뒤따라오던 박준채(박기옥의 사촌 남동생이자 광주고등보통학교 2학년생)가 격분하여 일본 학생들에게 사과를 요구했지만 후쿠다 슈조(福田修三) 학생이 "뭐냐. 조센징 주제에"라며 무시했고, 이에 격분한 박준채가 그의 따귀를 갈기면서 충돌이 시작되었고, 이 일은 광주학생항일운동의 불씨가 되었다. 이후 박기옥은 시험 거부 백지동맹 결성 등의 항일시위에 참여했다가 강제 퇴학당하여 나주에서 지내다가 1938년 서태석의 장남 서익철과 결혼하였다. 2019년 대한민국 정부로부터 대통령 표창을 추서했다.

박기옥(오른쪽)과 **이광춘**(왼쪽)

서익철과 박기옥이 만나게 된 경위에 대해 서태석의 외증손 박훈 씨는 이렇게 말했다.

"나주 박씨 분들에게서 들은 이야기인데, 외할아버지(서익철)가 외할머니(박기옥) 동생 박준호 씨를 사회주의자로 포섭하느라 자주 접촉하다가 박준호의 누나인 박기옥을 소개받았을 거라고 합니다."[11]

이 말이 사실이라면, 서익철은 1934년 12월에 불기소 처분받은 뒤에도 사회주의 관련 활동을 계속하였을 것이다. 또한 서익철은 목포뿐만 광주 쪽도 오가며 활동을 이어간 것으로 볼 수 있다.

대동민우회와 변절한 동지들

:

한편 1930년대 중반 이후 서태석의 행적과 관련된 공식적인 자료는 찾아보기 어렵다. 다만 1936년 6월 23일, 경기도경찰부장 명의로 작성된 '대동민우회 조직계획에 관한 건'[12]이라는 문서에 서태석의 이름이 나온다. 경성부 체부정 43번지 소재 '대동민우회' 조직준비위원회에서 6월 21일에 발기인 대회를 개최하였는데, 6월 19일에 이 사무소에서 안준, 이각종, 서태석 등 조직 준비위원 8명이 회합하여 발기회 준비위원회를 열었다는 내용이다.

대동민우회는 1936년 9월에 결성되어 8·15해방 직전까지 일제

11 박훈 인터뷰, 2019년 9월 6일.

12 국사편찬위원회, 「대동민우회 조직계획에 관한 건 2」, 『경찰정보철』, 1936년 6월 23일.

의 내선일체 정책과 대륙 침략전쟁을 미화해온 친일 단체였다. 친일단체 '백악회(白岳會)'를 확대 개편한 것이다. 백악회는 총독부 부속으로 친일 관리를 역임해온 이각종[13]이 안준(安浚)[14], 차재정(車載貞)[15], 주련(朱鍊) 등 공산주의에서 변절한 사람들을 포섭하여 1936년 2월에 설립했다. 그런데 백악회 내에서 분란이 일어나자 이각종 일파는 반대파를 배제하고 새로운 친일 단체인 대동민우회를 창립하였다.

창립 당시 대동민우회의 상무위원은 윤귀영, 이승원, 유공삼 등이었고, 이방, 임낙빈, 박명렬, 윤홍중 등이 권유위원을 맡았다. 규약초안 검토위원은 유공삼, 김경식, 이윤식 등이었고, 이항발,[16] 이

13 1926년 이후 이각종은 총독부 학무국 촉탁으로 일하며 당시 사회교육과장이던 김대우(金大羽) 등과 협력하여 내선일체와 황민화 등 사상교육의 주도적 역할을 한 친일 반민족행위자이다. 1937년에는 저 유명한 '황국신민서사' 문안을 지었다. 그해 7월 국민정신총동원조선연맹 발기인이 되었고, 1940년에는 국민총력조선연맹의 이사로 활동했다. 1941년 10월에는 악명 높은 친일단체 조선임전보국단 평의원으로 활동하며 일제에 부역하는 시국강연을 주도하는 등 적극적인 친일행위를 벌였다.

14 1889년 경남 창원 출신. '조선노농총동맹', '조선청년총동맹' 등의 간부로 활동했다. 1924년 10월에는 서울파 공산주의 그룹 고려공산동맹 경상남도 조직책임자로 활동했다. 1926년에는 조선사회단체중앙협의회 창립준비위원을, 1927년에는 조선농민총동맹 중앙집행위원을 역임하고, 신간회 밀양지회 창립준비위원으로 활동한 후 사업가로 변신하여 부산에서 경남인쇄주식회사를 경영하다가 이각종의 권유로 사상전향을 하고 백악회에 가입했다.

15 1903년 충남 논산 출생. 1917년 인천상업학교를 졸업하고 농공은행에 다니다가 1921년 일본으로 건너가 도쿄 세이소쿠[正則]영어학교를 졸업하고 1923년 귀국하여 교사가 됨. 1925년 서울청년회에 가입하고, 전진회(前進會) 집행위원, 1926년 조선사회단체중앙협의회의 창립준비위원. 1927년 조선청년총동맹 중앙상무집행위원 등으로 선임되어 활동. 1929년 12월, 광주학생운동 관련 선전문 제작 배포 혐의로 체포되어 징역 2년을 선고받았고, 출옥 후 전향하여 백악회에 가담했다.

16 이항발은 이때의 활동이 문제가 되어 2011년에 건국훈장(애국장) 서훈이 취소되었다. 이에 이항발의 손자가 국가를 상대로 서훈취소처분을 취소해달라는 소송을 냈으나 2015년 4월, 상고심에서 최종 원고패소 판결을 내렸다.

승원, 윤귀영, 이창환 등이 정책연구위원으로 활동했다. 여기에서 '권유위원'이라는 직함이 눈에 띈다. 말 그대로 공산주의자, 민족주의자를 대상으로 사상전향을 권유(勸誘)하여 대동민우회 회원으로 가입시키는 부서였다.

이들은 창립회원 모집의 중간 점검을 위해 1936년 6월 19일, 발기회 준비 모임을 가졌다. 그런데 이날 참석한 8명의 조직준비위원 중 한 자리를 서태석이 채운 것이다. 서태석이 변절자들의 모임에 참석하게 된 계기나 경로를 확인할 수 없다. 다만 정책연구위원으로 선임된 이항발이라는 이름에 주목할 필요가 있다. 나주 출신인 이항발은 서태석과 함께 서울청년회 활동을 하였으며, 소작쟁의 당시 암태도에도 종종 드나들던 인물이었다. 또 안준, 차재정 등 백악회의 핵심 인물들도 서울청년회 출신들이었다.

과거의 동지였던 이들의 권유에 따라 서태석은 준비 단위에 이름을 빌려주고 발기회 준비 모임에도 직접 참석한 것으로 보인다. 하지만 서태석은 회의에 참석한 뒤 비로소 대동민우회의 성격을 알게 되었다. 그리고 "대동민우회의 강령과 이론을 사회에 발표하여 각 방면으로 의견을 청취하여 이 운동의 참고자료로 삼은 뒤에 회원을 획득해야 효과적일 것"이라는 의견을 냈다.

표현은 완곡했지만 사실상 대동민우회의 활동을 내용을 사회적으로 검증받자는 제안이었다. 이각종, 유공삼, 이승원 등 기존 백악회 회원들이 당연히 서태석의 의견에 반대하는 바람에 잠시 논란이 일어났고, 결국 다수결로 표결했다.[17]

이날 서태석을 비롯한 발기인 일부는 "백악회 당시 권유자의 감언(甘言)에 낚여 단순히 먹고사는 문제 해결의 편의상 입회를 했으나… 이러한 상태에서는 입회에 대한 마음을 바꾸고 싶다"[18]는 취지로 불만을 토로하였다. 잘 먹고 살 살게 해주겠다는 달콤한 말에 넘어가 대동민우회 준비위원으로 포섭되었으나 그 실체를 알고 나서 서태석은 더 이상 이 단체와 관련된 활동을 하지 않았다. 실제로 이날 준비 모임에 참석한 것 말고는 대동민우회와 관련된 서태석의 이름은 발견되지 않는다.

더욱이 1936년 8월에 이른바 '일장기 말소 사건'에 대하여 대동민우회 창립위원회가 비난 성명을 발표한 일도 서태석이 대동민우회 쪽에 발길을 끊은 이유가 되었을 것이다. 일장기 말소 사건이란 당시 '조선중앙일보'와 '동아일보'가 당시 베를린올림픽대회 마라톤 우승자 손기정 선수의 유니폼에서 일장기를 지워버린 사진을 게재한 사건이었다. 이로써 동아일보는 무기 정간 처분을 당하였고, 조선중앙일보는 9월 5일부터 자진 휴간에 들어갔다가 이듬해 11월에 폐간하기에 이른다. 조선중앙일보 목포지국 기자였던 서태석이 자사 언론을 비난한 대동민우회에 결코 동조할 수는 없었을 것이다.

17 국사편찬위원회, 「대동민우회 조직계획에 관한 건 2」, 『경찰정보철』, 1936년 6월 23일.

18 국사편찬위원회, 「대동민우회 조직계획에 관한 건 2」, 『경찰정보철』, 1936년 6월 23일.

벼 포기를 움켜쥐고 논두렁에서 잠들다

:

1920년대 10년 동안 서태석은 다섯 차례 이상 검거되었고 세 번의 옥살이를 하였다. 감옥에서 보낸 세월만 옹근 7년이었다. 아무리 단단한 쇳덩이라도 녹이 슬만한 세월이었다. 게다가 옥살이를 마친 후에도 일제 당국과 변절한 과거의 동지들로부터 끊임없는 회유가 이어졌다. 하지만 끝내 서태석은 사상전향을 거부했다. 덕분에 서태석은 1930년대 중반 이후 암울한 삶을 살았다.

더욱이 무수히 당한 고문의 후유증으로 조현병이 찾아왔다. 조현병의 증상은 다양하지만 대체로 망상과 환상이 정신을 지배하는 증상이 보편적으로 나타난다. 서태석의 경우 잦은 고문에 따른 끔찍한 공포의 기억이 되살아났을 것이다. 서태석의 손녀 서정이 씨는 어머니 박기옥으로부터 들은 이야기를 이렇게 전했다.

"어머니가 시집을 가니까 시아버지가 미쳐가지고 책상 밑으로 막 기어 들어가고 그래서 밥을 못 차려 드렸다고 해요."[19]

낯선 사람에게서 극심한 공포를 느꼈다는 이야기다. 심지어 며느리에게서도 그랬다. 이러한 두려움 때문에 당시 서태석은 매우 큰 개를 한 마리 데리고 다녔다고 한다.[20]

조현병으로 인해 서태석은 부인 김활목과의 사이가 더욱 틀어졌

19 서태석 손녀 서정이 씨 인터뷰, 2019년 9월 6일.
20 서재담 인터뷰, 2019년 9월 17일.

다. 그리하여 결국 1935년 8월에 김활목과 협의 이혼하였다.[21] 그 후 서태석은 한동안 이곳저곳을 전전하다가 압해면 장감리 114번지에 정착했다. 압해도에 정착한 정확한 시기는 확인되지 않지만, 그곳에서 서태석은 여동생 서계초 부부에게 기대어 무기력한 나날을 보냈을 것이다.

그러던 1943년 6월 12일. 모내기를 마친 논에 줄 지어 벼포기들이 파릇하게 자라나는 시절이었다. 서태석은 압해면 장감리 어느 논두렁에서 벼포기를 움켜쥔 채 주검으로 발견되었다. 당시 그의 나이 만 58세에 불과했다. 처음에 그 광경을 발견한 사람은 주검의 주인공이 누구인지도 몰랐다고 한다. 나중에 서태석의 주검을 확인한 여동생 서계초는 마을 사람들 도움을 받아 별다른 장례 절차도 없이 논두렁 근처에 무덤을 썼다. 1920년대 조선 농민운동의 상징이었던 운동가의 최후는 참으로 초라했다.

서태석의 유해는 그로부터 33년이 지난 1976년에 암태도 주민들에 의해 암태면 기동리 선산으로 이장되었다. 더불어 주민들은 '추모비건립추진위원회' 결성하고 서태석의 삶을 기념하는 추모비를 세우려 하였으나 박정희 정부의 제지로 뜻을 이루지 못하였다. 그러다가 1979년에 가까스로 그의 묘지 옆에 추모비를 세웠으나 공식적인 제막식은 치르지 못했다. 이 일에 참여한 단고리 주민 서재

21 서태석 제적등본, 2015년 6월 10일.

담은 당시 상황을 이렇게 떠올렸다.

“여동생이 돌아가신 논두렁에 그대로 묘를 썼다. 나중에 암태면 사람들이 가서 논두렁에서 시신을 파왔다. 내가 30대 후반이었을 때 이장을 해왔는데 나도 봤다. 뼈대만 봐도 기골이 장대했다.”[22]

그 뒤 문민정부 시절이던 1997년, 암태면 단고리에 ‘암태도 소작인 항쟁기념탑’이 건립되었고, 2003년 대한민국 정부로부터 독립운동 공적을 인정받아 건국훈장 애국장이 추서되었다. 또한 2008년 3월 4일에는 국립대전현충원 독립유공자 3묘역에 유해가 안장되었다.

후손으로 이어진 수난

서태석이 세상을 등진 지 두 해 만에 일제는 물러가고 해방이 찾아왔다. 하지만 사회주의 운동가들에 대한 탄압이 멈춘 것은 아니었다. 서태석의 조선공산당 활동 경력을 들어 대한민국 정부는 암태도 이천 서씨 일족에 연좌제를 적용했다. 이천 서씨 일족은 면사무소의 서기 자리 하나도 맡을 수 없었다. 심지어 이천 서씨 집안 사람들이 배를 타고 목포로 나가면 곧바로 그 사실이 당국에 보고되어 경찰로부터 일거수일투족을 감시받을 정도였다. 그야말로 수십 년간 핍박이 이어졌다.

22 서재담 인터뷰, 2019년 9월 17일.

이천 서씨 먼 친지 일가도 이럴진댄 서태석 일가의 처지는 말할 필요도 없었다. 서태석의 둘째 아들 익훈은 소년의 나이에 일본으로 공부하러 갔다가 8·15 해방이 될 때까지도 행방불명 상태였다. 유족들은 서익훈이 전쟁 통에 사망한 것으로 추정한다.

한편 서태석의 큰아들 서익철은 결혼 직후 박기옥과의 사이에서 아들을 낳았으나 영양실조 비슷한 이유로 어린 나이에 죽고 말았다. 이후 1943년에 딸 정이를 얻었다. 그 후 서익철과 박기옥 부부는 암태도에 있던 어머니 김활목과 함께 어린 딸을 데리고 서울 명륜동으로 이사를 하였다. 1945년 해방 직후였을 것으로 추정된다. 후손들 전언에 의하면 당시 서익철은 성균관대학교(당시에는 명륜전문학교) 교수로 출강하였다. 서익철 일가에게는 짧은 봄날 같은 시절이었다.

서정이 씨 증언에 따르면 조그마한 정자와 연못도 있는 일본식 집에서 살았다고 한다. 적산가옥을 불하받았을 것이다. 지금의 성균관대학교 운동장 쪽 주차장 자리에 있는 집이었다. 그 집에서 서익철 부부는 어머니 김활목, 딸 서정이와 함께 단란한 가정을 꾸렸다. 더구나 1946년에는 둘째 딸 정현이 태어나 식구가 늘었다. 그러나 봄날은 짧았다. 1947년 6월 2일, 박기옥이 주사 쇼크로 갑자기 세상을 떠난 것이다.

이어 남북한 단독정부가 들어서며 시국이 뒤숭숭하던 1948년에는 갑자기 서익철이 행방불명되었다. 각각 다섯 살, 두 살이었던 정이, 정현은 졸지에 고아가 되고 말았다. 두 손녀의 양육을 맡게 된 김활목은 어찌할 바를 모르다가 어린 정현은 나주 외가로 보내고 큰 손녀 정이는 자신이 돌보기로 했다. 하지만 시련은 거기서 그치지 않았다. 그로부터 얼마 지나지 않은 어느 날 새벽, 반공 우익단체 청년들이 집으로 들이닥쳐 할머니와 손녀를 빈손으로 쫓아내버렸다.

당시 다섯 살이었던 서정이 씨는 지금도 그때 일을 생생하게 기억한다.

"완전히 새벽에 쫓겨났으니까, 우리는 아무것도 안 받고 나왔어요. 그 어린 날 내가 기억을 다 해요. 완전히 거지로 쫓겨났어."[23]

어린 손녀와 맨몸으로 쫓겨나다시피 한 김활목은 급한 대로 혜화동 서울대학교병원 근처에 셋방 하나를 얻어 일단 손녀를 거두었다. 그러나 평생 농사만 짓던 김활목은 혼자서 서울 살이해 나갈 자신이 없었다. 손녀는 외가로 보내고 자신은 암태도로 내려가기로 했다. 그리고 손녀의 가슴에 이름표를 써 붙인 뒤, 송정리행 기차에 태웠다.

서정이 씨는 당시 상황을 이렇게 기억한다.

"광주 송정역에 내리니까 우리 외삼촌이라는 분이 내 이름표를 보더니, 내가 니 외삼촌이다. 너 잘 왔다. 그러면서 우리 외가로 나를 데려갔어요."

23 서태석 손녀 서정이 씨 인터뷰, 2019년 9월 6일.

암태도 선산에 방문한 서정이 씨(2019년)

박기옥 선생 서훈 수여식에 참석한 서정이 씨와 가족들
(가운데가 서정이 씨)

그리하여 두 어린 자매는 외가에서 자라게 되었다. 외가의 처지도 변변치 않아서 두 자매는 힘든 시절을 보냈다. 그러다가 서정이 씨는 1970년에 미국으로 이민하였다. 동생 정연 씨 또한 1976년에 미국 이민을 하였다. 현재 서정이 씨는 로스앤젤레스(LA) 근처 랭커스터 시티에, 동생 서정현 씨는 라스베이거스에 거주하고 있다.

우리 역사에서 암태도소작쟁의를 모르는 사람은 드물 것이다. 광주학생운동을 모르는 사람은 더욱 드물 것이다. 이 두 가지는 일제강점기 호남의 항일운동을 대표하는 사건으로 교과서에도 실려 있다. 하지만 역사는 그 사건 주역들의 삶을 오랫동안 외면하였다. 하물며 긴 세월을 시련과 핍박 속에서 살아온 그 후손들의 삶에 대해서는 말할 필요도 없을 것이다.

우리는 과연 해방된 세상에 살고 있는가.

“

부록 1

서태석 주요 연보

”

1885년

6월 17일 암태면 기동리 991번지, 서두근과 박남이의 2남 1녀 중 장남으로 출생.

1891년(6세)

서당에 다니며 한문 공부 시작.

1897년(12세)

관상쟁이의 불길한 예언을 들은 후 동의보감 등 한방 공부.

1899년(14세)

지도군 백일장에서 장원, 집안 잔치.

1901년(16세)

안좌면 옥도에 한약방을 차리고 2~3년간 주민 괴질 치료, '명의' 소리 들음.

1911년(26세)

김활목과 혼인(추정).

1913년(28세)

제3대 암태면장 취임, 1919년 11월까지 7년여간 재직.

1919년(34세)

3월 18일 장산도 만세 시위 주도자 장병준과 함께 '3 · 1운동 1주년 기념 경고문 배포' 준비 가담.

11월경 암태면장 사임 후 12월 말경에 자은도 표성천과 상경, 만주보민회사 발기인 참여.

1920년(35세)

2월 29일 목포에 '3 · 1운동 1주년 기념 경고문'을 배포하고, 3월 3일에 목포 경찰에 피체(被逮).

12월 21일 경성지방법원에서 징역 1년 선고.

1921년(36세)

6월 5일 서대문형무소 만기출소 후 서울청년회 활동 시작.

1922년(37세)

4월 13일 충남 홍성에서 군자금 모금 혐의로 종로 경찰에 체포되었다가 4월 30일에 무죄 방면.

1923년(38세)

연해주 블라디보스토크 방문(방문 기간은 확인 안 됨).

10월 5일 사회주의선전 활동 중 종로경찰서에 검거되었다가 10월 말경에 풀려남.

11월 암태도에서 소작인회 결성을 이끌고 12월 3일에 암태소작인회 창립대회 주관.

1924년(39세)

4월 10일 조선노농대회 참석하고자 상경 중 대전에서 검거, 목포로 이송 후 목포형무소 수감.

10월 30일 광주지방법원에서 소요죄 등으로 징역 2년 선고받은 후 대구 복심법원에 항소.

12월 초순 보석 석방되어 암태도에 머물며 무목청년연맹 결성 준비.

1925년(40세)

3월 18일　대구 복심법원에서 징역 2년 선고받고 재수감, 목포형무소로 이감.

1927년(42세)

2월 26일　목포형무소에서 2년 7개월 만에 출소.

5월 16일　조선사회단체중앙협의회 창립대회에서 임시집행부 서기 담당.

여름　조선공산당 전남도당 입당.

9월　조선농민총동맹 중앙집행위원 선임.

12월 20일　경성 춘경원 식당에서 열린 서울-상해파 조선공산당 제3차 대회에 전남 대표로 참석, 중앙위원 겸 선전부장으로 선출.

1928년(43세)

2월 23일　4차 조선공산당 사건으로 종로경찰서에 피체.

1929년(44세)

12월 5일　'신의주 공산당 사건'과 병합되어 신의주지방법원에서 징역 4년 선고.
평양 복심법원에 항소 후 평양형무소로 이감.

1930년(45세)

5월 8일 평양 복심 선고공판에서 징역 3년 8개월로 감형.

1931년(46세)

12월 6일 평양형무소에서 만기출소.

1933년(48세)

12월 12일 여운형이 인수한 조선중앙일보 목포지국 기자로 발령 받음.

1935년(50세)

8월 24일 정신 분열 증세 등으로 김활목과 협의이혼 후 압해면 장감리로 이주.

1943년(58세)

6월 12일 압해면 장감리에서 사망.

1976년

기동리 선산으로 이장(移葬).

1997년

암태도 소작인 항쟁 기념탑 건립.

2003년

건국훈장 애국장 추서.

2008년

3월 4일 국립대전현충원 독립유공자 3묘역에 안장.

부록 2

암태소작쟁의 관련 광주지방법원 판결문

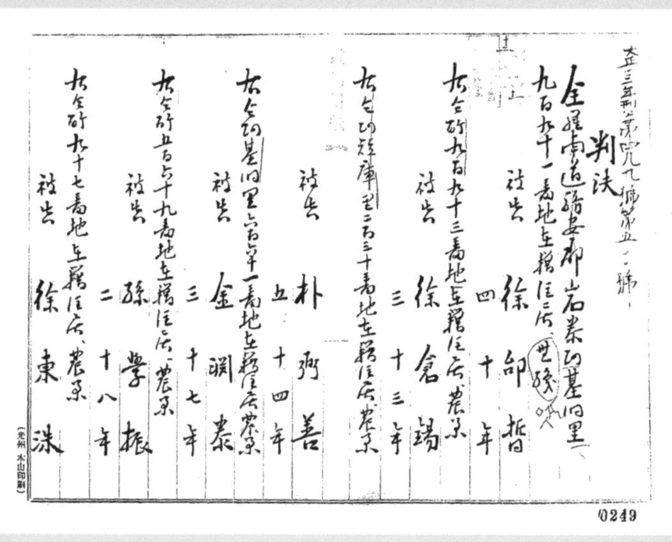

大正三年刑第四九九號第五一一號

判決

全羅南道務安郡岩泰面基旧里
九百九十一番地在籍住所、農業
被告　徐部哲　四十年

右仝所九百九十三番地在籍住所、農業
被告　徐倉錫　三十三年

右仝面端庫里二百三十番地在籍住所、農業
被告　朴珩善　五十四年

右仝面基旧里六百六十一番地在籍住所、農業
被告　金潤泰　三十七年

右仝所五百六十九番地在籍住所、農業
被告　孫學振　二十八年

右仝所九十七番地在籍住所、農業
被告　徐東洙

(光州 木山印刷)

0249

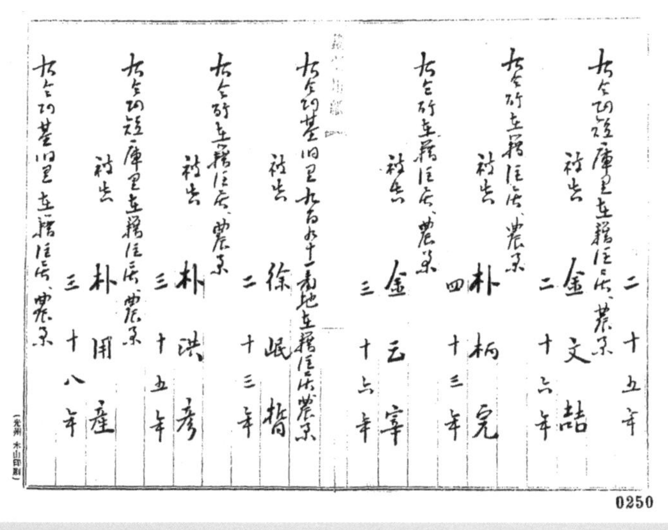

二十五年

右仝面端庫里在籍住所、農業
被告　金文喆　二十六年

右仝所在籍住所、農業
被告　朴柄完　四十三年

右仝所在籍住所、農業
被告　金云宰　三十六年

右仝面基旧里九百九十一番地在籍住所、農業
被告　徐岷哲　二十三年

右仝所在籍住所、農業
被告　朴洪彥　三十五年

右仝面端庫里在籍住所、農業
被告　朴用産　三十八年

右仝面基旧里在籍住所、農業

(光州 木山印刷)

0250

被告　朴應彦
二十九年
右同所水谷里三百五十六番地在籍
木浦府北橋洞百五十番地住居農業
被告　文明鎬
三十七年
右同道務安郡岩泰面水谷里在籍住居
農業
被告　文珉順
二十六年
右被告徐邰晳、徐昌錫、朴弼善、金淵泰、孫學振、徐東洙、金文鉉、朴炳完、金云宰、徐民晳、朴洪彦、朴用產、朴應彦ニ對スル騷擾、傷害、住居侵入、毀棄、被告事件並被告文明鎬、文珉順ニ對スル傷害被告事件ニ付朝鮮總督府檢事新藤寛三郎干與審理ヲ遂ケ判決スルコト左ノ如シ

主文

被告徐邰晳ヲ懲役二年ニ被告徐昌錫ヲ懲役一年ニ被告朴弼善、金淵泰、孫學振、金文鉉、金云宰ヲ各懲役八月ニ被告徐東洙、朴炳完、徐民晳、朴洪彦、朴用產、朴應彦ヲ各懲役六月ニ被告文明鎬ヲ懲役十月ニ被告文珉順ヲ懲役八月ニ各處ス。但シ被告朴弼善、金文鉉、金云宰、徐東洙、朴炳完、徐民晳、朴洪彦、朴用產、朴應彦及被告文珉順ニ對シテハ裁判確定ノ日ヨリ二年間刑ノ執行ヲ猶豫ス

訴訟費用中證人朴宗南ニ對シ支給シタル費用並ニ證人徐東洙、朴宗南ニ支給シタル部分ハ被告文明鎬、文珉順ノ連帶負擔トシ其他ハ其餘ノ被告等ノ連帶負擔トス

理由

被告徐邰晳ハ不穩思想ヲ抱ケル者ニシテ東京其他ニ遠隔ナル同志ト共ニ大正十二年十一月中郷里ニ歸リ岩泰面小作人等ニ地主ニ於テ不當ナル高率ノ小作料ヲ徵シ殊ニ地主文在喆ノ如キハ其土地管理人タル右同所瓦村里文泰鉉ヲシテ小作料徵收ニ當

諾セサルニ憤慨シ地主ニ反抗シテ之カ低減セシ
メントスル状勢アル際被告徐邰晳ハ経済
的弱者ノ集団的運動ノ必要ヲ感シ岩泰
島内ノ小作人等ハ其他ヲ網羅シテ小作人会
ヲ組織シ其堅固ナル団結力ニ依リテ地主ノ横
暴ヲ阻止セント企テ被告徐昌錫ト相謀リ
其他ノ朴弼善以下十一名ノ被告人等ハ各小
作人等ヲ勧誘シテ岩泰青年会ニ從ヒ
同年十二月二日岩泰小作人会発起会ヲ
岩泰公立普通学校内ニ開キ次イテ同月四

0253

日同所ニ於テ其創立総会ヲ開キ徐邰晳
ハ臨時議長トナリ会人依朱ノ憲章（会則）
ヲ可決シ被告徐昌錫ハ委員長ニ被告
朴福永、朴弼善、被告孫學振其他多数ノ者執
行委員ニ選挙セラレ茲ニ岩泰小作人会完全
ニ成立シ其会員約五百名ニ上リタルカ爾
来数回ノ総会ヲ開キ就中大正十三年三月二
十日ノ総会ニ於テハ憲章所定ノ外ニ小作料
ハ畓四割、田三割ニ低減セシムルモノトシ地主其要
求ヲ容レサルトキハ小作料ハ不納同盟及廃作

(光州 木山印刷)

同盟ヲ為シ且ツ既ニ達セサル地主ノ頌徳碑
ヲ破壊スヘキ旨ヲ実行スヘク決議ヲ為シ其後該
決議ニ基キ数回地主文泰炫ニ対シ小作
料ノ低減ヲ要求シタルモ同人ハ拒否シタルコ
トナリタルヨリ瓦村里ニ建テタル同人ノ頌徳碑
ヲ破壊セントシタルモ該碑ハ大正五年中面民ノ
建設ニ係ルモノナルヲ以テ之カ破壊ニ付テ面民
大会ノ決議ヲ経ル必要アリトシテ同年五月二
十七日公立普通学校内ニ岩泰小作人会
青年会、婦人会ノ主催ノ下ニ面民大会ヲ開

0254

催シ之ニ約四百名ノ面民集会シ被告徐昌
錫ハ議長ニ選ハレ満場一致ヲ以テ地主文泰
炫ニ対シ当年度小作料ノ低減ヲ求メ之ニ応
セサルトキハ其頌徳碑ヲ破壊スヘク決議シタ
ルトコロ同月二十五日来島シタル木浦
署長朴在植ノ調停ニ依リ文泰炫ハ
小作人会ニ於テ責任ヲ負ヒ近々其ノ本
石ノ小作料ヲ定ムル時ハ直ニ小作人会ノ
要求ニ従ヒ小作料ヲ低減スルモ可ナル旨云
ヒ茲ニ於テ和解ノ曙光ヲ見タルモ

(光州 木山印刷)

右ノ如ク大会ニ於テ前会長徐会錫、朴弼善ノ両人ヲ和解交渉委員ニ選任セラレ然ルニ是ヨリ先キ文泰鉉ハ門中ニ居ル文応昌ハ前記文明鎬ハ小作人会員等ヲ右ノ如ク大会ニ於テ決議ヲ経テ文泰鉉ノ頌徳碑ヲ破壊セントスルヲ察知シ之カ防衛ノ為メ当日門中ノ同志三十余人ト共ニ其ノ内約二十人位ハ棍棒ヲ携ヘ一隊碑石所在地点ニ赴キ途中ニ於テ右ノ如ク大会ニ臨マントスル前記朴庄植ニ会シ右人ヲ今ヤ小作人側ハ地主側ニ於テ円満ナル解決ヲ見ムトスル場合ナラハ解放ノ途モアル可ナル旨勧告シ之ヲ見ニ拘ラス前ニ交渉不調ニ於テハ直チニ碑石ヲ破壊セラルヘキコトハ必然ナルヘキコトナルヲ以テ現場ニ至リ交渉ノ結果ヲ待ツヘシトテ甚ク違反行シ該碑石附近ノ松林中ニ潜伏シ居リタルニ偶々本関其他ヨリ啓来セル徐卯植、朴宗南、徐東五ノ三人ノ前記ヲ通行セルヲ認メ之ヲ文明鎬ハ文泰鉉ノ頌徳碑ヲ破壊セムトスル理由ヲ質サシニ

0255

トシテ小作人会ノ首領ト目セル徐卯植ヲ呼止メ見ヨ右人ハ単身其場ニ赴キ暫クシテ文明鎬ト争論ノ末右人ニ殴打セラレタリシカ之ヲ望見セル朴宗南、徐東五ノ両人ハ徐卯植ヲ救助セントシテ馳行シタルニ其場ニ居リタル文泰鉉ハ徐等ヲ打殺スヘシト叫ヒ文派即チ文泰鉉ノ門中ノ者ノ中数名ハ文明鎬、文鉉順ハ共同意思ヲ以テ地ニ率先シテ右両人ヲ捧ニテ乱打シ果行シ以テ捧ヲ助ケ朴宗南ニ対シテハ腕、腰、西週間ヲ要スル一ヶ月右側ニ肩胛骨上部其他ニ打撲傷ハ裂傷ヲ、徐東五ニ対シテハ右二週間ヲ要スル一ヶ右側ニ肩胛骨下部其他ニ打撲傷ヲ負ハシタリ其他ノ文派門中ノ者多衆ハ之ニ附和雷同シテ其安ヲ果シ此時数名ノ徐会錫、朴弼善ハ朴庄植ハ共ニ和解交渉ノ為メ文泰鉉方ニ赴カントシテ其場ヲ通行スル際之ヲ知リトスルトキ後方ヨリ和解交渉不調ノ場合ハ直チニ文泰鉉ノ頌徳碑ヲ破壊スヘキ目的ヲ以テ進行シ来レル約四百名

0256

0257

0258

五十間ヲ距ル朴宗福方ノ裏畑ニ接シ
其際約百名ノ群衆ハ文泰鉉ノ四邊ヲ包
圍シ主トシテ徐邰晳カ前ニ於テ小作料ノ低
減ヲ要求シ周圍ノ群衆ハ文泰鉉ヲ罵詈
シ殺セ殺スモ可ナリ、ヤッツケ、
附近ノ水中ニ投セヨ等口々ニ怒號シテ威嚇
シタルモ文泰鉉ハ危険目前ニ迫レルヲ覺リ
恐怖ノ念ニ驅ラレ戰慄シツツ曩ノ要求ヲ好
イ樣ニシテヤルト答ヘ一先ニ群衆ハ之ヲ小作料
低減ノ承諾ナリト解シ萬歳ヲ唱ヘ低
減ノ方法ハ明日協議スヘシトテ解散シ次イテ同

0259

月二十八日被告徐邰晳以下十二名ノ被告
等ハ小作人等約四百名ト與ニ文泰鉉ノ頌
徳碑所在地ニ集合協議ノ上交渉委員
トシテ選ハレタル徐邰晳、徐昌錫、金□□、
金□□、朴弼善、金□□等ハ文泰
鉉方ニ至リ更ニ小作料低減ヲ要求シ交
渉ノ結果ヲ聞カントシテ其結果如何ヲ
知ラントシテ漸次押寄セ來リ約二百
名ノ群衆ハ同家前庭ニ於テ文泰鉉ニ對

(光州 木山印刷)

大罵聲ヲ發シ以テ喧騒シ徐邰晳ハ文
泰鉉ニ對シ交渉ハ何時ヲ期シテ實行
スルカ何故躊躇スルヤト叫ヒ激勵シテ文
泰鉉ハ承諾ノ意ヲ表セサルヲ以テ徐邰晳
ハ遂ニ自分等ノ欲スル通リ為サヌト告ケ碑
ヲ破壊ヲ暗示シ一同引揚ケ群衆ニ對シ
交渉ノ結果不満ノ旨報告シ遂ニ徐邰晳
以下十二名ノ被告等ハ群衆ト共ニ文泰
鉉ノ頌徳碑ヲ破壊シ公共ノ安寧ヲ害
シタルモノナリ

0260

被告徐邰晳ハ大正九年十二月十三日京
城地方法院ニ於テ大正八年制令第七号違
反ニ依リ懲役一年ニ處セラレ其執行ヲ終
リタルモノナリ

右ノ事實ハ

一、被告徐邰晳ニ對スル豫審判事ノ訊問調
書中自分ハ大正十一年中東京ニ往復シ
或ハ滿洲地方等ヲ行キ共産社會黨ノ
形勢ヲ視察シ其主義ヲ抱キ大正十二年
三月中故郷ニ歸リタルモ 四五年前ヨリ

(光州 木山印刷)

岩泰島内ニ於ケル地主乾中地主文在詰
ノ文文泰炷カ高率ノ小作料ヲ徴収スルヲ
以テ小作人等カ其低減ヲ求ムルモ之ニ応セサルニ
付小作人等ハ困作ヲ作ルヘク既ニ協議シ
居リタル大正十二年十二月二日岩泰小作
人会発起会ヲ開キ次イテ右自置其念堂
総会ヲ開キ松カ臨時議長トナリテ松ハ其
会計ヲ兼テ其会員ハ約五百名ニ上リタリ
而シテ松ハ其後郷里ニ帰リテ大正十三年
三月二十七日ノ頃木浦ニ於テ偶然徐東五ナ
ル者ニ会ヒ右人ト同船シテ岩泰ニ帰ル途
中朴宗南ニ会ヒ三人連レテ瓦村ヨリ文
泰炷ノ所有碑所在地附近ヲ通過セントスル
松ヲ呼ヒ止メテ注視シタルニ碑石附近
ノ松林中ニ文在鬼カ居リテ此処ニ来レト
云フヲ以テ松ハ単身其場ニ赴キタルニ松林中
ニハ文泰炷モ居リ外ニ文氏ノ者等モ亦十
人カ棒ヲ携ヘ居リテ泰炷カ松ニ対シ
本日政民大会ニ於テ自分ノ碑石ヲ破壊
スヘク決議シタル由ナルカ右様カト問ヒ松

0261

ハ不在ナリシ為メ事情ヲ知ラストダヘタルニ
傍ニ居リシ文明鎬カ突然棒ヲ以テ松ノ左
側後頭部ヲ殴打シ右陳之ヲ目撃
シタル朴宗南、徐東五カ松ヲ救ハンカ為メ駈
来リタルニ泰炷ハ文氏ノ者ニ対シ彼等
ヲ打殺セヨト命シタルニ文明鎬ハ文
琨順ハ棒ヲ以テ朴宗南ヲ文在奉ハ徐東
五ヲ各殴打シ右朴ノ之ノ報ヲ接シタル徐名
錫、朴永善等カ其所ニ来リ尚ホ後カラ千
徐名、群鬼カ来リタルヲ以テ松ハ右人等ニ対
シ喧嘩ハセヌ様ニ云ヒ次ニ松ハ徐名錫
朴永善ハ文泰炷ニ対シ小作料ノ低減ヲ
求メタルモ右人ハ之ニ応セスシテ邸宅ニ
帰リタルヲ以テ松ハ他ノ小作会員等多数ト文
泰炷方ニ到リシカ朴宗南ハ文朴仁順
カ息子ヲ見ニ来イトテ文泰炷ヲ引出シ
附近ノ朴宗福方ノ前畑ニ連レ行キタ
ルヨリ松共ハ前ト様ニ小作料ノ低減ヲ
右所ニ於テモ求メタルニ右人ハ之ニ応セス其ノ
店ハ明日相談スヘシト云ヒタルヲ群鬼

0262

一同ハ萬歳ヲ唱ヘ解散シ翌二十八日ハ小
作人会員及其他ノ者ノ多数ガ文泰炫
ノ頌徳碑所在地ニ集リ協議ノ結果徐
昌錫、金岡泰、朴弼善、朴應振
金云三等ハ此ノ六人ガ交渉委員ニ
選ハレ文泰炫方ニ到リ交渉ヲ為シタ
ル結果不納ニ決シタル以テ右委員ハ其
旨群衆ニ報告シ碑石ヲ倒スコトニ決シタル
ニ徐昌錫ハ朴弼善ハ四五名等ト共ニ
河ト云フ男[illegible]人等ニ対シ責
任ヲ負フカト問キシニ全人等ハ夫レハ出
来ナイト云ヘルニ付遂ニ群衆ハ文泰
炫ノ頌徳碑ヲ倒スニ至リタル旨ノ供述
記載

六、被告徐昌錫ニ対スル豫審訊問
調書中ニ近来岩泰面ニ於ケル地主
等カ小作料ノ取立厳重ニナリ不当
[illegible]以上ノ小作料ヲ取ルヨリ小作人等ハ其
窮状ニ堪ヘスシテ其低減方ヲ希望
シタルニ地主之ニ応セサルニ付己ムナク団体

0263

(光州 木山印刷)

ヲ作リ一致シテ其低減ヲ求ムルニ至リ一昨年来
協議ノ結果大正十二年ノ末青年会長中
王トシテ私、金云三等、金正順、金奉均ノ
発起ニ依リ岩泰小作人会ヲ組織シタ
リ自分カ其幹部ハ徐昌哲、朴鍾南
金岡泰、金奉均、朴弼善、徐民哲
金炳云ニシテ私ハ委員長ナリ而シテ其
後地主文泰炫ニ対シ小作料低減ヲ
求メタルモ全人ハ之ニ応セサルニ付大正
十三年三月二十七日面民大会ヲ開クコト
トナリタリ然ルニ全日ハ私ハ旅行中ニテ朴在
極ナル者ニ会ヒタルニ全人曰ク文泰炫ハ
去ル昨年ハ小作料ヲ小作人会ニ於テ決
定シタル如ク四割ナラハ小作料ハ四割三割
当ハ四割ニ低減スルコトニ賛成ナリト云フ故
会ニ出席シタルニ約七八百名ノ面民集リ
私ハ全人ニ当ル尽力ヲ乞ヒタルモ面民大
会ハ地主文泰炫ニ対シ小作料低減
ヲ要求スルモ地主之ニ応セサルハ全人ノ頌徳
碑ヲ破壊スヘク決議シ其ノ交渉委員

0264

(光州 木山印刷)

トシテ進ミ居タル朴弼善、徐[illegible]、朴[illegible]ト
共ニ文泰鉉方ニ赴ク途中文泰鉉ノ
頌德碑附近ニ於テ文[illegible]ノ若輩ト群衆
カ互ニ喧嘩ヲ為シ居タルヲ[illegible]
方ヨリ來リ群衆ニ對シ朴宗南カ乱ヲ
仕掛ケシモノト申シ居タリ而シテ[illegible]
徐卿植、孫學振、金[illegible]等、朴弼善
同人ハ文泰鉉ニ對シ小作料ノ低減ヲ求
メ其ノ人ニ之ヲ承諾セシメントシ[illegible]
[illegible]各人宅ニ到リ之カ朴宗
南、安[illegible]仁順カ文泰鉉ヲ引キ出シ附
近ノ朴宗南方ニ[illegible]ヲ連レ行キタルカ
[illegible]被告等ハ右[illegible]行キ文泰鉉ニ
對シ前[illegible]小作料ノ低減ヲ求メタルモ同
人ハ之カ承諾ヲ為ス方法ハ明日相談
スヘシト云ヒ故群衆ハ一旦解散シ
翌二十八日モ小作人等多數ノ者カ文
泰鉉ノ碑石附近ニ集合シ徐卿植、朴
弼善、孫學振、金[illegible]等、金[illegible]ハ
[illegible]各人カ[illegible]ニ進ミ文泰

0265

（光州 木山印刷）

鉉方ニ到リ孫學振ヲシテ文泰鉉ニ來[illegible]
意ヲ告ケシメ其承諾ヲ得セシメタルモ[illegible]
リ兼ネタルヲ以テ結果不調ニ終リタルヨリ
被告[illegible]ハ引キ揚ケ[illegible]群衆ハ[illegible]
ヲ進ミテ文泰鉉ノ碑石ヲ倒壞シタル旨
ノ供述記載
一、證人朴弼善ニ對スル豫審判事ノ訊問
調書中同人ハ岩泰小作人會ノ財務委員
ニシテ大正十三年三月二十七日[illegible]小作人會
ニ出席シ[illegible]群衆ト共ニ文泰鉉ノ頌
德碑附近ニ行キタリシニ[illegible]文[illegible]ノ若輩
多數カ棍棒ヲ持チ[illegible]
宗南ノ[illegible]
[illegible]
[illegible]小作料ノ低減ヲ求メタルモ同人
[illegible]
[illegible]文泰鉉ヲ[illegible]
[illegible]
[illegible]

0266

（光州 木山印刷）

ヲ知リナカラ全人之ヲ承諾シ明日更ニ其方
法ヲ講セヨト申セル故群衆ハ一応解散
シ翌日又全人方ニ到リ交渉ヲ為シタル
結果不調ニ終リタルヲ以テ群衆ト共ニ文
泰植ノ頌徳碑ヲ破壊シタル旨ノ供述記
載
一、被告金潤泰ニ対スル豫審判事ノ訊問
調書中ニハ岩泰小作人会ノ調査委
員ニシテ大正十三年三月二十日同氏大
会ニ出席シタル際文泰植ノ頌徳碑附
近ニ行キタルニ右其附ニハ喧嘩ヲ為シ居リ
タリ而シテ私ハ文泰植方中ヲ訪ネタル者
等多数カ棒ヲ持チ居リタルヲ以テ之ヲ
奪取リタル際全所ニ来合セ居リタル文泰
植ニ対シ小作料ノ低減ヲ他ノ者等ト共
ニ求メタルモ全人ハ之ニ應セサリシ故宅ニ
行キタルモ其ハ更ニ群衆ト共ニ全人方ニ
到リタルカ私ハ収リ文泰植ヲ附近ノ村
字福方ノ麦畑ニ連出シタルヲ以テ私等
ハ全所ニ於テモ全人ニ対シ頌徳碑ノコト

(光州 木山印刷)

0267

ハ言ヒ出シテ只小作料ノ低減ヲ求メタルニ全
人ハ承諾ノ如キ様ニシテヤルニ付明日来レ
ト云ヘルヲ以テ一同ハ解散シタル後翌二十八
日全人方ニ到リ交渉ヲ為シタル結果不調
ニ終リタルヲ以テ私ハ直チニ収宅シタルガ文泰
植ノ頌徳碑ヲ破壊シタルハ相違ナキ旨ノ
供述記載
一、被告孫學子ニ対スル豫審判事ノ訊問
調書中ニハ岩泰小作人会ノ教育部
長ナリシ岩泰小作人会ハ岩泰青年会ノ
発起ニ係ルモノニシテ其組織ニ付青年会
ノ経費ヲ支出シ会員ハ徐命鍚、金云
章等カ主トシテ尽力シタリ而シテ全小作
人会ハ其組織後法務ノ總会ヲ開キ地主ニ
対シ小作料ノ低減ヲ要求スル決議ヲ為シ
決議ニ基キ組合ハ地主ニ文泰植ニ対シ小
作料ノ低減ヲ要求シタルモ其決議ナル頌
徳碑ヲ破壊セサルモ應セサルニ付其
ニ於テ違ナシタル後ハ同氏人会ノ決議
ヲ経ハ必要アリト為シ大正十三年三月二十

(光州 木山印刷)

0268

旨其大会ヲ開キタルカ私モ右大会ニ出
席シタル際文泰炫ハ巖泰碑所在地附
近ニ行キタリシカ文泰炫ハ同中ノ者等ヲ
多数ヲ朴宗南、徐東五ヲ捧ケ殴打
シタリ私ハ当日ハ其際ノ事ニハ文泰炫
等ニモ朴容植ノ畜畑附近ニモ行カサ
リシ故知ラス其後翌二十八日ニ上人ノ安済
善其中ノ一人ニ逢ヒシ其ニ文泰炫ニ就キ安
済ヲ為シタルモ不調ニ終リタルヲ以テ一同引キ
揚ケ其旨文泰炫巖泰碑附近ニ居リタル碑
家ニ報告シ遂ニ右人ハ巖泰碑ヲ脅壊シ
タル旨ノ供述記載

一、証人徐東五ニ対スル検事ノ訊問
調書中私ハ大正十三年六月二十八日文
泰炫ハ巖泰碑附近ニ喧嘩ノ済ミタル後
行キタル際ヤ何人カ何人ヲ殴打シタルヤ知ル
テ其後ニ於テ徐邦植、徐倉
錫等カ文泰炫ニ対シ小作料ノ低減
ヲ要求シタルモ右人之ニ応セサルヲ以テ宅ニ
帰リタル私ハ其者等ト共ニ右家ニ赴キ

0269

タルニ朴宗南、文朴仁吹カ文泰炫
ヲ其附近ノ朴容植ノ畜畑ヨリ連
レ出シタルヲ以テ右所ニ於テ私モ右佐人等
ニ文泰炫ニ対シ前示小作料ノ低減ヲ求メ
タルニ文泰炫ハ之ニ応セス其ニ交付方法
ハ明日協議スト云フ故私ハ一同ハ解
散シタリ而シテ翌二十八日モ私ハ安済善
等ト共ニ文泰炫方ニ行キタルモ安済
ノ結果不調ニ終リタルニ直チニ文泰炫
巖泰碑所在地ヨリ引揚ケ碑家ト共ニ談
碑在ヲ脅壊シタル旨ノ供述記載

一、証人金文炫ニ対スル検事ノ訊問
調書中私ハ大正十三年六月二十七日
同氏大会ニ出席シタル際文泰炫
ハ巖泰碑附近ニ赴ク途中何人カ
カ朴宗南カ文泰炫、巖泰碑附近ニ於
テ死ナム程殴シタトハ聞キタル
以テ私ハ急イテ該巖泰碑附近ニ行キテ
見ルト文泰炫ハ同中ノ者等カ徐邦
植、朴宗南、徐東五ヲ殴打シタル由ナ

0270

(木浦 木山印刷)

0271

(木浦 木山印刷)

0272

一、被告朴洪彦ニ對スル豫審訊問
調書中私ハ朴宗南ノ兄ナリ大正十三年
三月二十六日自宅ニ於テ或ル子供等ヨリ
新里ニ於テ文泰鉉ノ頌徳碑附近ニ於
テ朴宗南カ文明鎬ヨリ殴打セラレタト
ノ事ヲ聞キ早速弟ノ朴應彦及朴平
彦ト共ニ右所ニ駈ケ付ケシニ果シテ朴宗
南ハ殴打セラレテ其場ニ仆レテ居リシニ
付私ハ宗南ヲ乗物ニ乗セ[illegible]朴化
五方ニ運ヒ置キ次ニ朴[illegible]方ニ運ヒ行キ
右所ニ寝カセテ居ル際文明鎬カ右所ニ近ヒ来
リタルニ付朴化五方ニ於テ朴應彦カ手
ヲ以テ文明鎬ノ頭部ヲ二度殴リ居タリ
リ而シテ私ハ其際群衆ト共ニ文泰鉉
方ニ赴キ右家ノ前庭ニ至リ居リシニ文
朴仁暎カ文泰鉉ヲ附近ノ朴守福方ノ
裏畑ニテ連レ出シタル際徐[illegible]指、徐
命錫、金[illegible]、[illegible]振、朴[illegible]善、
等カ右所ニ於テ小作料ノ低減ヲ文泰鉉
ニ求メタルニ右人ハ[illegible]ト云フ通リ[illegible]ト云

0273

[illegible]解散シタル旨ハ翌二十八日ニ於
テ[illegible]群衆ニ依リテ文泰鉉ノ頌徳碑ヲ破
壊シタルヲ聞キタル旨ノ供述記載
一、被告朴用彦ニ對スル豫審訊問調
書中私ハ大正十三年三月二十六日ニ八才ノ親
戚ナル朴宗南カ殴ラレタト云フ事ヲ聞キ大
勢ノ者ト共ニ文泰鉉ノ頌徳碑附近ニ行キ
タル際私他ノ朴宗南ノ寝テ居ルトコロ
ニ行キタル旨ハ其際大勢ノ者ト共ニ文
泰鉉方ノ前庭及朴守福方ノ裏畑
ニ行キシニ群衆ハ文泰鉉ニ對シ小作
料ノ低減ヲ求メ居リタル旨並翌二十八日
モ群衆ノ者カ[illegible]小作料ノ低減ヲ
求メタルモ應セサルニ付文泰鉉ノ頌徳碑
ヲ破壊シタル旨ノ供述記載
一、被告朴應彦ニ對スル豫審訊問
調書中私ハ大正十三年三月二十六日頃
大勢ノ者ニ依リ文泰鉉ノ頌徳
碑附近ニ於テ兄朴宗南カ殴ラレタル
コトヲ聞キ右所ニ駈ケ付ケ見タルニ文

0274

茶店ノ中ノ者等ハ手ニ棒ヲ持チ居リ
シカ兄ヲ殴打シタル者ハ何人カト聞キシニ
其内張カ文明鎬カ朴宗南ヲ殴レト云フ
故私ハ其晩ノ津リ文明鎬ノ妹郎ヲ二度
殴打シ兄カ朴化五方ニ行キ寝テ居ル
モトヲ聞キ右所ニ行キ翌二十八日ハ兄ヲ
除東五ヲ連レテ木浦ニ参リシ為メ其後
ノ事ハ知ラサル旨ノ供述記載
一、被告文明鎬ニ対スル豫審判事ノ訊問
調書中私ハ文應昌ヨリ大正十三年三月
二十七日切氏大会ヲ開キ文泰鉉ノ頌徳
碑ヲ破壊セントスルトノ事ヲ聞キ合人ト相談
ノ上文琉順ト文在峯外四十名位ノ所中
ノ者カ二十七日午後三時頃碑石所在
所衛ノ為メ見ニ所在地附近ニ到リ松林中
ニテ待チ居リシニ暗クシテ徐卯指カ其外
十余名ト朴宗南等ト共ニ通過セシヲ文應昌
ハ徐卯指ヲ呼止メシニ徐ハ私ハ合人ニ碑石
所壊ノ理由ヲ聞キ見ニ合人ハ大テッキヲ以
テ私ノ胸ヲ突クカラ私ハ夫レヲ奪取

0275

リ合人ヲ殴ラントシタルモ文泰鉉カ止メサセ
タルヲ以テ私ハ朴宗南ノ頭ヲ手ヲ以テ殴打
シタル旨ノ供述記載
一、被告文琉順ニ対スル豫審判事ノ訊問
調書中私ハ大正十三年三月二十七日文應
昌文琉順カ文泰鉉ノ頌徳碑附近ニ
行キタルトキヲ聞キ右所ニ行テ見タ下文
派ノ者等三十余名カ集リ居リタリ其際
文明鎬ハ徐卯指ノ大テッキヲ奪取シ合
人ノ肩ヲ殴打シタル旨ノ為附朴宗南
カ文在鎬ノ文龍岩ヲ殴リ逃ルヲ見タリ私
ハ合人ヲ捕ヘタル旨ノ供述記載
一、被告文在峯ニ対スル豫審判事ノ訊
問調書中私ハ大正十三年三月二十七日
文琉順ヨリ文泰鉉ノ頌徳碑破壊ノ防
衛ノ為メ文派ノ者等カ行クトノ事ヲ聞
キ私ハ文明鎬、文琉順、其他三十余名ト
所中ノ者等ト頌徳碑附近ニ行キタ
リシカ所中ノ者ノ四十人位ハ皆棒ヲ
持チ居リタリ暗クシテ徐卯指カ其外

0276

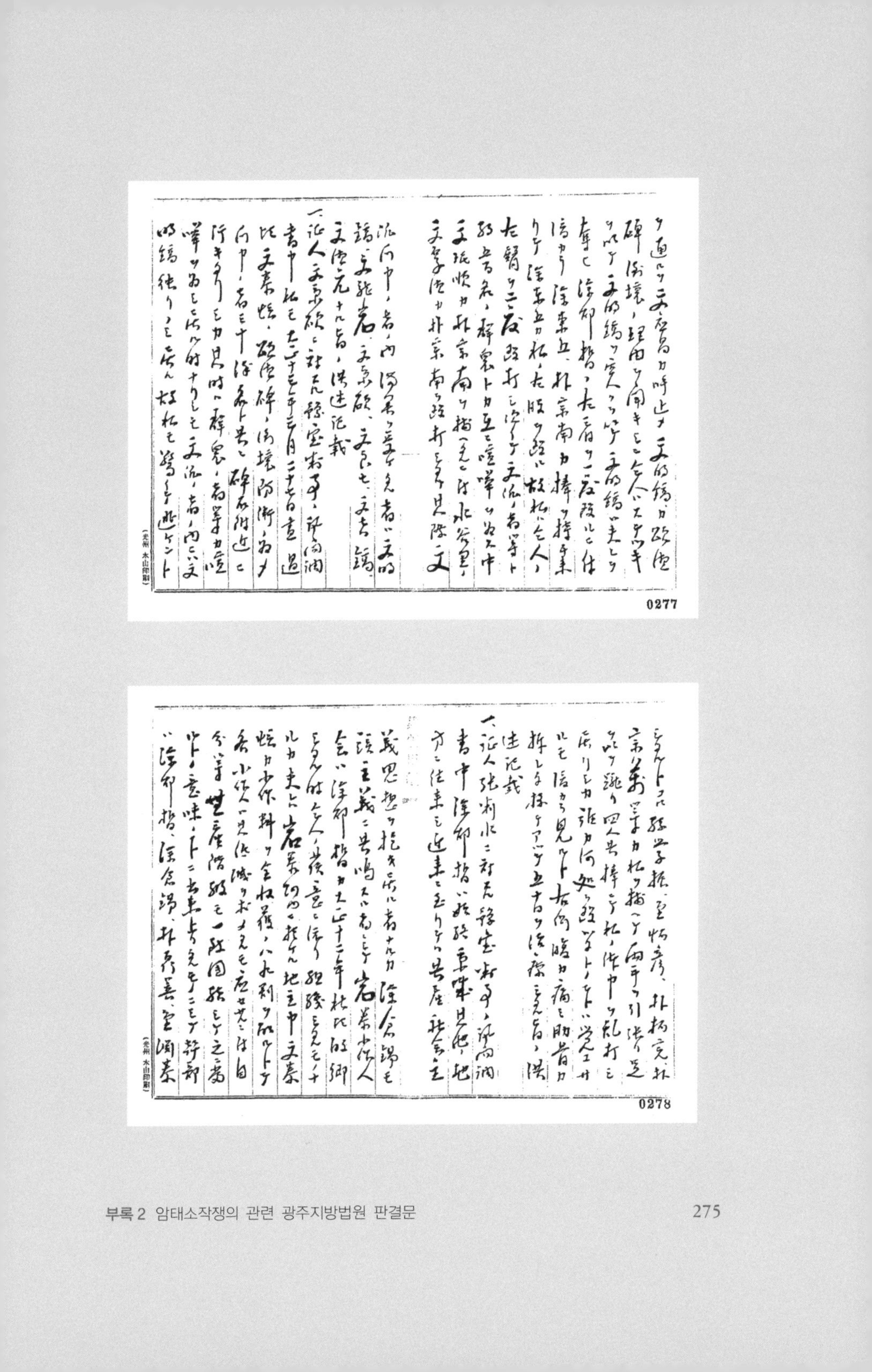

(光州 木山印刷)

0277

(光州 木山印刷)

0278

孫学振、曹云六等ナリ其後頃小作人
会ニ於テ地主ニ対シ小作料ノ低減ヲ求メ
タルモ応セサルニ付大正十三年旧四月中徐卿
指ニ依リ徐泰晳等ハ小作料ヲ低減セサル地
主ノ頌徳碑ハ之ヲ破壊スヘキモノナルカ文
泰鉉ノ頌徳碑ハ郡民ニ於テ建テタルモノナ
レハ郡民大会ノ決議ヲ経ル必要アリト岩
泰面ノ者ニ於テ演説ヲ為シ居リシカ
煽動ト為リ大正十三年三月二十七日頃面民大
会ヲ開クコトト為リタルカ当日ハ小作人会員
及其他四百余名カ集リ決議ヲ為シタルニ
カ先ツ[illegible]委員ヲ選ヒ一方文泰鉉
方ニ赴キ小作料ノ低減ヲ求メ若シ之ニ応
セサル場合ハ多人ノ頌徳碑ヲ破壊スルコト
トシ而シテ文家ノ者等カ碑ヲ保護スルコト
ヲ聞キ是カ防衛ノ為メ現場ニ赴キ居リ喧
嘩テモスルトノ噂アルモ[illegible]互ニ喧嘩ハセ
サル様ニセヨト云ヒテ私ハ双方喧嘩テモ
スルモノナト察シ岩泰駐在所ニ応援ヲ求メ
ニ来リシカ田中巡査ハ[illegible]

0279

私モ其ノ直ニ文泰鉉ノ頌徳碑附近ニ赴キタ
リシニ文家ノ者等三十余名ノ内二十余名ハ
皆棒ヲ持チ附近ノ松林中ニ居リシカ徐
泰晳ハ碑石ノ方ニ[illegible]来リテ[illegible]
[illegible]ノ場合ニ碑石ヲ破壊スル目的ニテ行ケル
ト[illegible]棒鬼ニ対シ朴宗南ハ打殺サレ
タリト大聲ニテ叫ヒナカラ棒鬼ハ附近
ノ畑ノ中ヨリ棒ヲ持チ来リテ互ニ喧嘩ヲ
為スヨリ私ハ此行[illegible]其中朴
応春カ走リ来リテ文明鎬ハ棒ヘ見居処
ニ走リ行キタルカト引廻シ又朴洪春モ来リテ文
明鎬ヲ殴ラントシタリ朴應春カ来リテ文明
鎬ヲ抱キ右二人ニ対シ乱暴ハスルナト云ヒ見
モ多人数ハ肯セス文明鎬ヲ連レ行クヲ私
ハ文明鎬カ殺サルカト思ヒ五丁モ付テ行
キタリシカ朴應春ハ文明鎬ヲ朴宗南
カ屋ヘ居ル処知ラテ連行キ逃ケカセナイト云フ
故私ハ直チニ現場ニ帰リ見レハ文家ノ者
ハ小作人会員等ハ棍棒等ヲ持チ居リ
既ニ棒ハ文家ヨリ持チ居リシ徐卿

0280

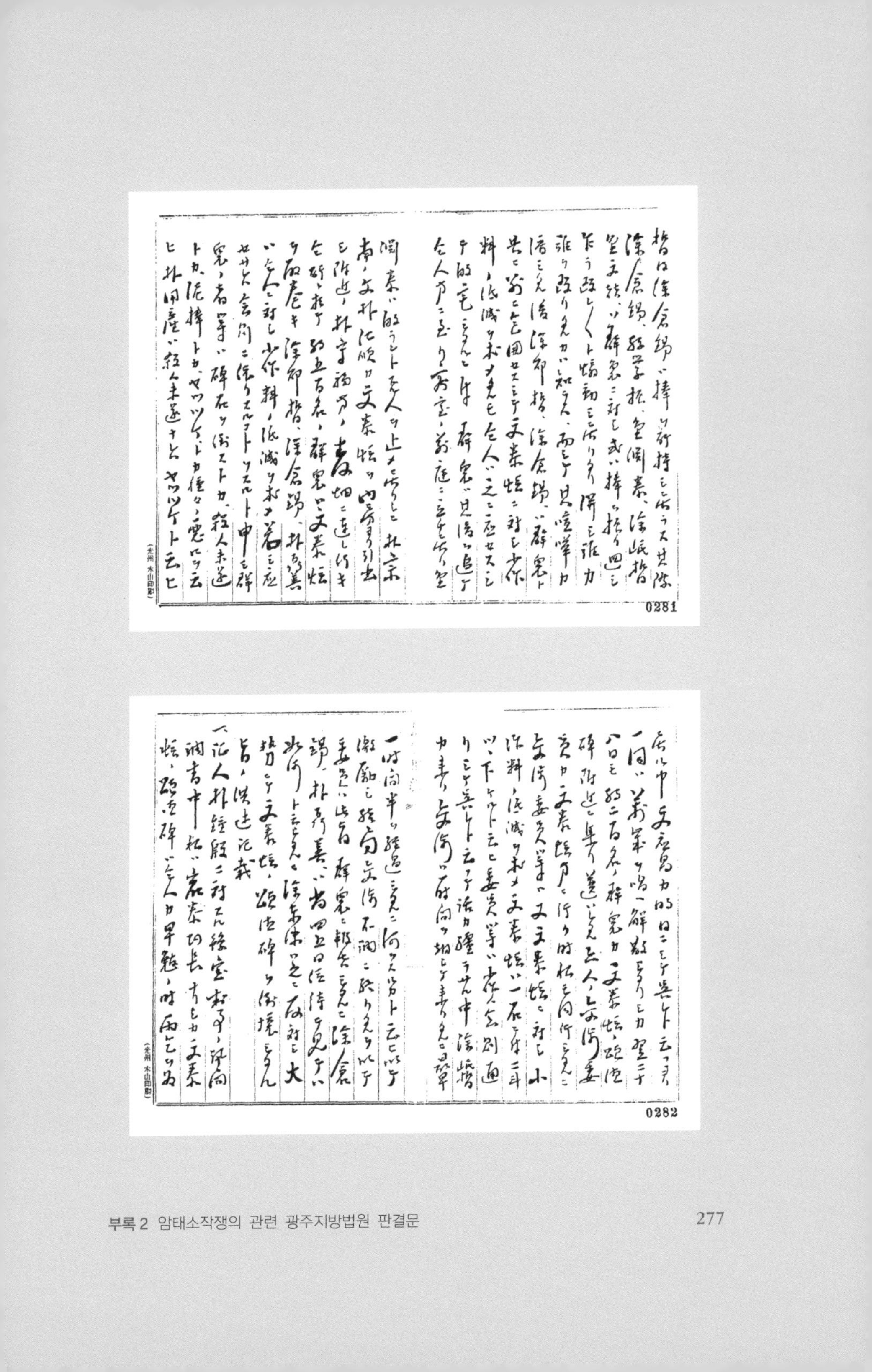

(光州 木山印影)

0281

(光州 木山印影)

0282

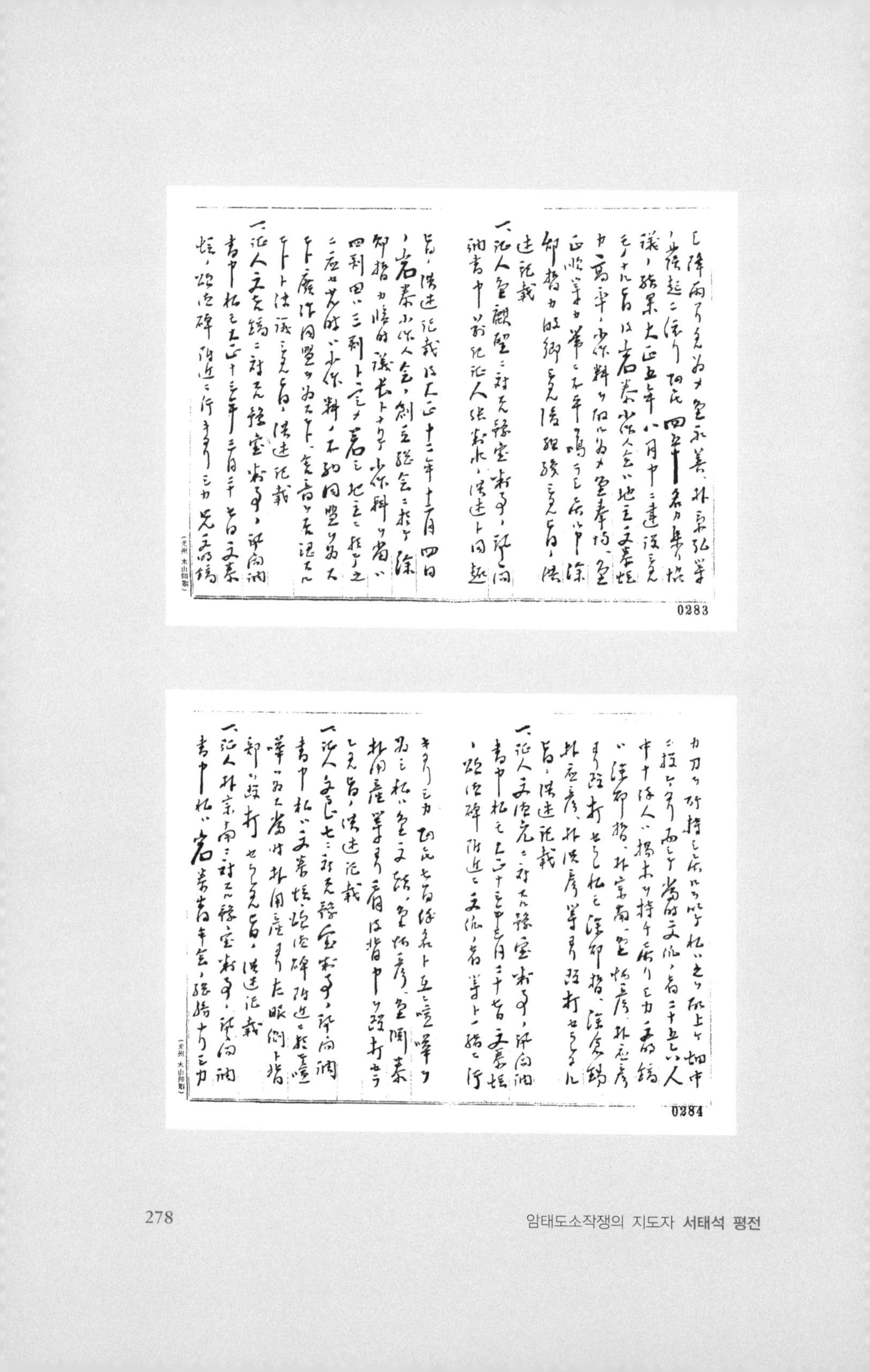

(光州 木山印刷)

0283

(光州 木山印刷)

0284

岩泰小作人会ハ初メ朴福永方ニ小作人
其他村民カ集リ地主ノ小作料取立過酷
ナルヲ協議シ之ニ当ルカ為ニ出来タル岩
泰青年会ヲ主催トシテ大正十二年十二
月頃其発起会ヲ開キ各自署名シ設立シ
タルモノニシテ其幹部ハ徐昌錫、朴應基
並奉均、金開泰、徐卯哲、金炳云ハ松
ナリ而シテ松ハ大正十三年三月二十六日安佐
[illegible]ヨリ故宅ニ帰ル際偶然徐卯哲ハ徐東
五ニ会ヒ同人等ト一緒ニナリ文泰鉉ノ亡父
碑附近ヲ通行シ居リタルニ文在哲カ徐卯
哲ヲ呼フヲ以テ右人ハ単身其場ニ赴キタル
ニ[illegible]文泰鉉ハ手ニ棒切鎌ヲ持チ
皆打殺セヨト文氏ノ者等ニ命シタルニ依
リ文明鎬ハ[illegible]徐卯哲ヲ
打タントシタル松ハ之カ救助ノ為メ其場
ニ駈ケ行キシニ文明鎬ハ棒ヲ以テ松ヲ殴打
シ次イテ他ノ文氏ノ者等多数カ松ヲ殴
打シタル為メ松ハ危険ナリト思ヒ附近ナル
先ノ井戸ノ処ニ逃ケ来リタルニ文氏ノ内ノ一

0285

(光州 木山印刷)

者等ハ又駈ケ来リテ松ヲ攫ヘ文[illegible]ハ棒
ニテ松ノ後頭部ヲ強打シ又右等ハ為メ血カ
流レタル松ノ同所ニ倒レタル処ハ[illegible]文氏
ノ者等ハ皆棒ヲ所持シ居リタル旨ノ供
述記載
一 証人文在哲ニ対スル検事ノ訊問調
書中松ハ[illegible]
大正十二年四月[illegible]徐卯哲カ松
方ニ来リテ小作人会ニ加盟[illegible]
勧メタル松ハ其事実ヲ知リタルモ大正十三年
三月二十六日徐昌錫カ松方ニ来テ同ニ来
リテ[illegible]
碑ヲ破壊セントシ[illegible]
ト云ヒ且其他ニ文氏[illegible]
ヲ聞キ見ヘ[illegible]
文泰鉉ニ知ラセタル[illegible]
ノ文氏[illegible]
石ヲ[illegible]
ヲ[illegible]
ヲ[illegible]文氏ノ内ノ者等

0286

(光州 木山印刷)

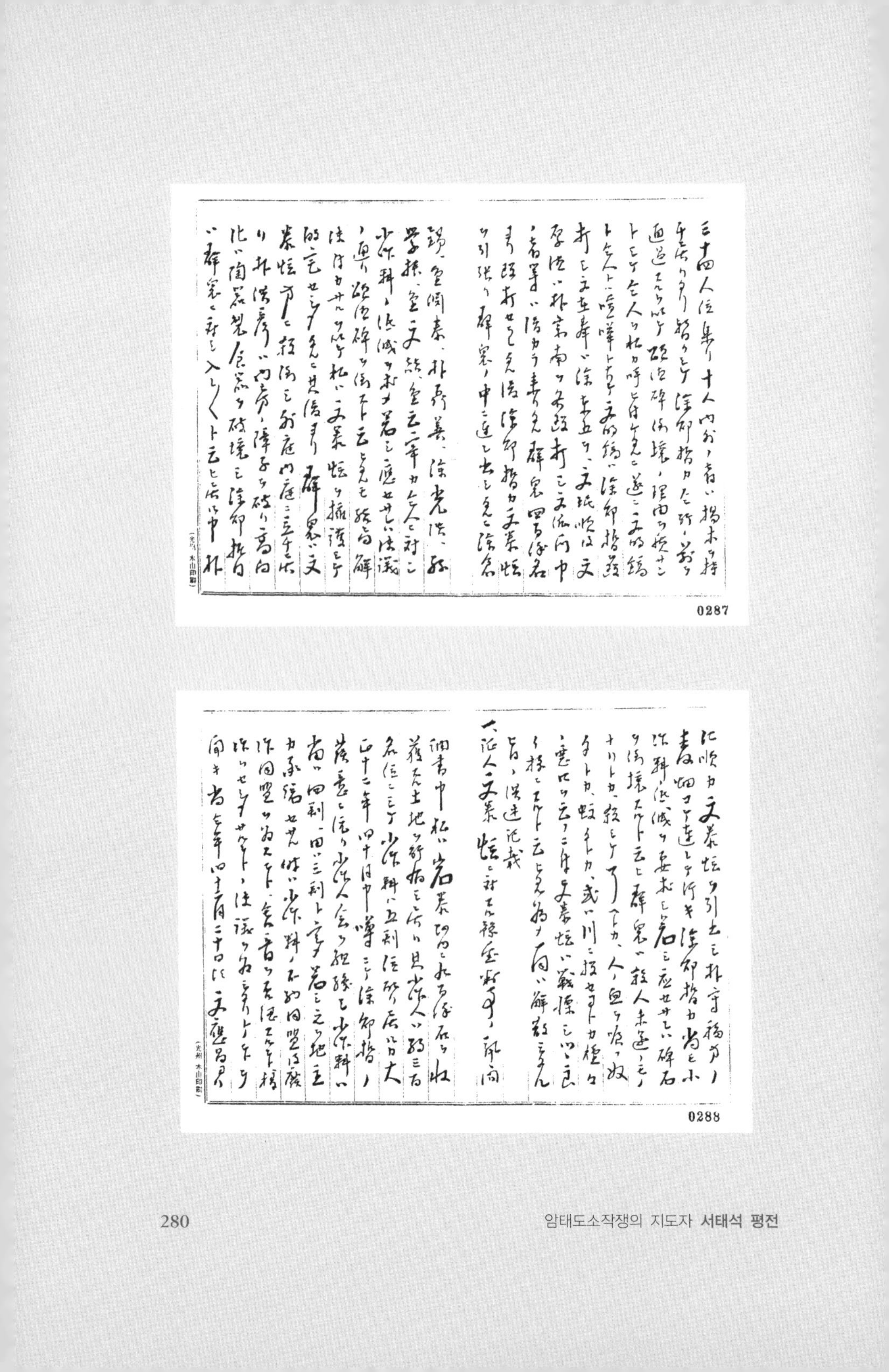

(光州 木山印影)

0287

(光州 木山印影)

0288

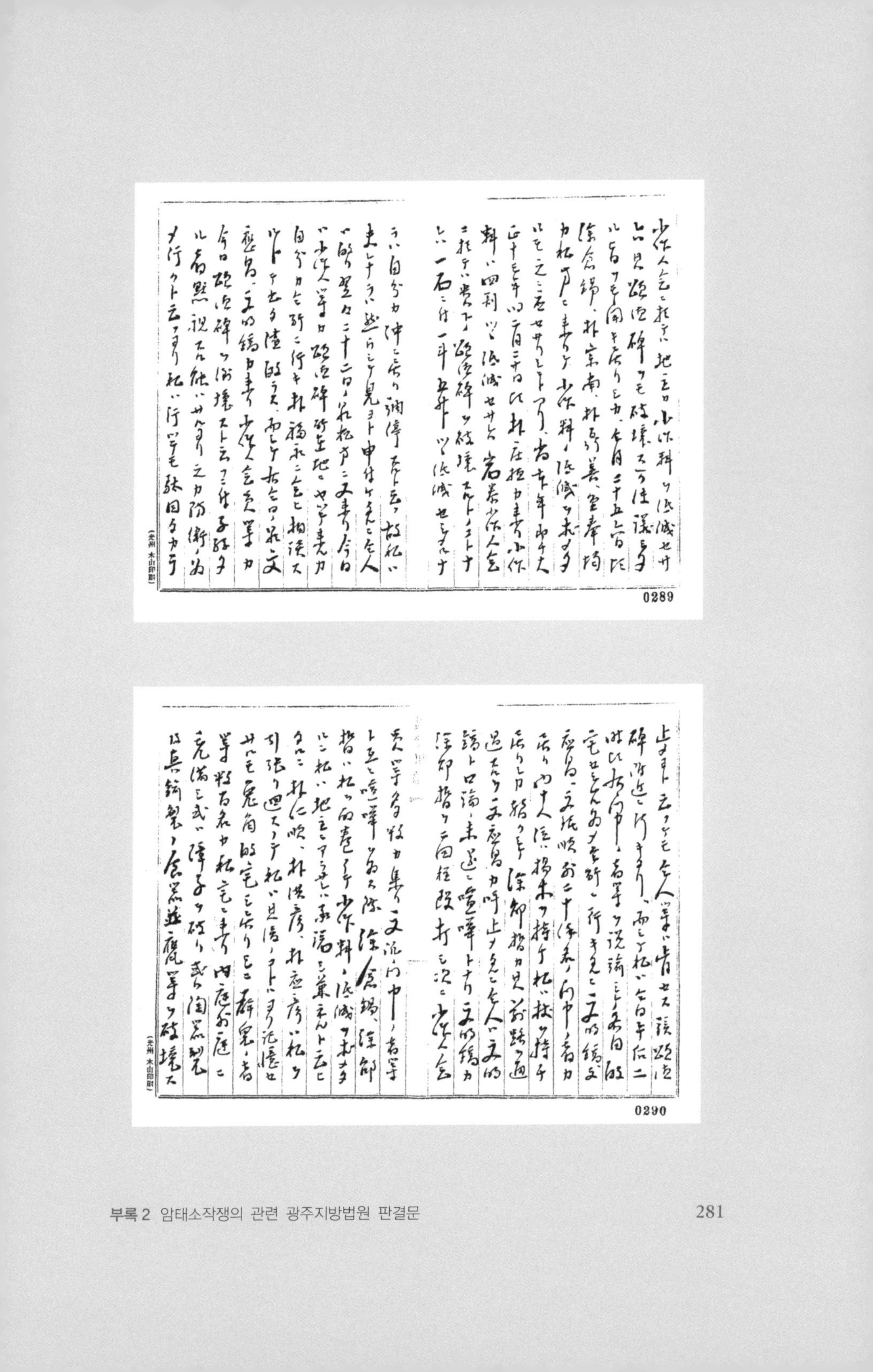

(光州 木山印刷)

0289

(光州 木山印刷)

0290

ノ中朴仁興カ私ヲ引張リ附近ノ朴守
福方ニ轟烟ヲ連レ行キ右所ニ於テモ徐
卯哲、徐在鎬、朴乃善、金開崇
秋学校等カ小作料ノ低減ヲ求メ若
シ応セサレハ私ノ頌徳碑ヲ破壊スルト云
ヒ群衆ハ私ニ対シ首ヲ切レトカ或ハ川ニ
投セヨトカ云フ故私ハ怖クテ好ク様ニ云ヘ
云ヒタルニ依リ右人等ハ解散シ翌二十三
日（陰三月二十八日）ニ又徐卯哲、徐在鎬
金開泰、金文鉉、朴乃善、金元宰等
カ来リ小作料ノ低減ヲ求メタルモ私カ応
セサルニ付右人等ハ群衆ト共ニ私ノ頌徳
碑ヲ倒壊シタル因ナルコトハ前述
記載
一、証人朴在根ニ対スル餘罪ニ付テノ件内訊
書中私ハ時代日報木浦支局長ニシテ
大正十三年三月二十二日ニ文炳島ノ文在
ノ常用ニ行ク途中八禽島ニ於テ或ル者
ヨリ来ル二十七日ハ面民大会ヲ開キ地主
文泰坛ニ小作料ノ低減ヲ交渉シ若シ

（光州 木山印刷）

0291

之ニ応セサレハ其頌徳碑ヲ破壊スルトノ
決議ヲ為シタル旨聞キ文炳島ノ宅ニ帰リ
岩泰ヲ訪問シ右所ニ於テ秋学校ニ来ル者ヨリ
聞キ右人ハ私ニ地主文泰坛ト小作人等トノ
間ノ小作料問題ノ調停ヲ為シ呉レト依頼セラレ私ハ之ヲ
諾シ三月二十七日文泰坛方ニ行キ右人
ニ対シ小作人ト間ノ小作料ノ事ニ付和解ヲ
勧メ尚三月二十八日モ右方ニ行キ地ノ地
主ヨリ率先シテ小作料ヲ低減セヨト云ヒ
タルニ右人ハ小作人等ノ意見ヲ聞イテ見ヨト
云フヨリ私ハ其足秋学校ニ至リ其意ヲ
云ヒ三月二十七日午後一時頃善西学校
内ニ於テ面民大会ニ赴ク途中文
泰坛ノ頌徳碑附近ニテ一五田鎬、文在島
文泰坛ノ文在ノ者、三十余名カ中十
余名ハ棒ヲ各所持シ居リ頌徳碑
壊ノ防衛ニ行クト云ヒ私ハ右人等ニ辞
散セヨト云ヒ其儘面民大会ニ出席シ
タルニ面民四五百名カ集リ先ツ地主文
泰坛ニ対シ一応小作料ノ低減ヲ求メ若シ

（光州 木山印刷）

0292

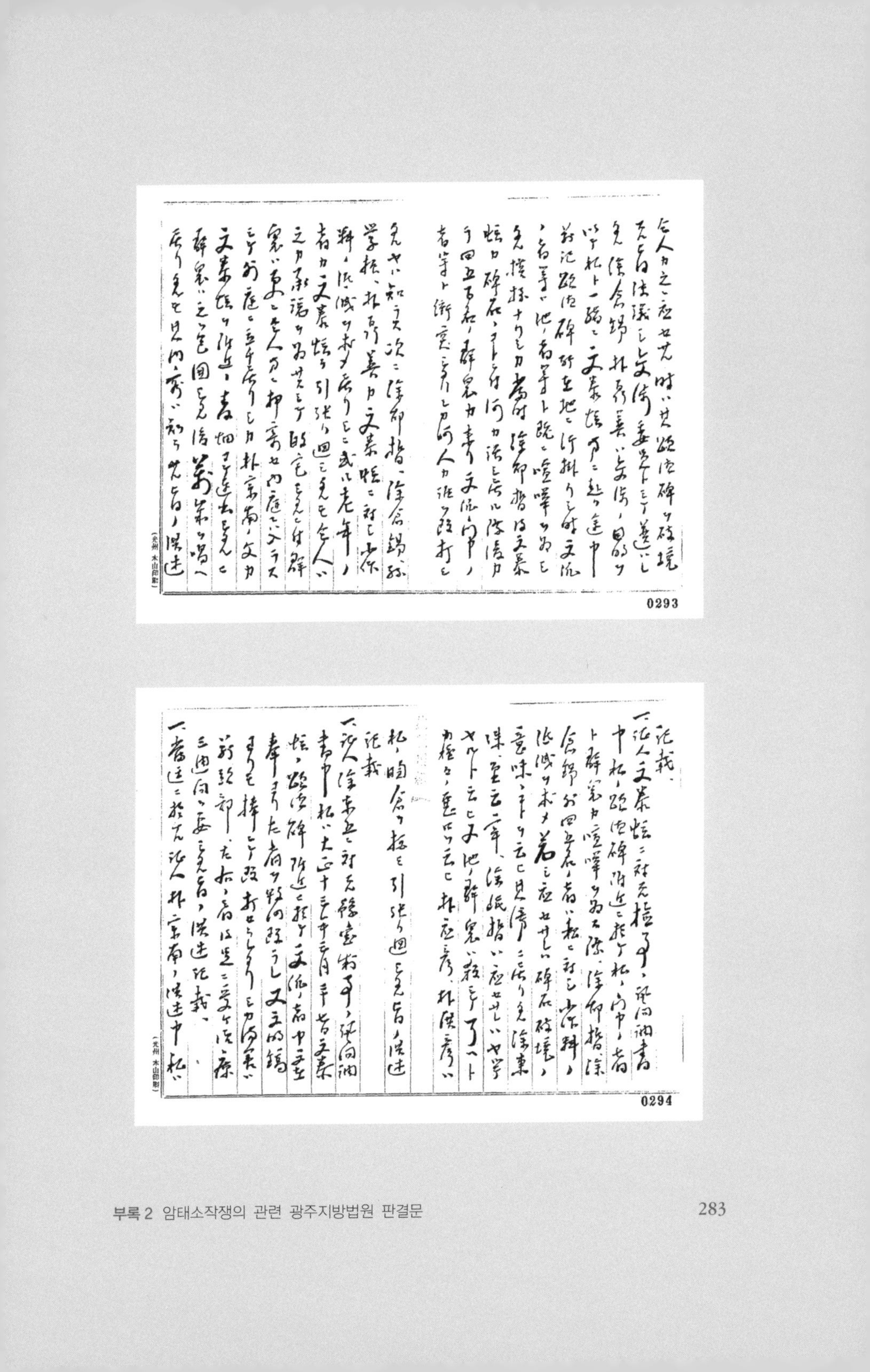

(光州 木山印刷)

0293

(光州 木山印刷)

0294

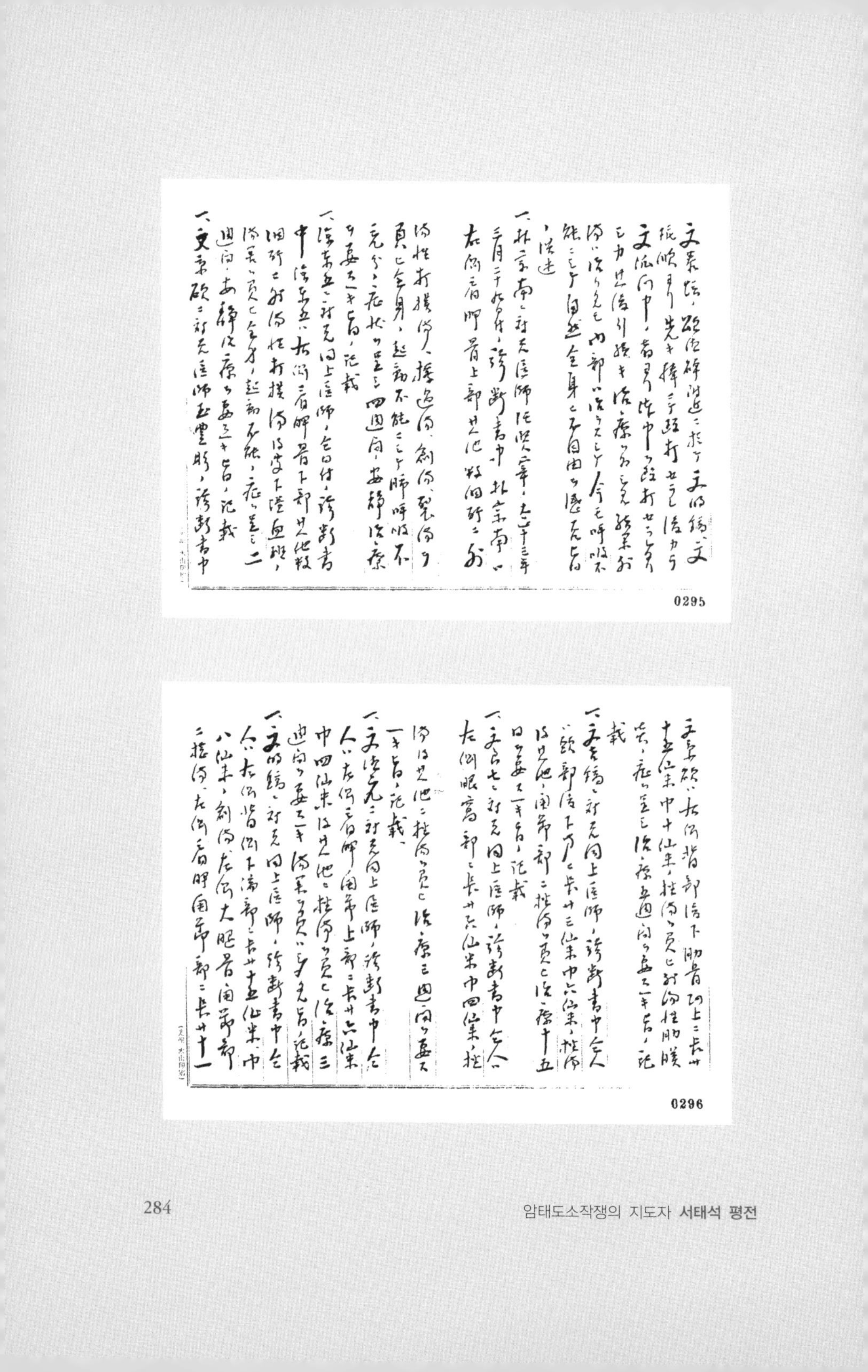

0295

0296

(光州 木山印刷)

0297

(光州 木山印刷)

0298

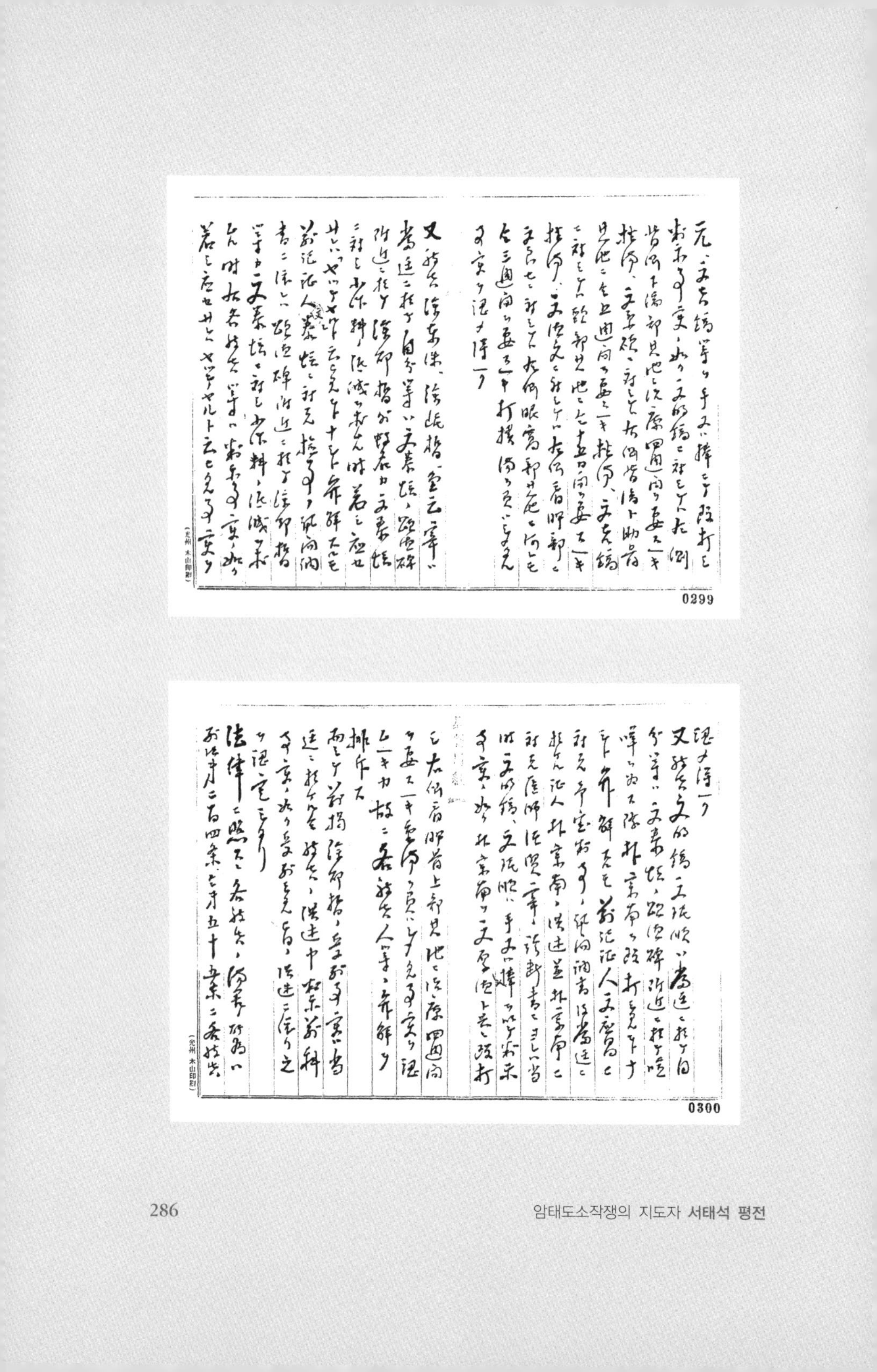

(光州 木山印刷)

0299

(光州 木山印刷)

0300

ノ騷擾ノ所為中被告徐邰晳、徐昌錫
ノ所為ハ刑法第百六条第一號ニ其他ノ各被
告ノ所為ハ同条第二號ニ各該當ス而シテ右
騷擾ト脅迫トハ一個ノ行為ニシテ数個ノ罪
名ニ觸ルル場合ナルヲ以テ刑法第五十四条第
一項前段同法第十条ニ則リ被告徐邰
晳、徐昌錫ニ対シテハ重キ騷擾罪ノ
所定刑中ニ從ヒ懲役刑ヲ選択シ其
他ノ各被告ニ対シテハ重キ脅迫罪ノ所定
刑ニ從ヒ悉ク懲役刑ヲ選択シ処斷ス
ヘキトコロ被告徐邰晳ニ対シテハ累犯ニ
係ルヲ以テ同法第五十六条第五十七条ニ
從ヒ法定ノ加重ヲ為シ被告徐邰晳ヲ
懲役二年ニ被告徐昌錫ヲ懲役一
年ニ被告朴弼善、金聞泰、孫學根
金文植、金云年ヲ各懲役八月ニ
被告徐東洙、朴炳完、徐岷哲、朴洪
彦、朴用彦、朴應彦ヲ各懲役六
月ニ被告文明鎬ヲ懲役十月ニ被告
文珉順ヲ懲役八月ニ各処スルヲ相當トス

（光州 木山印刷）

0301

而シテ右被告中朴弼善、金文植、金
云年、徐東洙、朴炳完、徐岷哲、朴
洪彦、朴用彦、朴應彦ニ対スル本
件騷擾ハ小作人カ其生活ノ安定ヲ得
ンカ為メ從来地主ノ高率ナル小作料ノ
徴収ニ対シ之カ減額ヲ求ムルニ出テタルモノ
ニシテ其暴動ニ甚タ危険性ナク且地主
一同ノ暴行ニ激動セラレタル形跡存
スルノミナラス被告金文植、金云年、徐
東洙、朴炳完、徐岷哲、朴洪彦、朴
用彦、朴應彦ハ岩泰小作人会委員
ナルモ勢ニ拘ラレタルモノニアラス其情状
酌量ニ値ス又被告朴弼善ハ其[illegible]
ナルモ比較的思想穏健ニシテ從者ノ程
度ニ至ラス加之小作料モ既ニ地主ト
小作人トノ間ニ和解成立シ両者間極メ
テ円満ニシテ被告文珉順ハ本件騷
擾ハ小作人等ニ於テ右名誉ノ表徴タル地
主文在喆ノ頌徳碑ヲ破壊スルノ企ア
ルヲ聞知シ地主ト一同ノ情誼上之ヲ

（光州 木山印刷）

0302

保護セントスルモノニ係リ暴動ニ発ス
ヘキ危険性ナク且ツ小作ニ於テ協力ヲ為スルモ
ノニアラスシテ唯一表ノ程度ニ亦重カラス尚今
被告ハ二十六年ノ青年ニシテ改悛ノ情顕著
ニシテ又前記ノ如ク地主ト小作人間ニ円満ナル
解決ヲ見タル次第ナルヲ以テ被告朴所為ニ付キ文
號ノ自己ノ宰、徐東休ハ朴根宣、徐熙拾ハ
朴洪彦、朴用在ハ朴應在、文琉順ニ対
シ刑法第二十五条ニ依リ裁判確定ノ日
ヨリ二年間其刑ノ執行ヲ猶予スルヲ相当
トス而シテ訴訟費用ハ刑事訴訟法第二
百三十七条第一項、同第二百三十八条ヲ適用シ
朴宗南ニ対スル鑑定費用並ニ証人徐東五、朴
宗南ニ支給シタル費用ハ被告文明鎬、文琉順ノ
連帯負担トシ其他ノ費用ハ被告以外各被告等
ノ連帯負担トスヘキモノトス
而シテ被告文明鎬、文琉順ヲ除キ其他
ノ被告等カ本件騒擾ヲ為ス際文泰
炫ノ宅ニ侵入シタル点ハ其際被告朴洪
彦カ主トシテ其同意ヲ得テ文泰炫

0303

方ノ承諾ヲ得タルモノナレハ騒擾罪ニ包含シ公訴
事実ハ住居侵入ノ点ハ犯罪ノ証明十分ナラ
サルヲ以テ刑事訴訟法第三百六十二条ニ依
リ其犯罪ノ証明ナキモノトシ騒擾ノ点ハ起訴
ニシテ其所為ハ前記ノ如ク刑事訴訟法第三百六
十四条第五号ニ依リ公訴ヲ棄却スヘ
キモノナルモ右住居侵入ハ本件騒擾ト
併合罪ナルトキハ騒擾罪ト連続罪ノ関係
ハ本件騒擾ト一所為数罪ノ関係ナリトシテ
起訴セラレタルモノナリト認ムヘキヲ以テ特ニ主
文ニ於テ公訴棄却ノ言渡ヲ為サス
仍テ主文ノ如ク判決ス
大正十二年九月十八日
光州地方法院
裁判長朝鮮総督府判事 中村
朝鮮総督府判事 石川荘四郎
朝鮮総督府判事 李

0304

암태도소작쟁의 지도자 “서태석”(1885~1943)

전남 무안군(현재 신안군) 암태도에서 자작농의 아들로 태어났다. 어려서 한학을 공부하였고, 28세 때인 1913년경에 제3대 암태면장이 되어 연임하다가 1919년 3·1운동 무렵에 면장을 그만두었다. 이후 장산도 출신 독립운동가 장병준 등과 함께 1920년 3·1운동 1주년 기념 경고문 배포 사건에 가담하여 1년간 서대문형무소에서 옥살이하였다.

1921년 출소 후 독립운동 자금 모집 활동을 하였고, 1923년에 러시아를 방문하고 돌아왔다. 그해 12월에 암태소작인회를 결성하고 이듬해 4월, 조선노농총동맹 중앙집행위원에 선임되어 상경하던 중 경찰에 검거되어 징역 2년을 선고받고 1927년 2월 목포형무소에서 만기 출소했다.

이후 서태석은 사회주의 활동에 전격 투신하여 1927년 조선공산당 전남도당에 입당하는 한편 조선사회단체중앙협의회 준비위원, 조선농민총동맹 중앙집행위원으로 활동하다가 그해 12월 서울파-상해파 연합의 조선공산당 제3차 대회(춘경원당)에 전남 대표로 참여하여 선전부원을 맡았다. 이 사건으로 1928년 2월, ‘제3차 조선공산당 탄압 사건’ 때 경찰에 체포되어 징역 4년을 선고받았고, 항소심에서 3년 8개월로 감형되어 평양형무소에서 복역한 후 1931년 12월에 만기 출소했다.

1933년에는 여운형이 창간한 조선중앙일보 목포지국 기자로 발령받았고, 하의도 토지회수투쟁 등 신안 지역 농민운동을 지원하다가 고문 후유증이 도져 정신적 고통을 겪었다. 그러던 1943년 6월, 여동생이 사는 신안군 압해면 장감리 논두렁에서 벼포기를 움켜쥐고 사망했다. 사후 60년이 지난 2003년, 국가유공자로 인정되어 건국훈장 애국장을 수훈하였다.

ⓒ 한주연

박남일 | 지은이

저술노동자. 『우리말 풀이사전』, 『청소년을 위한 혁명의 세계사』, 『꿈너머 꿈을 꾸다: 정도전의 조선창업 프로젝트』, 『어용사전』(이상 도서출판 서해문집), 『히스토리텔러 박남일의 역사블로그』(살림 프렌즈), 『외솔 최현배의 한글사랑 이야기』(시사출판), 『세상을 뒤흔든 한국의 스승들』(녹색지팡이), 『장병준 평전』(선인) 등을 썼다.